문학을 읽는
몇 가지 코드

젠더 · 폭력 · 상호텍스트성 · 치유

문학을 읽는 몇 가지 코드

젠더 · 폭력 · 상호텍스트성 · 치유

송 명 희 지음

한국문화사

■ 머리말

나는 금년 8월말에 정년을 앞두고 있다. 1973년에 대학을 졸업하고 1975년에 대학원 석사과정에 이어 1977년에 박사과정에 입학한 후 줄곧 한국현대문학을 연구하며 글을 써왔다. 1952년생인 나는 1957년에 초등학교에 입학한 후 학생 또는 가르치는 교육자로서 학교라는 울타리를 떠나 본 적이 없다. 그러니까 육십 평생을 학교라는 울타리를 벗어나지 못한 채 살아온 셈이다.

학교라는 울타리를 벗어나서 내가 할 수 있는 일이 무엇일까? 소위 백세 시대라는 고령사회에서 내 앞에 남은 시간들이 정확히 얼마나 되는지는 알 수 없다. 그러나 평균적으로 볼 때 그 시간들을 적당히 여가나 즐기면서, 즉 여생(남은 인생)을 산다는 가치의식으로 살아갈 수 없다는 것은 분명하다. 동병상련의 몇몇 친구들이 모이면 앞으로 어떻게 살아갈 것인가를 늘 이야기하곤 한다. 뚜렷한 해결책을 찾을 수는 없어도 이야기를 하다보면 미래에 대한 불안감이 다소 감소되기도 한다.

이번 저서인 '문학을 읽는 몇 가지 코드-젠더·폭력·상호텍스트성·치유-'는 최근에 내가 관심을 갖고 문학작품을 읽은 방식들이다. 젠더 문제야 오랜 세월에 걸쳐 관심을 가져온 것이므로 새삼스러울 것이 없지만 폭력과 치유는 국문학자로서 문학(영화) 속에 반영된 우리 사회를 읽는 코드의 하나였다. 폭력과 치유에 대한 관심은 결국 인간다운 삶을 저해하는 것, 그리고 상처받은 인간에 대한 인문학적 관심이라고도 할 수 있을 것이다. 상호텍스트성은 하나의 텍스트는 그 자체로 존재하는 것이 아니라 과거의 텍스트나 다른 텍스트들과의 불가분의 관계를 맺고 있다는 생각으로 텍스트들 간의 상호연관성을 살펴본 것이다.

그동안 내 이름자를 달고 저술한 책이 이것저것 40여 권에 달한다. 앞으로는 연구실적을 학교로부터 평가받는 일도 없을 것이고, 반드시 논문이라는 양식으로 글을 써야 할 필요도 없을 것이다. 어쩌면 이제야말로 쓰고 싶은 분야의 글을 자유로운 형식으로 마음껏 쓸 기회가 찾아온 것 같기도 하다. 근대여성문학을 더 연구하여 근대여성소설사를 집필해 보고 싶기도 하고, 더 많은 독자들과 소통할 수 있는 형식의 글을 써보고 싶은 마음도 있다. 무엇보다도 시간적 여유가 주어졌다는 것이 가장 고무적인 일인 것 같다.

한국문화사의 김진수 사장님과 편집진의 노고에 감사드린다.

2017년 3월

송 명 희 씀

■ 차례

제2부

폭력 코드와 상호텍스트성으로 읽기

제3부

치유 코드로 읽기

문학과 치유

문학의 치유적 기능에 대한 고찰

상처 치유에 이르는 길
- 신경숙의 「부석사」를 중심으로

제4부

안수길의 미완소설 읽기

안수길의 미완의 장편소설 두 편

제1부

젠더 코드로 읽기

젠더정치학의 전복에 대한 남성들의 불안 또는 공포

김영하의 「흡혈귀」를 중심으로

1. 서론

영국의 소설가 브램 스토커(Bram Stoker)의 『드라큘라(*Dracula*)』(1897)가 발표된 이래 흡혈귀는 문학뿐만 아니라 드라마나 영화를 비롯하여 영상매체와 회화 등의 시각예술에서도 '타자성'을 드러내는 중요한 모티프로 사용되어 왔다.[1] 즉 흡혈귀 모티프는 여러 예술장르에서 다양한 시각으로 새롭게 복제되면서 창조적 변형을 거듭해 왔다. 최근 우리나라에서도 <밤을 걷는 선비>, <블러드> 등 흡혈귀 모티프의 드라마가 대중들의 상상력을 자극하며 재생산 소비되고 있다.

흡혈귀는 여러 예술형식으로 전환되어 문화사적으로 다양한 변화를 겪으면서도 "인간의 자연 지배와 질서의식의 저편에서 균열과 혼란을

---

1 박은주, 「타자성 구현으로서 흡혈귀성-엘프리데 옐리넥의 『질병 혹은 현대 여성들』을 중심으로」, 『뷔흐너와 현대문학』 33, 한국뷔흐너학회, 2009, 34면.

야기하는 타자의 형상으로 형상화되어 왔다."[2]

> 따라서 반-인간적 존재인 괴물은 역설적으로 인간 주체에게 반드시 필요한 존재이며, 주체의 안정되고 통합된 주체됨이 어떤 원인에 의해서건 불안정해지고 분열되려 할 때 더욱 비틀린 모습을 지닌, 그리고 실재하는 것으로 여겨지는 괴물의 실체가 더더욱 절실히 요구된다. 한마디로, 주체에 대한 위협이 막강할수록 괴물의 비틀림은 심화되고, 위협의 요인이 여럿일 경우 그 은유가 되는 괴물은 인종, 계급, 젠더 등의 여러 층위에서 이데올로기적으로 중층 결정된다.
>
> 요컨대 괴물이 체화한 괴물성(monstrosity)은 심리적 보편성을 지니는 것이 아니라 역사적으로 결정되며, 따라서 주체를 뒤집어 비쳐주는 거울로서 근대 이후에 나타난 괴물은 "국가, 자본주의, 그리고 부르주아지에 대한 다양한 인종적 성적 위협을 하나의 몸에 압축시킨 경제적인 형식"이 된다.[3]

인용문의 지적처럼 반인간적 존재인 흡혈귀는 인종, 계급, 젠더 등의 여러 층위에서 이데올로기적으로 중층 결정되는 주체에 대한 위협을 가하는 존재이다. 즉 흡혈귀의 괴물성은 심리적 보편성을 지닌다기보다는 역사적 특수성과 다양한 이데올로기의 층위에서 그 성격이 규정되는, 주체를 뒤집어 비춰주는 거울이다.

"현대적 취향의 참신한 발상법과 유려한 소설적 구성력을 겸비"[4]하고, 환상과 현실 사이의 경계를 넘나들며 전방위적 상상력을 보여주는 작가 김영하의 단편소설 「흡혈귀」(1997)는 제목만으로 볼 때에는 '흡혈귀'를 모티프로 한 일종의 판타지 소설로 여겨진다.

---

2 박은주, 위의 논문, 36~37면.

3 김순원, 「흡혈귀와의 불편한 동거 : 브램 스토커의 『드라큘라』」, 『18세기영문학』 11-2, 한국18세기영문학회, 2014, 3면.

4 진정석, 「씨뮬라끄르 시대의 소설」, 『창작과 비평』 27-4, 창비, 1999, 401면.

이 작품에 대해 김미영은 피 흘려야 할 개혁이나 혁명이 존재하지 않지만 그렇다고 진정한 평화가 도래한 것도 아닌 1990년대의 참을 수 없는 존재의 가벼움 속에서 목표가 상실된 세대를 흡혈귀로 해석하면서 성에 대한 추구와 죽음에 대한 동경을 몸에 대한 다양한 변주로 그려낸 소설로 파악했다.[5] 이상윤은 「흡혈귀」를 불멸성, 분신, 무한복제의 차원에서 포스트모더니스트 보르헤스의 영향을 받은 환상문학으로 해석했다.[6] 곽상순은 생성과 부패의 자연적 순환을 벗어나서 존재하는 충동의 인격적 구현물, 즉 탈주체적 인물을 통해 소설의 반사실적 충격 효과를 자아낸 소설이라 분석했다.[7] 김재경도 초자연적인 몸과 존재 은닉, 그리고 상상계로의 지향을 통해 후기자본주의를 살아내야 하는 작가와 소시민의 모습을 환상성이라는 기법을 통해 문제 제기한 소설로 「흡혈귀」를 읽었다.[8] 즉 논자들은 김영하가 「흡혈귀」를 발표한 1997년, 즉 20C 후반의 우리나라의 문화적 상황과 관련한 포스트모더니즘과 환상성이라는 맥락에서 작품을 해석해 왔다.

하지만 본고는 젠더정치학의 관점에서 「흡혈귀」를 해석하고자 한다. 왜냐하면 20C 후반은 우리나라에서 젠더 규범과 젠더정치학의 큰 변화가 일어난 시기였으며, 이 작품의 핵심적 문제도 바로 젠더(gender)[9] 문제로 파악되기 때문이다. 필자에게 「흡혈귀」는 환상적 존재인 '흡혈귀'에

---

5 김미영, 「문명화된 몸의 기표-김영하론」, 『한민족문화연구』 7, 한민족문화학회, 2000, 175~188면.

6 이상윤, 「김영하의 「흡혈귀」내의 보르헤스의 환상문학적 요소」, 『중남미연구』 20-1, 한국외국어대학교 중남미연구소, 2001, 223~235면.

7 곽상순, 「탈주체적 등장인물 연구」, 『한국근대문학연구』 15, 한국근대문학회, 2007, 73~99면.

8 김재경, 「김영하 소설에 나타난 환상성-『드라큘라』」, 『현대소설연구』 44, 한국현대소설학회, 2010, 87~116면.

9 gender는 생물학적 성인 sex와는 구별되는 사회 문화적 성으로서 성역할, 여성성, 남성성과 같은 개념이다.

관한 판타지 소설이 아니라 젠더 규범과 가치에 균열이 일어난 20C 후반의 시대 상황을 은유한 소설로 읽혀진다. 그리고 이 소설은 액자구조를 통해 젠더 규범이 변화한 당대 상황에 대한 남성들의 불안 또는 공포를 표현한 것으로 해석된다. 작품에서 안 이야기의 화자인 김희연이 자신의 남편이 흡혈귀라고 주장하고 있지만 이 소설은 연애, 결혼, 이혼과 같은 섹슈얼리티(sexuality)와 젠더 문제를 핵심적 사건으로 다루고 있다. 이 작품에는 남편이 외도를 하거나 폭력을 행사하거나 가족을 유기하지 않았음에도 단지 라이프 스타일과 문화적 취향이 맞지 않는다는 이유로 결혼 1년 만에 이혼을 고려하는 이십대 여성이 등장한다. 김희연은 20C 후반 여성의 지위가 강화된, 즉 젠더정치학의 급격한 변화를 반영하는 인물이다. 남성의 입장에서 김희연과 같은 여성은 가부장권을 위협하는 두려운 존재일 수밖에 없다. 따라서 본고는 젠더의 관점에서 이 작품을 해석하고자 하는 것이다.

필자가 이러한 생각을 갖게 된 것은 이 작품의 액자구조와 관련이 있다. 작품에서 바깥 이야기의 화자는 『나는 나를 파괴할 권리가 있다』를 쓴 소설가 자신으로 설정되어 있다. 아예 '김영하'라는 실명이 작품에서 직접 거명되기도 한다. 그렇다고 하여 이 작품이 실화는 아니다. 강한 사실적 효과를 환기하는 기법의 하나로 이 작품은 작가의 실명을 사용한 것이다.[10] 작품의 서두에서 바깥 이야기의 일인칭 화자는 안 이야기로 들어가는 매개 역할을 한다. 안 이야기의 화자인 김희연은 자신의 남편을 흡혈귀라고 주장하며 이혼을 해야 할 것 같다는 사연을 적은 A4용지 10매 분량의 글을 참고자료들과 함께 바깥 이야기의 화자에게 우송해온다.

그런데 바깥 이야기의 화자는 그녀의 글을 다 읽고 나서 그녀의 주장에 동조하기는커녕 오히려 "내 생각엔 아무래도 바로 그녀가 흡혈귀"로

[10] 이 작품은 일종의 메타소설로도 볼 수 있다.

짐작된다는 견해를 피력한다. 즉 안 이야기의 화자(여성)는 남편을 흡혈귀라고 주장하지만 그녀의 이야기를 다 읽고 난 바깥 이야기의 화자(남성)은 오히려 그녀가 흡혈귀인 것 같다는 상반된 견해를 피력한다.

이 작품에서 흡혈귀는 대체 어떤 존재이기에 이처럼 안 이야기의 화자인 여성과 바깥 이야기의 화자인 남성이 서로 상반된 견해를 갖게 된 것일까?

2. 20C 후반의 사회 변화와 젠더의식의 균열

이 작품에서 안 이야기의 화자인 김희연은 1972년생으로서 서사의 현재시간에서 스물일곱 살로 설정되어 김영하가 「흡혈귀」를 발표한 1997년과 동시대적 인물이다. 즉 이 작품의 시대적 배경은 작품이 발표된 1990년대 후반이다.

그렇다면 1990년대 우리 사회에는 젠더적 관점에서 대체 어떤 변화가 일어났던 것일까? 20C 후반 우리 사회는 1960년대부터 추진된 공업화(산업화) 사회가 급격하게 탈공업화된 자본주의 체제와 정보화 사회로 전환되면서 기존의 가부장적 젠더 규범에 변화가 초래됐다. 사회구조의 변화 속에서 여성의 경제활동 및 사회활동 참여의 증대와 출산율 감소, 그리고 여성운동의 영향으로 여성의 지위는 상승하고 상대적으로 남성들의 가부장적 지위가 약화되기 시작했다.

> 우리 사회의 중요한 전환기였던 1980년대를 통해 한국의 여성운동은 크게 성장했고, 여성운동을 세력화의 기반으로 삼아 성 평등을 지향하는 다양한 정책과 제도개선이 1990년대부터 오늘에 이르기까지 활발하게 진행되어 왔다.[11]

뿐만 아니라 1987년 6월 항쟁에 의해 군사정권이 종식을 고하고 정치적 민주화가 이루어졌다. 정치적 민주화는 남녀평등에도 영향을 미쳐 여성의 지위를 향상시키는 여러 정책들이 제정되었다. 즉 남녀고용평등법 제정(1987), 부계 중심의 친족체계에 대항하는 가족법 개정(1989), 성폭력특별법 제정(1994) 등이 이루어짐으로써 '1990년대에 접어들어 여성의 지위는 크게 강화되기 시작했다.'[12] 이 시기에 신자유주의 경제 질서와 문화가 확산되기 시작했지만 여성의 지위는 발전될 것으로 예상됐고,[13] 1990년대 중반부터 우리 사회는 이혼율이 증가하는 한편 1인 가구가 증가하는 등 가족의 불안정화에 대한 여러 징후들이 나타나기 시작했다. 그리고 1997년 IMF 경제 위기는 가족의 위기를 더욱 증폭시켰다.[14]

20C 후반의 정보화 사회로의 사회구조 변화와 정치적 민주화가 초래한 젠더의식의 변화는 양성평등을 원하는 여성의 입장에서는 긍정적으로 수용된 반면 기득권을 빼앗긴 남성의 처지에서는 가부장권이 균열되는 위기의 징후로 받아들여졌다. 김영하의 「흡혈귀」는 바로 그와 같은 시대 변화를 예리하게 포착해낸 작품으로 파악된다.

「흡혈귀」에는 20C 후반을 시대적 배경으로 설정하여 결혼 1년 만에 남편을 '흡혈귀'로 몰아붙이며 이혼을 하겠다는 여성이 등장한다. 작중에 전업작가로 등장하는 남편은 외도를 하거나 아내에게 폭력을 행사하거나 가족을 유기하는 등 이혼을 할 만한 뚜렷한 과오를 저지른 적이 없다. 그럼에도 불구하고 김희연이라는 여성은 남편이 자신과 라이프 스

---

11 황정미, 「한국여성운동의 의제와 성찰성」, 『안과밖』 21, 영미문학연구회, 2006, 10면.

12 홍찬숙, 「한국사회의 압축적 개인화와 젠더범주의 민주주의적 함의-1990년대를 중심으로」, 『여성과 역사』 17, 한국여성사학회, 2012, 3면.

13 박혜경, 「경제위기시 가족주의 담론의 재구성과 성평등 담론의 한계」, 『한국여성학』 27-3, 한국여성학회, 2011, 72~73면.

14 박혜경, 위의 논문, 78면.

타일과 문화적 취향이 맞지 않는다는 이유 등을 거론하며 남편을 흡혈귀라 주장하고 이혼을 하겠다고 한다. 현대는 남편의 외도나 폭력, 그리고 가족의 유기 등 겉으로 드러나는 뚜렷한 이혼 사유가 없어도 이혼을 요구할 만큼 여권이 강화된 시대라는 것을 이 작품은 보여준다.

이와 같은 새로운 여성의 등장이 어찌 남성들에게 위협적으로 느껴지지 않을 수 있겠는가? 남편을 흡혈귀라고 주장하는 김희연이 오히려 '흡혈귀'로 짐작된다고 한 바깥 이야기의 남성화자의 논평 속에서 새로운 여성의 출현에 대한 남성들의 불안 또는 공포를 읽지 않을 수 없다.

3. 젠더정치학의 전복, 그리고 남성들의 불안 또는 공포

안 이야기의 화자인 김희연은 어린 시절에 재미있는 소설과 만화를 보며 작품 속에 등장하는 테리우스나 미스터 블랙 같은 멋진 남자들을 기다리며 성장한 평범한 소녀였다. 그녀는 1990년에 대학생이 되었을 때 "한국 땅에 흔해빠진 남자"와 사귀다가 곧 헤어지고 다시 한 남자를 만나게 된다. 그는 영화를 공부하는 "열정적이고 세상 물정 모르고 미친 듯이 사는" 늪과 같은 남자였다. 그가 친구의 애인이란 사실도 아랑곳하지 않은 채 그녀는 그에게 빠져 들었다. 노동자들의 이야기를 다룬 16밀리 운동권 영화를 만들던 그는 수배를 당하는 처지가 되자 아예 그녀의 자취방에서 숨어 지내게 된다. 처음에 그녀는 그를 "먹여주고 입혀주고 돌봐주고 망도 봐주면서 함께 위험을 감수하는" 일을 즐겁게 수행했다. 그런데 그가 운동권 영화 대신 코믹 멜로물을 만들기 시작했을 뿐만 아니라 다른 여자를 그녀의 자취방에 끌어들이는 상황에서도 그녀는 그와 헤어지지 못하고 질질 끌려 다니게 된다. 즉 "밤에 찾아오면 같이 자주고 밥 못 먹었다면 밥 사주고 돈 없다면 돈 주고" 하면서 일방적 헌신으로 고착

된 얼빠진 연애를 계속하고 있었던 것이다.

우리 사회에서 1980년대는 알다시피 좌파 이데올로기가 성행하고 운동권 문화가 절정을 이루던 시기였다. 운동권 영화를 만들던 남자친구는 1980년대를 상징하는 아이콘으로 해석된다. 따라서 그 남자친구와의 관계에 균열이 일어나고 헤어지게 되었다는 것은 1990년대로 전환되면서 1980년대의 좌파 이데올로기 및 운동권 문화가 붕괴되었다는 것을 의미하는 것으로 해석할 수 있다. 새로운 시대로 전환되자 남자친구는 운동권 영화 대신 코믹 멜로물을 만들기 시작했고, 김희연은 일방적 헌신만을 요구하던 남자친구와의 착취적인 연애를 마침내 청산하게 된다.

남자친구와 김희연의 관계는 남성우월주의에 지배된 착취적 남녀관계였다. 따라서 남자친구와 김희연의 결별은 단순한 남녀관계의 결별만이 아니라 남성우월주의에 지배된 남녀관계의 청산을 의미한다. 즉 1990년대 후반은 정치적 민주화와 함께 남녀평등적 젠더의식이 확립됨으로써 이혼율이 급격히 증가하고 남녀관계에도 큰 변화가 야기된 시기이다. 따라서 두 사람의 결별은 바로 남성우월주의를 청산하고 남녀평등적인 새로운 시대가 도래했음을 예고하는 것이다. 이 과정에서 김희연은 현재의 남편을 만났다.

당시 남편은 그녀에게 "정액받이 하려고 이 세상에 태어난 건 아니잖습니까."라며 "그만 끝내요. 인생은 짧습니다."라고 열정도 신의도 존중도 사라진 얼빠진 연애를 그만 끝내라고 김희연에게 충고했던 인물이다. 그는 남자친구가 그녀에게 아무 말도 하지 않고 다른 여자와 프랑스 유학을 준비하고 있다는 사실을 폭로함으로써 그녀로 하여금 연애에 종지부를 찍게 만들었다. 그녀는 집안의 반대를 물리치고 그와 만난 지 석 달 만에 성급하게 결혼했던 것이다.

그녀의 남편이 된 남자는 시나리오 작가이며, 시인이고, 문학평론가이자, 소설가이기도 한 소위 전업작가이다. 그는 이전의 남자친구와는 180도로 다른 사람, 그가 가진 결점을 단 하나도 갖고 있지 않은 매력적인 인물로 그녀에게 비춰진다.

> 아마도 제 남편이 그전 남자와 180도 다른 사람이었기 때문이었을지도 모르겠어요. 그가 가진 결점을 남편은 하나도 가지고 있지를 않았거든요. 급한 성미도 없었고 우유부단하지도 않았고 감정처리를 제대로 못해 뒤끝이 지저분하지도 않았고 항상 여유롭고 당당했어요. 세상의 흐름에 무심했고 자잘한 일에 일희일비하지도 않았어요. 말 한 마디 한 마디가 세상사에 통달한 사람 같았습니다. 성욕도 없어 보였는데 그것조차 그때는 멋있어 보였어요. 결혼을 약속한 그런 사이가 되면 남자들 으레 같이 자고 싶어 하잖아요. 그 사람은 그러지 않았거든요. 매력적인 인물이었지요. 지금이야 그 모든 게 결점으로 보이지만요.[15]

김희연에 의하면 그녀의 남편은 급한 성미도 없고, 우유부단하지도 않으며, 감정 처리도 깨끗한, 항상 여유롭고 당당한 남자이다. 세상의 흐름에도 무심하고 자잘한 일에 일희일비하지 않으며 마치 세상사에 통달한 듯한 인물이다. 게다가 성적으로도 초연한 인물로서 그때는 그것조차 매력으로 비춰졌다. 더욱이 그는 그녀가 아무 말을 하지 않아도 그녀의 생각을 모두 읽어내는 통찰력이 매우 뛰어난 남자이다. 그런데 그의 그러한 매력들은 1년 정도의 결혼생활을 하게 되자 매력이 아니라 참을 수 없는 결점들로 인식되기 시작한다. 따라서 그녀는 그를 영원히 죽지 않는 흡혈귀라 주장하며 이혼을 결심하게 된 것이다.

도대체 그는 어떤 인물이기에 김희연은 남편을 흡혈귀라 주장하는 것

---

15 김영하, 「흡혈귀」, 『엘리베이터에 낀 그 남자는 어떻게 되었나』, 문학동네, 2010, 87~88면.

일까? 첫째, 그는 섹스에 관한 욕망에 소극적인 초식남[16]이다. 일본의 문화비평가 모리오 마사히로는 연애나 섹스에 덜 소극적인 남성을 지칭하는 말로 '초식계 남자(약칭 초식남)'이라는 단어를 사용했다. 초식남은 '남자다움'의 강박에서 자유롭고 양성평등에 친화적인 남자이며, 이성에 대한 관심보다는 자신의 일이나 취미활동에 몰두하는 남자이다. 모리오카는 이러한 남성상을 전후 일본의 평화헌법 체계가 낳은 긍정적 유산으로 평가했다.[17]

김희연에 의하면 "그와의 섹스는 무미건조하지만 포옹만큼은 따뜻하게 느껴지는", 다시 말해 그는 섹슈얼 인터코스 대신 스킨십만을 선호하는 남자이다. 거기에다 그는 종족 보존의 욕망마저 거세된 인물이다. 그녀가 "당신의 아이를 가지고 싶다"라고 말하자 그는 연민이 가득한 눈으로 "이런 세상에 아이를 낳는 것은 죄악이다"라고 하며 거절한다. 뿐만 아니라 그는 식욕마저도 없어 조금씩만 먹는다. 다만 특이한 것은 김치를 좋아하지 않으며, 유일하게 잘 먹는 것이 "피가 뚝뚝 떨어지는 스테이크 정도"이다. 한마디로 그는 성욕, 종족 보존욕, 식욕 같은 1차적인 본능이 결핍 내지 거세된 인물이다. 따라서 그녀가 왜 결혼했느냐고 물었을 때 그는 시간을 견디기 위해서라고 대답한다. 그녀는 이전의 남자친구와 열정적 연애에 빠져 들었던 데서 알 수 있듯이 성적 열정이 강한 여성으로 파악된다. 그런데 남편은 그녀의 성적 열정을 충족시켜 줄 수 없는 인물이었던 것이다. 게다가 그는 아이마저 원하지 않는 인물이다. 즉 김희연

---

16 초식계 남자(草食系 男子)-2006년 일본의 여성 칼럼니스트 후카사와 마키가 처음 사용하면서 알려진 용어로, 줄여서 '초식남'이라고도 한다. 이들은 기존의 가부장적이거나 강한 카리스마의 남성적 이미지를 지닌 '육식계 남자(肉食系 男子)'와는 상반된 이미지를 지녔고, 이성에 대한 관심보다는 자신의 일이나 관심분야, 취미활동 등에 몰두한다. : 『시사상식사전』, 박문각(네이버 지식백과)

17 모리오카 마사히로, 이은경 역, 「초식계 남자의 현상학적 고찰」, 『일본비평』 5, 서울대학교 일본연구소, 2011년 하반기, 161면

이 결혼을 통해서 얻고자 하는 기본적 욕망을 전혀 충족시켜줄 수 없는 인물인 것이다. 한마디로 그는 20C 후반 우리나라에서도 초식남이 등장했음을 예고하는 인물이다.

둘째, 그녀가 "멋진 사랑이 있고 숨 막히는 스릴이 있고 감동이 있는" 할리우드 영화 취향인 것과 달리 그는 컬트영화나 끝도 한도 없이 지루하고 허무한 영화를 즐긴다. 그녀가 "지겹지 않아요."라고 물으면 "인생보다는 낫다. 인생을 흉내내는 영화는 인생보다 더 지겹다."라고 대답한다. 그리고 그는 테트리스나 지뢰 찾기 같은 단순하고 재미없는 게임을 즐긴다. 그것에 대해서도 그는 "테트리스는 무한한 반복이다. 쌓음으로써 부수고 부숴야 쌓는다. 테트리스엔 아무것도 없다. 그래서 좋다. 삼국지나 심시티처럼 인생을 모사하는 게임들은 싫다."라고 자신의 컬트영화나 지루하고 허무한 영화 취향과 무한반복의 단순하기 짝이 없는 게임 취향을 옹호한다. 이처럼 두 사람은 문화적 취향이 전혀 맞지 않는다. 김희연이 대중문화 취향이라면 그녀의 남편은 소수의 매니아적 컬트(cult) 취향이다. 말하자면 두 사람은 라이프 스타일뿐만 아니라 문화적 취향마저 정반대이다.

셋째, 그녀의 남편은 여러 장르를 넘나들며 전방위적 창작을 하는 전업작가로서 모르는 게 없는 박학다식한 지적 엘리트이다. "조선 시대 고전문학부터 영미문학, 신소설부터 최근의 현대소설까지 읽지 않은 작품이 없"는 인물인 것이다. 서른다섯밖에 안 된 나이로서 도저히 다 읽을 수 없는 막대한 독서량을 가진 그는 그녀에 비해 지적으로 매우 우월한 인물이다. 하지만 김희연은 남편의 지적 우월성이야말로 그가 오랫동안 죽지 않고 살아온 흡혈귀의 근거라고 주장한다. 즉 남편의 지적인 우월성마저 김희연에게는 참을 수 없는 괴물성으로 인식되는 것이다. 반면 김희연의 남편을 문단에서 이미 알고 있는 바깥 이야기의 화자는 남편을 "고전에 대한 해박한 이해와 동서양을 아우르는 문학적 식견"을 지닌 천재적 존재라고 상반된 평가를 하며 존경심을 나타낸다.

넷째, 그녀는 자신의 창작에만 몰두하는 남편의 불가해한 정신세계를 알아야겠다는 욕망으로 남편의 시를 읽어보고, 그가 쓴 영화 시나리오도 읽어보고, 심지어 그가 쓴 평론까지도 찾아 읽어본다. 그 결과 그가 쓴 시는 모두 죽음과 소멸을 주제로 하고 있고, 그가 쓴 평론도 죽음이나 삶의 허무를 다룬 작품들만 예찬하고 있음이 드러난다. 그녀가 "왜 당신의 시와 평론에는 죽음을 찬미하는 소리만 가득한 건가요?"라고 질문하자 남편은 "삶이 무의미하기 때문이다. 당신의 삶은 행복과 희망으로 가득한가?"라고 반문한다. 그런데 남편의 허무주의적인 사고는 그가 고아라는 사실과 연관된 것으로 보인다. 더욱이 이 작품의 시대적 배경인 1990년대 후반은 한 세기가 저물어가는 세기말이면서 동시에 한 밀레니엄이 끝나가고 새로운 밀레니엄이 다가오는 시기였다. 당시 사회에 만연되었던 세기말적 불안의식은 남편의 허무주의적 사고에도 영향을 미쳤을 것이다. 한마디로 남편은 김희연이 처음에 생각했듯 "세상의 흐름에 무심"하고 초연한 것이 아니라 인생을 권태롭게 여기는 허무주의자이다. 김미영이 1990년대의 참을 수 없는 존재의 가벼움 속에서 목표가 상실된 세대를 흡혈귀로 해석한 것은[18] 남편에게 초점을 맞추었을 때는 어느 정도 설득력을 가진다. 사실상 작중 김희연의 남편은 김영하의 소설들에 반복적으로 등장하는 "죽음·소멸·허무로 질주하는"[19] 인물들과 연장선상에 있다.

다섯째, 남편이 쓴 단편 시나리오는 자신이 흡혈귀라는 망상에 사로잡힌 남자에 관한 이야기이다. 그는 임진왜란 당시 일본군을 따라온 네덜란

---

18 김미영, 앞의 논문, 175~188면.

19 우찬제, 「미리 쓰는 이야기와 새로 쓰는 텍스트」, 『문학과 사회』 12-3, 문학과지성사, 1999, 1270면.

드 군목에 의해 흡혈귀가 되어 1592년 이래로 더 이상 늙지 않은 채 계속 살아왔다고 믿는 인물이다. 여기서 흡혈귀는 영원히 죽지 않는 불멸의 존재이다. 그가 흡혈귀가 아니라는 것을 인식시켜 주기 위해 가족들은 그를 정신병원에 강제 입원시키는데, 정신과 의사는 그를 망상형 정신분열증으로 진단한다. 하지만 그가 정신병원에 입원한 후 병원의 다른 환자들을 비롯하여 간호사와 의사들마저도 자신들이 흡혈귀라고 믿게 된 나머지 그들은 병원을 집단 탈주한 후 차량을 탈취해 바다를 향해 질주한다. 경찰과 가족들이 그들을 추격하게 되고 절벽에 몰린 그들은 서로 대치하며 쫓고 쫓기다가 결국은 모두 절벽으로 추락하여 죽게 된다는 이야기이다. 이 시나리오는 흡혈귀는 이미 죽어 없어졌으며, 흡혈귀를 증명할 사람들도 사라졌다고 말하고 있다. 즉 흡혈귀는 존재하지 않으며, 흡혈귀와 인간의 경계도 더 이상 존재하지 않는다는 것을 말해준다. 그러나 김희연은 남편이 쓴 시나 평론, 특히 흡혈귀 이야기를 쓴 시나리오를 볼 때에 남편이 흡혈귀임에 분명하다고 주장한다.

여섯째, 김희연은 남편이 자고 난 침대나 욕실에 머리카락 한 올 빠뜨리지 않는 것이야말로 흡혈귀라는 결정적 증거라는 터무니없는 주장을 한다. 하지만 그는 침대나 욕실에 머리카락 한 올 흘리지 않을 정도로 결벽증을 가진 깔끔한 성격의 남자일 뿐이다. 남편의 일거수일투족이 얼마나 싫었으면 깔끔한 성격마저 괴물성으로 여겨졌을까.

일곱째, 급기야 그녀는 보다 확실한 물적 증거들을 찾기 위해 그녀에게 출입을 금지시킨 남편의 서재로 들어가는데, 책꽂이 옆에서 이상한 나무상자를 발견하게 된다. 그 나무 상자는 속이 텅 빈 관이었다. 바로 그 관 속에서 남편은 잠을 잔 것이다. 이에 대해서 남편은 "세상의 소음과 빛이 싫었을 뿐이다. 저곳은 아늑하고 편안하다. 그뿐이다."라고 답변한다. 김희연의 남편이 부부가 함께 쓰는 침실이 아니라 서재의 작고 어두운 관 속에서 잠을 자며 그곳에서 유일하게 아늑함과 편안함을 느낀다는 것은 현대 남성들의 가족 내에서 차지하는 공간과 권력의 축소를 탁월하게 상징한다. 핵가족화와 남녀의 역할을 공(公)과 사(私)로 분리하는 젠더 구분은 직장을 남성의 공간으로, 가정을 여성의 공간으로 구획하였다. 따라서 가정에 남성을 위한 공간은 없다. 작중의 남편은 직업이 작가이기 때문에 그나마 서재라는 작업공간과 관처럼 좁은 개인적 휴식 공간이 주어졌지만 밖에서 일하는 보통의 남자들에겐 가정에 자신들이 쉴 수 있는 독립적 공간이 아예 없는 경우가 허다하다. 남편이 김희연에게 서재 출입을 금지시킨 것은 그곳이 자신의 작업공간이자 누구로부터도 방해받지 않고 쉴 수 있는 자신만의 독립적 휴식공간이기 때문이다. 어쨌든 김희연은 남편이 세상사에 흥미를 잃고 아내에 대해서도 무관심한 채 자신만의 자폐적인 창작세계에 빠져 있는 것이 그저 못마땅할 따름이다.

여덟째, 김희연은 남편의 서재에서 발견한, 얼굴을 도려낸 일제시대 사진 속 인물이 바로 남편이며, 그것이 바로 남편이 흡혈귀라는 증거라고 주장한다. 하지만 과거 사진 속의 인물에 얼굴이 없다는 것은 지난 시대의, 즉 가부장권이 존재하던 시절의 정체성이 사라진 오늘날의 남성들의 주체에 대한 불안과 위기를 상징하다고 해석된다.

종합하면, 김희연은 결혼을 통해서 성적 욕망을 실현하고, 아이를 낳아 키우며, 일상적이고 평범한 행복을 추구하고자 하는 대중문화 취향의 여성이다. “아이 낳고 키우면서 지지고 볶으면서 그렇게 사는 거 아니에요? 아니면 늙어 외롭지 않겠어요?”라든지 “저는 행복하게 살고 싶어요. 아이를 낳고 남편과 함께 팝콘을 먹으며 할리우드 영화를 보고 주말이면 놀이동산에 가는 삶. 그런 삶을 살고 싶어요.”라는 표현에서 볼 수 있듯이 지극히 평범하고 일상적인 삶의 행복을 남편과 함께 누리고 싶어 한다.

하지만 그녀는 보통의 여성들이 결혼을 통해서 누리고자 하는 평범한 행복을 남편과는 누릴 수 없다. 왜냐하면 남편은 그녀의 표현대로라면 "세상 모든 것에 흥미를 잃어버린 흡혈귀"이기 때문이다. 그는 성적 흥미를 잃어버린 초식남이며, 아이를 가지려고도 하지 않는다. 또한 죽음을 예찬하며, 세상사에 의미를 잃어버린 허무주의자이다. 그는 삶보다는 죽음을 찬미하고 보통사람들이 추구하는 일상적인 욕망과 행복에 대해서 아무런 의미를 찾지 못하는 욕망에 관해 초연한 인물, 아는 것이 너무 많으며, 문화적 취향도 맞지 않고, 게다가 결벽증까지 있는 인물이다. 따라서 김희연의 입장에서 볼 때 남편은 그녀가 결혼을 통해서 추구하고 싶었던 행복에 위협을 가하는 비인간적 괴물, 바로 흡혈귀 같은 존재이다. 즉 김희연의 남편은 보통사람들이 평범한 삶에서 추구하는 세속적인 욕망이 거세된 대신 "죽음에 대한 무한한 찬미와 삶에 대한 도저한 허무주의"에 지배된 캐릭터이다. 우리나라에서 이러한 남성상은 산업화 시대의 앞만 보고 질주하는 목표지향형의 남성상이나 기존의 가부장적 남성과도 확연히 구별되는 20C 후반에 새롭게 등장한 신남성이라고 할 수 있다.

김희연과 남편은 유한/불멸, 행복/불행, 일상적/비일상적, 세속적/비세속적, 속물적/교양 있는, 육체/정신, 대중 취향/엘리트 취향, 감성/이성, 포스트모더니즘/모더니즘, 에로스/타나토스, 인간/흡혈귀 등 이분법적 대조를 이루는 캐릭터이다.

한마디로 김희연과 그녀의 남편은 정반대의 가치로 세상을 살아가는 대조적인 인물, 도저히 한 가족을 이루어 같이 살아가기에는 맞는 것이 하나도 없는 캐릭터의 조합이다. 그런데 이전의 남자친구와 모든 것이 정반대라는 이유로 김희연은 남편에 대한 파악이 제대로 이루어지지 않은 채 만난 지 석 달 만에 결혼을 하고 말았다. 그리고 1년이 지난 지금 그녀는 비로소 남편과 자신이 도저히 맞지 않는 상대라는 것을 알게 되어 이혼을 하려는 것이다. 그녀가 이혼을 고려하는 것은 어쩌면 그녀의 입장에서는 지극히 당연한 일이다.

하지만 남편은 피를 빨지 않는 흡혈귀, 전혀 인간에게 위협이 되지 않는 흡혈귀이다. 더군다나 여성에 대해서는 전혀 위협적이지 않은 존재이다. 이전의 남자친구가 육식계의 마초적인 인물로서 여성을 성적으로나 경제적으로 착취하는 남성이었다면 현재의 남편은 초식동물처럼 온순하고 착하며 기존의 남성우월적 남성과는 거리가 먼 새로운 남성이다. 어찌보면 그는 여성적인 남성, 아니 양성평등적인 남성이다. 이런 남성은 여성을 소유하고 지배하려고 하지 않는다. 그런데 그처럼 온순하고 착한 남자, 전혀 위협적이지 않은 남성을 자신의 라이프 스타일의 기준 및 대중적인 문화취향에 맞지 않는다는 이유로 흡혈귀로 매도하며 이혼을 하려는 여성이야말로 남성의 입장에서 볼 때 육식동물처럼 위협적인 존재이다.

김희연은 성적으로 개방적이며, 욕망을 적극적으로 표현하는 여성이다. 20C 후반의 젠더의식의 변화는 여성들로 하여금 자신의 욕망을 적극적이고 능동적으로 표현하도록 작용했다. 거기에다 김희연은 현재는 남편보다 지적으로 다소 열등하지만 남편의 시와 평론 그리고 시나리오를 낱낱이 통독하여 비평하고 액자 안 이야기를 쓸 정도로 지적 능력을 갖추고 있다. 남성들은 김희연의 남편처럼 지적인 우월성을 통해 그나마 남성으로서의 자존심과 권력을 유지하려고 하지만 여성들의 지적 능력이 폭발적으로 성장하고 있는 만큼 곧 지적 권력마저 붕괴되고 말지 모른다. 바로 여기에서 기존의 남성성과 여성성의 스테레오 타입은 깨어지며, 젠더정치학의 전복이 일어난다.

20C 후반 우리 사회에는 남성은 여성화되고 여성은 남성화되는 젠더

의식의 균열이 일어났다. 여성들은 김희연처럼 욕망 추구에 적극적이고 자신의 라이프 스타일과 문화적 취향에 맞지 않는다는 이유로 이혼을 먼저 요구할 만큼 능동적이고 공격적으로 변화했다. 반면 베이비붐 이후 세대의 남성들은 김희연의 남편처럼 가부장적 권력을 행사하지 않을 뿐만 아니라 초식남에다 세상사에 무관심한 허무주의자로 변화했다. 그리고 여성들의 변화에 불안과 공포를 느끼고 있다. 김영하는 예민한 작가적 촉수로 그것을 예리하게 포착하여 작품화했다. 바깥 이야기의 화자가 김희연이라는 여성이 오히려 흡혈귀인 것 같다고 말한 것은 김희연과 같은 여성들이야말로 남성들의 주체에 위협을 가하는 존재라고 여겼기 때문이다.

20C 후반 포스트모더니즘의 시대사조는 모더니즘의 가치를 전복하며 정치 경제 사회 문화의 제 영역에서 새로운 흐름을 형성했다. 이 작품에서 남편은 모더니즘의 가치를, 김희연은 포스트모더니즘의 가치를 재현하고 있다. 작가는 바깥 이야기의 화자인 남성을 통해서 포스트모더니즘의 도저한 물결이 모더니즘을 압도하는 시대 변화에 대한 불안감도 일정 부분 표현하고 있다.

4. 결론을 대신하여

김영하 소설의 '흡혈귀'를 젠더정치학의 관점에서 읽음으로써 기존과는 다른 해석을 시도해 보았다. 세속적인 욕망의 화신으로 보이는 김희연은 자신이 세상을 살아가는 규범이고 기준이며, 그녀와 다른 규범과 기준으로 세상을 살아가는 남편을 이해할 수도 없고 이해하고 싶지도 않아 이혼을 고려한다. 그녀의 이와 같은 태도는 20C 후반 여권의 강화와 이혼율의 전반적 증가, 특히 여성이 청구하는 이혼율이 높아진 시대상을 반영한다. 현대의 여성은 남편이 외도를 하거나 폭력을 행사하거나 가족을 유기하는 등 이혼을 할 만한 뚜렷한 과오를 저지르지 않아도 단지 라이프 스타일과 문화적 취향이 맞지 않는다는 이유로 이혼을 요구할 만큼 여권이 강화된 시대를 살아간다. 반면 남성들은 김희연의 남편처럼 가부장적 권력을 행사하지 않을 뿐만 아니라 초식남에다 허무주의자로 변화했다. 그리고 김희연과 같은 새로운 여성의 등장에 불안과 공포를 느끼고 있다.

그러면 작가 김영하는 이 작품을 통해 무엇을 말하려고 한 것일까? 안 이야기의 김희연처럼 자신이 원하는 라이프 스타일과 문화적 취향만을 규범으로 간주하며 자신과 라이프 스타일과 취향이 다른 남편을 흡혈귀라 규정하고 이혼을 요구하는 새로운 여성의 등장에 위협을 느끼는 남성들의 불안과 공포를 말하려고 한 것 같다. 기존에 구축된 남성 우월의 젠더정치학에 균열과 혼란을 야기하는 위협적인 여성의 등장에 대한 남성들의 불안과 공포를 김영하는 이 소설에서 표현하고 있는 것이다.

그런데 그것이 다일까? 아내의 입장에서 볼 때 하루 종일 서재에 처박혀 창작에만 몰두하는 남편이야말로 여성의 주체에 위협을 가하는 괴물 같은 존재, 바로 흡혈귀로 느껴질 만하다. 왜냐하면 그런 남편과는 여성들이 결혼을 통해 누리고자 하는 일상적 행복을 하나도 같이할 수 없기 때문이다. 따라서 안 이야기의 김희연에게는 그녀가 조목조목 비판했듯이 남편의 모든 면이 이혼을 할 수밖에 없는 괴물성으로 인식된다.

하지만 서재에서 하루 종일 작품을 써야 하는 전업작가인 남편의 입장에서는 끊임없이 일상적 삶을 같이하자고 보채는 아내가 오히려 흡혈귀와 같이 두려운 존재로 느껴질 것이다. 김희연과 같은 여성에 대한 남성들의 두려움은 김희연으로부터 바깥 이야기의 화자가 전화를 받은 날 밤의 천둥번개가 몰아치고 비가 거세게 쏟아지는 날씨나 "감정이 최대한 억제되어 있는 듯하면서도 무언가 부글부글 끓어오르는 듯한", 나이나 감정 상태마저 짐작할 수 없는 김희연의 전화 목소리가 불러일으키는 느낌에서 잘 표현되고 있다. 즉 전화선을 타고 들려오는 그녀의 분노를 억제하는 듯한 목소리에 바깥 이야기의 화자는 마치 공포영화를 볼 때처럼 온몸에 소름이 돋는 섬뜩한 분위기를 느꼈다고 적고 있다.

즉 여성은 괴물 같은 남편에 대한 분노의 감정에 사로잡혀 있고, 남성은 그런 여성에 대한 불안과 공포의 감정에 사로잡혀 있다. 바깥 이야기의 화자를 남편과 동일한 직업을 가진 전업작가인 남성으로 설정한 것은 김희연과 같은 새로운 여성의 등장에 대한 남성들의 불안과 공포를 표현하고자 한 작가의 의도 때문이며, 이 의도는 액자구조의 바깥 이야기에서 잘 드러나고 있다.

세속적인 욕망으로부터 초연한 존재가 흡혈귀일까, 아니면 세속적인 욕망에 충실하고 타인마저도 자신의 욕망을 채워줄 도구로 생각하는 탐욕스런 존재가 흡혈귀인 것일까? 세속적인 일상사와 욕망으로부터 한걸음 떨어져 느긋하게 자신만의 삶을 즐기고 싶은 초식남들에게 자신의 욕망 실현에 적극적인 오늘날의 여성들은 너무도 부담스럽다. 그런 여성들은 공포마저 불러일으킨다.

현재 우리나라는 역사상 유래 없이 이혼율이 증가하고 있다. 그것도 여성들이 청구하는 이혼율이 높아졌다. 2014년의 통계청 발표에 의하면 이혼사유는 성격차이 46.7%, 경제문제 12.6%, 배우자의 외도 7.5%, 가족간 불화 6.9%, 육체적, 정신적 학대 4.1%, 건강상 문제 0.6% 등이다. 이 작품에서 말하고 있는 결혼에 대한 스타일과 취향의 차이라는 것도 결국은 성격 차이이다. 어쨌든 오늘날 여성들은 그녀들이 원하는 라이프 스타일과 문화적 취향에 남편이 맞지 않는다고 이혼을 요구하는, 여권이 강화된 시대를 살아간다. 바깥 이야기의 남성화자가 김희연이라는 여성을 흡혈귀라고 짐작하는 것도 그러한 여성들이 위협적으로 느껴졌기 때문인 것이다.

20C 후반을 넘기면서 우리 사회는 젠더 규범에 큰 변화가 초래됐다. '흡혈귀'는 새로운 젠더의 출현에 대해 남녀 각자가 느끼는 거부감과 낯설음을 표현한 단어이다. 이 작품의 액자구조는 남녀의 상반된 입장에 대해서 여러 가지 성찰을 하게 만든다.

참고문헌

기초자료

김영하, 「흡혈귀」, 『엘리베이터에 낀 그 남자는 어떻게 되었나』, 문학동네, 2010.

논문

곽상순, 「탈주체적 등장인물 연구」, 『한국근대문학연구』 15, 한국근대문학회, 2007, 73~99면.

김미영, 「문명화된 몸의 기표-김영하론」, 『한민족문화연구』 7, 한민족문화학회, 2000, 175~188면.

김순원, 「흡혈귀와의 불편한 동거 : 브램 스토커의 『드라큘라』」, 『18세기영문학』 11-2, 한국18세기영문학회, 2014, 1~46면.

김재경, 「김영하 소설에 나타난 환상성-『드라큘라』」, 『현대소설연구』 44, 한국현대소설학회, 2010, 87~116면.

박은주, 「타자성 구현으로서 흡혈귀성-엘프리데 옐리넥의 『질병 혹은 현대 여성들』을 중심으로」, 『뷔흐너와 현대문학』 33, 한국뷔흐너학회, 2009, 33~64면.

박혜경, 「경제위기시 가족주의 담론의 재구성과 성평등 담론의 한계」, 『한국여성학』 27-3, 한국여성학회, 2011, 71~106면.

우찬제, 「미리 쓰는 이야기와 새로 쓰는 텍스트」, 『문학과 사회』 12-3, 문학과

지성사, 1999, 1246~1270면.
이상윤, 「김영하의 「흡혈귀」내의 보르헤스의 환상문학적 요소」, 『중남미연구』 20-1, 한국외국어대학교 중남미연구소, 2001, 223~235면.
진정석, 「씨뮬라끄르 시대의 소설」, 『창작과 비평』 27-4, 창비, 1999, 401~404면.
홍찬숙, 「한국사회의 압축적 개인화와 젠더범주의 민주주의적 함의-1990년대를 중심으로」, 『여성과 역사』 17, 한국여성사학회, 2012, 1~25면.
황정미, 한국여성운동의 의제와 성찰성, 『안과밖』 21, 영미문학연구회, 2006, 10~40면.
모리오카 마사히로, 이은경 역, 「초식계 남자의 현상학적 고찰」, 『일본비평』 5, 서울대학교 일본연구소, 2011년 하반기, 158~177면.

(『인문사회과학연구』 17-1, 부경대학교 인문사회과학연구소, 2016)

레즈비언이즘, 성적 마이너리티에서 이성애 결혼의 대안으로

1. 동성애 그리고 플라스틱 섹스

인간의 성적 지향(sexual orientation)은 이성애(heterosexuality), 동성애(homosexuality), 양성애(bisexuality)로 나뉜다. 그런데 이성애중심사회에서 동성애(homosexuality)는 성적 소수, 즉 마이너리티(minority)로 취급된다. 이때 소수라는 것은 숫자적 개념만이 아니라 육체적·문화적 특질 때문에 다른 사람들과 구별되고 불평등한 차별대우를 받아서 집단적 차별의 대상이 되는 사람들을 지칭하는 개념이다. 소수자 집단이 있다는 것은 보다 높은 사회적 지위와 보다 큰 특전을 가진 우세한 집단이 있다는 것과 불가분의 관계가 있다. '마이너리티란 한 사회에 다수집단 또는 정치적 측면에서 지배집단이 존재하며, 그들과의 관계에서 권력이 발생한다.'[1]는 가정 하에 성립하는 개념이다.

---

1 신기영, 「마이너리티 이론의 탐색」, 『일본비평』 8, 서울대학교 일본연구소, 2013, 30면.

최근 뉴스 보도에서 보았듯이 박원순 서울시장이 퀴어(queer)[2]축제에 서울광장 사용을 재승인했다는 이유로 규탄 집회가 열리는 상황은 우리 사회에서 성소수자들이 불평등한 차별대우를 받고 있으며, 성적 마이너리티라는 것을 단적으로 말해준다. 즉 이성애만을 정상적인 규범으로 간주하는 사람들은 서울광장과 같은 공공 공간에서 동성애자를 비롯한 성소수자들이 집단적으로 그들의 존재를 드러내며 축제를 개최하는 것을 반대한다. 이성애자들은 동성애자와 성소수자들에 반대할 뿐만 아니라 그들의 존재가 공공 공간에서 드러나는 것 역시 반대하는 것이다.

게일 루빈(Gayle Rubin)은 근대 서구사회가 성행위를 성적 가치의 위계질서에 따라 평가해 왔다며, '성위계질서 : 특권집단 대 소외집단'에 대한 도표를 제시한 바 있다.[3] 그녀가 제시한 도표는 서구사회의 성적 가치의 위계질서를 잘 나타내 준다.

> 이론상 '좋은', '정상적인', '자연스러운' 섹슈얼리티는 이성애이어야 하고, 결혼제도 내부에 있어야 하고, 일대일 관계이어야 하며, 출산해야 하고, 비상업적이어야 한다. 같은 세대에 속한 두 사람이 관계를 가지되 집에서 해야 한다. 포르노그래피, 페티시 대상, 그 어떤 성인용품, 남녀 역할이 아닌 다른 배역 등이 결부되어서는 안 된다. 이러한 규칙을 어기면 '나쁜', '비정상적인', '부자연스러운' 성교가 된다. 나쁜 성교란 동성애, 혼인관계가 아닌, 문란한, 출산하지 않은, 상업적인 성교일 것이다. 자위, 혹은 난교 파티에서 일어나는, 세대 경계를 넘는, '공공' 장소, 적어도 덤불숲이나 목욕탕에서 하는 성교일 것이다. 여기에는 포르노그래피, 페티시 대상, 성인용품, 특수한 배역 등이 결부되어 있을 것이다.[4]

---

2 퀴어(queer)는 성소수자-레즈비언·게이·양성애자·트랜스젠더 등-를 포괄하는 단어로 사용되고 있다.

3 게일 루빈, 신혜수 외 역, 『게일 루빈 선집』, 현실문화, 2015, 304~305면.

4 게일 루빈, 위의 책, 303면.

게일 루빈이 제시한 분류에 의하면 서구사회에서도 동성애는 '나쁜', '비정상적인', '부자연스러운', '저주받은' 주변부의 섹슈얼리티로 취급되어 왔다는 것을 알 수 있다. 그간 동성애는 성도착이나 질병, 또는 비정상으로 취급되어 왔고, 그 원인을 밝히려는 연구 및 주장이 있어 왔다. 동성애의 원인에 대하여는 유혹설, 환경설, 호르몬 비조화설, 영향설, 도피설, 유전설, 선천적 결함설 등 여러 가지 학설이 있다. 하지만 동성애를 정신질환의 일종으로 간주하던 미국 정신의학협회는 1973년에 정신질환의 목록에서 이를 삭제하였다. 즉 동성애는 더 이상 정신질환이 아니라는 것을 의학적으로 공식 선언한 것이다.

19C 말부터 동성애자들의 권리운동이 시작되었지만 정치적 쟁점으로까지 떠오른 것은 20C 후반의 일이다. 동성애자들의 권리운동에 힘입어 동성애는 다양한 성적 정체성의 하나로 용인되었고, 네덜란드나 벨기에 등 몇몇 국가에서는 동성 간의 결혼이 합법화되었다. 미국에서도 2003년 매사추세츠 주에서 처음 동성 결혼을 합법화한 이후 10여 개 주에서 동성애자 차별금지법을 제정하였다. 그리고 2015년 6월 연방대법원의 판결로 동성애는 미국 전역에서 합법화되는 등 세계적으로 동성애에 관한 사회적 인식이 최근 크게 변화하였다. 한국에서도 국가인권위원회법에서 동성애자에 대한 차별을 금지하고 있다.[5] 1995년에 발표된 동성애자 인권선언문에서 "동성애란 잘못된 선천적인 자질도 아니고 나아가 성장과 교육의 왜곡에 따른 비정상적인 결과도 더더욱 아니다"라고 밝히고 있음에도 불구하고 이성애중심사회인 우리 사회는 동성애를 여전히 나쁘고 비정상적이고 부자연스러운 섹슈얼리티로 간주한다.

성 다원주의와 성자유주의에 의하면 이성애든, 동성애든, 양성애든 좋고 나쁨의 가치판단이나 정상 비정상의 구분이 있을 수 없는, 인간의 다

---

5 두산백과[네이버 지식백과] : '동성애(homosexuality)' 항목.

양한 성적 지향 가운데 하나일 뿐이다. 그런데 레즈비언 페미니즘에서 여성동성애는 개인의 성적 지향의 하나가 아니라 여성을 억압하는 가부장주의와 이성애주의라는 제도에 대항하는 그들의 핵심적인 정치적 전략이다.

이성애중심사회에서 남성 동성애자인 게이(gay)와 여성동성애자인 레즈비언(lesbian)은 동일집단이 아니다. 즉 같은 동성애자라고 하더라도 레즈비언은 게이에 비해 더 차별받는다. 레즈비언은 가부장적 사고에 의한 여성혐오증이 작용함으로써 게이보다 더욱 핍박받으며, 도덕적으로 더 나쁘고, 의학적으로 더 병들어 있으며, 심리학적으로도 더 왜곡되어 있는 것으로 간주된다. 왜냐하면 재생산을 위한 생식을 거부하는 여성들에 대한 단죄가 작용한 결과 더욱 비난받게 되는 것이다.[6]

우리 근대소설사에서 동성애 모티프는 남성동성애를 다룬 이광수의 「윤광호」(1918)와 이효석의 『화분』(1939), 그리고 여성동성애를 다룬 손창섭의 『인간교실』(1963) 등으로 드문드문 작품화되어 왔다. 하지만 1990년대 이후 한국소설사에서 동성애 담론은 급부상하게 된다.[7]

1990년대에 동성애 친밀성이 쟁점화된 것은 '이성애 친밀성의 위기'와 맞물려 있다. 뿐만 아니라 동성애 친밀성이 미디어 매체를 통해 문화적 사회적으로 가시화됨에 따라, 동성애는 단순히 개인적 취향이 아닌 이성애 가족 규범의 위협으로 인식되었다.[8] 그리고 동성애혐오증(homophobia)은 동성애라는 성적 지향성을 겨냥한 것이 아니라 이성애자들이 직면하고 있는 자신들의 성담론의 위기를 극적으로 상연하는 것일 수도 있다고

---

6 김미현, 「1990년대 레즈비언소설에 나타난 여성의 몸」, 함인희 외, 『한국의 일상문화와 몸』, 이화여자대학교출판부, 2006, 158면.

7 김미현, 위의 논문, 159면.

8 김남순, 「이성애 결혼/가족 규범을 해체/(재)구성하는 동성애 친밀성」, 『한국여성학』 29-1, 한국여성학회, 2013, 86면.

해석된다. 이성애주의에 의해 끊임없이 시도되는 동성애의 대상화는 이성애주의의 위기를 내부적으로 해결할 수 없다는 데 뒤따르는 외부적인 가상의 적이며, 증오의 표적이 되고 있다는 것이다.[9] 즉 동성애 담론의 급부상은 단순히 성적 지향의 하나로서의 동성애에 대한 관심 표출이 아니라 이성애 결혼 및 가족, 그리고 친밀성의 위기와 맞물려 제기된 것으로 파악된다.

2000년을 전후하여 레즈비언이즘을 다룬 소설들에 대한 평가는 다음과 같다. 백지연은 이남희의 「플라스틱 섹스」가 신세대 문화풍속의 일부로 동성애를 다루었지만 그것은 계몽적 이론적 차원에서 다루어진 한계를 지닌다고 평가했다.[10] 김미현은 1990년대 동성애 담론의 급부상과 관련하여 신경숙의 「딸기밭」, 이남희의 「플라스틱 섹스」 연작, 이나미의 「푸른 등불의 요코하마」가 각각 도구적, 저항적, 본질적 레즈비언이즘의 양상을 보여주며 이성애중심주의와 남성중심주의를 문제 삼았다고 분석했다.[11] 정은경은 2000년대의 작품들 중에는 본격화된 성적 소수자 담론과 인권운동에 힘입은 결과 성적 지향을 통해 자아를 규정하는 인격체로서의 동성애자가 등장하였다고 파악한다. 특히 천운영과 배수아의 소설은 동성애자를 타자화하지 않으면서 성적 소수자를 재현하고 더 나아가 지배적 성이데올로기에 균열을 일으킨 것으로 평가했다.[12] 즉 2000년을 전후하여 발표된 소설들은 이성애중심주의와 남성중심주의를 문제 삼거나 이에 균열을 일으키는 경향을 보여준다. 이들 작품에는 성적 소수자

---

9 서동진, 『누가 성정치학을 두려워하랴』, 문예마당, 1996, 146면.

10 백지연, 「외로운 혹성이 꿈꾸는 따뜻한 교신」, 이남희, 『플라스틱 섹스』, 창작과비평사, 1998, 242~243면.

11 김미현, 앞의 논문, 155~182면.

12 정은경, 「한국소설에 나타난 동성애 양상」, 『현대소설연구』 39, 한국현대소설학회, 2008, 79~112면.

담론과 인권운동에 힘입은 결과 인격체로서의 동성애자가 등장하였지만 그것은 계몽적 한계를 지닌다는 평가이다.

본고는 이남희의 「플라스틱 섹스」 연작에 표현된 레즈비언이즘에 대한 작가의 태도를 분석하고자 한다. 이 작품을 선정한 이유는 1990년대 후반에 동성애를 이성애보다 더 나은 성이라고 전향적 주장을 하고 있을 뿐만 아니라 제목인 '플라스틱 섹스'라는 개념이 갖고 있는 강렬한 주제의식 때문이다.

'플라스틱 섹스'는 앤서니 기든스(Anthony Giddens)가 그의 저서 『현대사회의 성 사랑 에로티시즘』에서 제안한 개념이다. 플라스틱 섹스(조형적 성)는 임신이나 출산의 억압으로부터 벗어나 유희적이면서도 순수한 인간관계의 가능성을 보여주는 섹슈얼리티를 지칭하는 개념이다.

> 순수한 관계는 친밀성의 일반적 재구성의 일부이다. 그것은 이성애적 결혼이 아닌, 섹슈얼리티가 가질 수 있는 또 다른 맥락에서 출현한다. 다소 우연하게 일어난 일이긴 하지만, 순수한 관계는 조형적 섹슈얼리티(plastic sexuality)의 발전과 병행한다.[13]

기든스가 말하는 순수한 관계란 관계 외적인 다른 것에 의존하지 않고 순수한 관계 그 자체의 내적인 목적과 속성에 따라 형성되고 지속되는 상호관계를 의미한다.[14] 그에 의하면, "개인의 감정과 자아성찰적 의지가 개입되어 있는 현대적 섹슈얼리티의 정체성은 성찰과 자율의 영역을 갖고 있어 더 이상 가족 재생산과 친족 및 사회질서 유지의 수단이 아니다."[15] 과거에 사랑은 결혼을 통하여 섹슈얼리티와 연결되었지만 현대에

---

13 앤서니 기든스, 배은경·황정미 역, 『현대사회의 성 사랑 에로티시즘』, 새물결, 2003, 104면.

14 앤서니 기든스, 위의 책, 103면.

와서 사랑과 섹슈얼리티는 점차 순수한 관계를 통하여 결합된다는 것이다. 그가 말한 순수한 관계는 성적 감정적으로 평등한 관계로 기존의 성차별적인 권력 형태와 대응되는 관계이다. 순수한 관계는 친밀성을 구성하는 일부로서 조형적 성의 발전과 같은 궤도상에서 발견된다. 기든스가 말한 조형적 성, 순수한 관계, 합류적 사랑은 타자의 개별성에 대한 존중과 개방되고 평등한 의사소통을 기반으로 한다. 사랑한다는 것은 의사소통과 친밀성의 기반에서 신뢰가 쌓여지는 것이다.[16] 그는 순수한 관계와 합류적 사랑이 반드시 이성애와 연관을 갖고 있는 것은 아니라고[17] 말함으로써 동성애가 순수한 관계와 연결될 수 있음을 시사했다.

제목을 '플라스틱 섹스'로 삼을 만큼 작가는 레즈비언이즘이 이성애를 토대로 한 가부장적 결혼이 여성에게 가하는 생식과 성적 억압으로부터 벗어난 순수한 인간관계라는 뚜렷한 주제의식을 갖고 작품을 썼다고 할 수 있다.

2. 레즈비언 섹슈얼리티, 놀이로서의 성

이남희가 1997년에 발표한 연작 「플라스틱 섹스」, 「여자가 여자일 때」, 「어두운 열정」의 주인공 이은명은 『너도 나처럼 해봐』라는[18] 소설의 외설 여부와 관련하여 당국이 사법처리를 하겠다는 방침이 세워지자 문화계에서 열린 '외설이냐 예술이냐'는 공개토론회에서 다음과 같이 발언한다.

---

15 현택수, 『현대인의 사랑과 성』, 동문선, 2004, 51면.

16 현택수, 위의 책, 53~54면.

17 앤서니 기든스, 앞의 책, 110면.

18 당대에 실제로 문제가 된 소설은 장정일의 『내게 거짓말을 해봐』(1996)로서 작가는 제목을 비틀어서 사용하고 있다.

> 옛날에는 섹스가 생식과 연결되어 있었습니다. 그 대표적인 예가 옛날엔 생식과 연결되지 않은 성을 도착적인 것, 변태적인 것, 잘못된 것으로 정의했다는 겁니다. (중략) 그러나 과학기술의 발달로 생식과 섹스는 분리되고 있는 중입니다. 피임기술은 놀이로서의 성이라는 개념을 강화했으며, 아마도 몇 년 지나지 않아 인공수정이나 복제가 섹스와 분리된 생식의 개념을 완성하게 될 것이고 생식으로서의 성이라는 개념은 놀이로서의 성이라는 개념에 완전히 자리를 내주게 되지 않을까 생각하고 있습니다. 만약 우리가 놀이로서의 성이라는 개념을 받아들인다면 여지껏[19] 우리가 가져왔던 정상적인 성이니 변태적인 성이니 하는 판단 기준은 모호해지고 쓸모없어질 것입니다. 결국 성은 놀이에 지나지 않을 테니까요.[20]

여기서 주인공 '은명'의 발언을 통해 작가가 전달하고자 하는 메시지는 생식으로서의 성이 아니라 놀이로서의 성에 대한 주장이다. 현대인은 과학기술의 발달, 즉 피임기술의 발달로 놀이적 성이 가능한 시대를 살아가고 있으므로 생식에 초점을 맞추었던 성의 개념을 변화시켜야 한다는 것이다. 따라서 생식에 맞추어진 성만을 정상으로 취급하는 기존의 관점도 바꾸어야 한다는 것이다.

생식에 초점이 맞추어진 성이란 이성애와 결혼제도내의 성, 그리고 생식과 연결된 성만을 정상으로 취급하는 보수적인 본질주의자들의 관점을 말한다. 본질주의자들은 성을 생물학적 본질이라고 주장한다. 그들에 의하면 성자유주의자들의 놀이로서의 쾌락적 성이나 동성애는 생식과 연결되지 않음으로써 비정상이고 나쁘며 부자연스럽고 불완전한 섹슈얼리티로 간주된다.

---

19 '여태껏'의 잘못.

20 이남희, 「플라스틱 섹스」, 『플라스틱 섹스』, 창작과비평사, 1998, 34면.

은명이 동성애자 초록을 만나게 된 것도 위의 토론회에서의 그녀가 주장한 놀이적 성에 대한 전향적 주장 때문이었다. 삼십대 초반인 은명이 신세대인 초록과 경험하는 섹슈얼리티는 그야말로 철저히 놀이로서의 즐거운 섹슈얼리티이다.

> 혼자 있을 때 조용히 생각하다 보면, 그런 섹스가 대단히 재미있고 어색하지도 않다는 사실을 깨닫고 놀라곤 하였다. 좋은 점도 많았다. 같은 성이기 때문인지 서로의 욕망에 민감했고 같은 감정에 빠져드는 때가 많았으며 굳이 말로 표현하지 않더라도 서로를 아주 잘 이해할 수 있었으며 서로에 대한 배려도 어디까지나 동등하게 주고받는 편이었다. 남자와 관계할 때의 미진한 느낌, 때로는 맛보기 마련인 굴욕적인 느낌은 이런 섹스에서는 없었다. 적어도 '누가 누구를 범한다'는 굴욕적인 표현은 전혀 적용되지 않는 것이다. '그것만 해도 대단하잖아.' 은명은 감탄하였다.[21]

두 사람의 관계에서 여성 동성 간의 섹슈얼리티가 가지는 장점은 재미, 자연스러움, 욕망에 대한 민감한 반응, 동일한 감정에의 몰입, 말없이도 서로를 잘 이해할 수 있다는 것, 동등하게 배려를 주고받을 수 있다는 것만이 아니다. 여성 동성애는 이성애에서 갖게 되는 미진한 느낌과 누가 누구를 범한다는 굴욕적인 느낌이 없다는 것이 더 큰 장점이다. 은명은 그것만으로도 대단하다고 감탄한다. 즉 레즈비언이즘은 이성애보다 더 재미있고, 더 큰 충족감을 주며, 더 잘 소통되고, 더 민주적이며, 더 자연스럽고, 더 좋은 섹슈얼리티로 경험된다.

그런데 은명의 몸이 초록과의 관계에서 놀이로서의 즐겁고 순수한 섹슈얼리티를 경험했음에도 불구하고 그녀의 의식은 여전히 이성애중심사

21 이남희, 「플라스틱 섹스」, 위의 책, 39~40면.

회를 지배하고 있는 동성애혐오증(homophobia)으로부터 완전히 자유로울 수 없다. 그녀가 토론회에서 섹스와 생식의 분리나 놀이로서의 섹슈얼리티를 주장했다고 해서 그것이 반드시 동성애를 의미한 것은 아니었다. 그로 인한 갈등으로 결국 초록은 그녀의 곁을 떠난다. 초록은 다음과 같이 은명을 비판한다.

> 내놓고 생식이 아닌 놀이로서의 성을 말하다니, 꽤나 용감한 사람이구나 감탄했었어. 놀이라면서 무슨 정상, 비정상이 있어? 여여 사이, 남남 사이, 혹은 남녀 사이, 더 나아가서 여자 둘에 남자 하나, 물론 그 반대도 가능하겠지. 암튼 아무래도 상관없는 거잖아. 아니야?[22]

위의 인용문에서 볼 때에 초록은 레즈비언일 뿐만 아니라 성자유주의자이다. 작품 속에서 초록은 한곳에 안주하거나 정착하기를 거부하고 끊임없이 새로운 쾌락과 만족을 추구하는 신세대의 떠도는 자아, 즉 유목민적 주체인 노마드(nomadism)를 표상한다. 그녀는 동성애, 이성애, 그룹섹스까지 모두 정상과 비정상의 잣대로 재단할 것이 아니라고 주장한다. 그녀는 "그 사람이 좋고 만지고 싶은데 같은 여자니까 안 된다. 그게 더 부자연스러운 거 아냐? 자신의 욕망을 표현하는 게 아름다운 거잖아?"라고 은명에게 반문한다.

하지만 은명은 "이게 옳은 일인가? 이게 정상적인가 아닌가? 남들도 이렇게 살기는 살까?"와 같은 회의에 사로잡힌다. 이성애자였던 은명은 우연히 초록을 만나 동성애를 경험하지만 동성애에 대한 확신을 갖지 못한 채 여전히 이성애주의, 성적 보수주의를 기준으로 하여 동성애를 옳고 그름, 정상과 비정상, 보편성 여부 등의 기준에서 판단하고 있었던

22 이남희, 위의 작품, 41면.

것이다. 은명의 태도는 우리 사회에서 동성애자들 스스로 이성애주의의 기준에 맞춰 끊임없이 자기검열을 해야 하는 억압적 상황을 잘 보여준다. 작품 속에서 초록과 같은 신세대와 기성세대 사이에는 자신의 성정체성을 드러내는 데 있어 매우 큰 차이를 보여준다. 처음부터 자신의 성적 지향을 제대로 인식하고 이를 실천하는 신세대들은 레즈비언임을 커밍아웃하지 못하는 은명과 같은 기성세대의 위선을 다음과 같이 경멸한다.

> "어른들은 정말 웃겨. 뭣 땜에 그렇게 창피해하면서 쉬쉬 하는 거죠? 그런다고 누가 잡아먹어요? 그게 무슨 죄예요? 우리가 못 참아하는 게 바로 위선이라고요. 사람이 사람 좋아하는 건데 남자냐 여자냐 하는 그딴 사소한 문제로 물고 늘어질 까닭이 없잖아요. 남들 눈치나 보고 비위나 맞추며 자신을 속이며 사는 거, 그게 나쁜 것 아네요? 그리니(초록)가 그렇게 팔팔하고 매력적인 것은 솔직하기 때문이죠. 갠 절대 위선 떨지 않았어요. 개는 처음부터 여자들에게만 연애감정을 느꼈죠." (후략)[23]

결국 은명의 이중적인 태도에 실망한 초록이 떠나자 은명은 그녀를 찾아다니면서도 레즈비언이즘을 부정할 뿐만 아니라 다른 레즈비언들도 인정하지 못한다. 은명의 태도는 우리 사회가 동성애자 자신들마저도 자신의 성정체성을 제대로 밝히지 못하고 혐오하는 자기공포증과 동성애 혐오증에 사로잡힌 사회라는 것을 단적으로 보여준다.

한 마디 말도 없이 자신을 떠나간 초록의 자취를 쫓던 은명은 8개월 후에야 우연히 잡지의 화보에 실린 초록의 사진을 발견하고 그녀가 미국에서 살고 있다는 사실을 알게 된다. 은명이 초록을 찾아다니는 이 작품의 여정은 레즈비언이즘을 정상적 섹슈얼리티의 하나로 인정해야 한다는 동성애 정체성 찾기에 나선 길의 서사라고 할 수 있다. 그러나 그 길은

---

23 이남희, 위의 작품, 29면.

아직 도달하지 않은 여정, 가야 할 길이 먼 여정이다. 즉 관념적으로 여성 동성애를 수용하고, 그 즐거움도 직접 경험해 보았지만 이성애중심사회의 가치관으로부터 완전히 자유롭지 못한 주인공이 자신의 성정체성을 당당히 밝힐 수 있는 것을 목표로 한 여정이다. 그 길의 끝에서 은명은 자신이 레즈비언임을 커밍아웃할 수 있어야 하며, 초록은 동성애에 대한 편견과 혐오증이 덜한 미국에서가 아니라 한국에서도 자신의 파트너와 당당하고 행복하게 살아갈 수 있어야 한다.

작품 속에서 초록의 친구 김희완은 "지금 우리에게 필요한 것은 사소한 일상성에서의 변화들이라구요. 이젠 섹스에서도 관념보다는 일상성에서의 구조변동이 필요하다는 거죠. 일대일의 관계에서의 변화요."라고 은명에게 말한다. 그녀의 말은 섹슈얼리티와 같은 일상적 영역에서의 친밀성의 구조변동이 필요하다는 주장이다. 1990년대 우리 사회를 지배한 포스트모더니즘의 물결은 거대담론으로서의 정치적 민주화가 아니라 일상성 영역에서의 구조변동 같은 미시담론을 추구하였다. 성적 친밀성과 같은 일상적 영역에서의 구조변동도 그 안에 포함된다. 김희완의 발언은 일상생활에서 구체적 실천으로 당당히 나아가지 못한 채 관념적으로만 동성애를 주장하는 은명과 같은 사람들에 대한 비판인 셈이다.

1990년대 후반 포스트모더니즘 담론은 섹슈얼리티의 영역에서 이성애라는 성적 일원성을 해체하고 성적 다원주의 담론 형성에 영향을 미쳤으며, 성적 소수로서 동성애에 대한 관심도 촉발시켰다. 동일성과 일원성의 해체는 포스트모더니즘의 가장 중요한 철학적 기반이며, 이는 곧바로 다원성의 강조로 이어진다. 작품 속에서 기성세대들과 달리 포스트모더니즘 세대인 초록과 그녀의 친구들은 성 다원주의를 당당히 인정하는 신세대적 특성을 나타냈다.

3. 이성애 결혼과 친밀성의 위기

「플라스틱 섹스」 연작은 레즈비언이즘이 이성애보다 더 나은 성이며, 더 자연스럽고, 더 좋은 섹슈얼리티라고 주장하고 있음에도 레즈비언 섹슈얼리티 그 자체보다 이성애 결혼의 여성 억압과 친밀성 비판에 보다 많은 비중을 부여하고 있다.

아드리안 리치(Adrienne Rich)는 레즈비언이즘을 "여성에 접근할 수 있는 남성의 권리에 대한 직접적인 공격으로 보면서, 레즈비언이즘은 단순한 성문제가 아니라 가부장제에 대한 저항이며, 모성에 의거하여 남성중심적 지배와 오이디푸스적 사회에 저항할 수 있다고 주장한다."[24] 그녀뿐만 아니라 레즈비언 페미니스트들은 이성애 제도를 남녀의 자연스러운 성적 지향이라기보다는 마치 자본주의나 인종차별주의처럼 다양한 힘들에 의해 유지되는 하나의 제도이자 남성중심적 사회에서 여성을 차별하는 가부장제 권력 유지의 도구이며, 여성들의 연대와 저항을 봉쇄하는 수단으로 간주한다. 특히 결혼이란 어머니 역할을 강제하고 성노예제도를 가장 강력히 확산시키는 가장 중요한 억압기제 중 하나로 파악한다.[25]

연작의 두 번째 작품인 「여자가 여자일 때」는 외할머니-어머니-은애로 이어지는 은명의 3대에 걸친 모계 가족사를 통해 이성애 결혼이 어떻게 여성을 억압해왔는가를 고발한다. 이성애를 기반으로 하는 가부장적 결혼은 남성중심의 섹슈얼리티, 부계혈통주의, 생물학적 가족 등으로 여성을 생물학적 성적으로 억압한다. 샬롯 번치(Charlotte Bunch)는 "이성애주의란 제도이며 이데올로기로서 여성 억압의 주된 요소이다. 이성애주

24 장미경, 『페미니즘의 이론과 정치』, 문화과학사, 2002, 179~180면.

25 장미경, 위의 책, 181~182면.

의의 이데올로기란 무엇인가? 그것은 기본적으로 남성우월주의이다. 또한 모든 여성은 남성의 자산이며 남성에 의해 규정된다. 여성의 육체, 서비스, 자녀는 모두 남성에게 속한다."[26]라고 했다.

외할머니는 외할아버지의 축첩으로 인해서 "한밤중 방문 앞 툇마루에 쭈그리고 앉은" 모습으로 은명에게 기억된다. "그 방문 안쪽에는 외할아버지가 다른 여자와 잠자리를 함께하고" 있었던 것이다. 이처럼 이성애를 토대로 한 가부장적 결혼은 순결(정절)이데올로기로 여성의 몸을 억압하고 통제하는 반면에 남성에게는 일부다처제를 통해 축첩과 외도를 허용해 왔다. 그리고 여성의 성은 남성의 상속권과 가계계승의 목적을 위한 생식의 기능에서만 그 가치를 인정했다.

어머니 역시 지방 전근이 잦은 아버지가 현지에서 여자문제를 빈번히 일으켰지만 가족의 부양자 역할을 수행하는 아버지와 이혼하지 못하고 비굴하게 결혼관계를 지속해왔다. 가부장적 가족에서 아버지는 생계를 책임지고 경제적 자원을 제공함으로써 가정을 유지하는 가장으로서의 권한을 행사했으며, 그것을 어머니는 받아들일 수밖에 없었던 것이다.

가부장제 결혼제도하에서 여성들은 자녀 출산과 양육을 통해 가계 계승자의 어머니로서 가족 내에서 확고한 위치를 차지하는 동시에 가족의 안정과 부부관계의 친밀성을 보장받는다. 하지만 외할머니는 아들을 낳지 못함으로써 부부관계의 친밀성을 위협받았고, 두 딸을 낳은 후 뒤늦게 아들을 낳은 어머니도 마찬가지로 아버지가 일으키는 빈번한 여자문제가 증명하듯 친밀성의 위기를 겪어야만 했다.

이 문제를 두고 은명은 "난 엄마한테 여성해방을 하라고 요구한 적은 없어. 그저 자신의 존엄성을 지키면서 살았으면 하는 것뿐이야."라고 비

26 연점숙, 「레즈비언 페미니즘」, 한국영미문학페미니즘학회 편, 『페미니즘, 어제와 오늘』, 민음사, 2000, 309면.

판한다. 반면 은애는 "한번이라도 엄말 이해하려고 해봐. 남편이란 다른 거야. 순수하게 남자인 것만은 아니라구. 거기엔 사회적인 거, 경제적인 거 다 들어 있는 복잡한 거란 말야."라고 그들 가족에게 아버지란 존재는 사회적 대표권을 지니며, 가족 부양의 경제적 토대가 된다는 가족주의의 논리로 아버지를 옹호한다. 은명은 아버지의 경제력에 의존하여 인간으로서의 존엄성을 상실한 채 살아온 어머니의 굴욕적 삶에 비판적이었던 반면 은애는 한 가족의 가장으로서의 아버지의 사회적 경제적 권력에 의존할 수밖에 없었던 어머니의 삶을 이해해야 한다고 주장하는 상반된 입장을 취한다.

은애의 주장에서 보듯이 가족주의는 부계 가족질서를 재생산하는 역할을 수행하며 가족 내 불평등한 젠더관계와 억압적인 성차별을 정당화한다. 가부장적 가족 이데올로기의 핵심은 성별분업의 차별 논리와 모성신화, 그리고 남성부양자 모델을 통해 구체화된다.[27]

뿐만 아니라 젊은 세대인 전업주부 은애조차도 외할머니나 어머니처럼 남편에게 종속된 삶으로부터 자유로울 수 없었다. 그녀 역시 아들 낳기에 필사적이었고, 아들을 낳았을 때 은명이 적대감을 일으킬 정도로 의기양양했던 그녀는 아들을 낳는 기관인 자궁에 종양이 생겨 자궁적출 수술을 받고 우울증에 빠져 있다.

외할머니-어머니-은애로 이어지는 3대의 여성이 공통으로 집착해온 문제는 아들을 낳아 남성중심 가족의 대를 이어야 한다는 모성 역할에 대한 강박관념이다. 은애마저도 아들이 죽자 다시 아들을 낳을 때까지 임신과 성별검사와 중절을 서슴지 않았을 뿐만 아니라 본능적으로 아들에게 더 정이 간다고 말해왔다. 그리고 "애 낳은 게 책 한 권 쓰는 것보다

---

27 백진아, 「경제위기, 국가정책 그리고 가족 ; 경제위기에 따른 가족생활의 변화와 가족주의」, 『사회발전연구』 7, 연세대학교 사회발전연구소, 2001, 42면.

훨씬 더 가치 있고 해볼 만한 일"이라고 주장한다.

이성애 결혼의 친밀성의 위기는 가계계승을 위한 재생산(아들 낳기)이라는 명분으로 내놓고 축첩을 했던 외할아버지, 빈번히 여자문제를 일으켰으며 그 뒤처리까지 어머니에게 시켰던 아버지, 그리고 자궁적출수술 후 우울증에 빠진 아내는 뒷전인 채 일을 우선시하는 냉담한 성격의 형부 등에서 보듯 세대를 초월하여 반복되어 왔다. 3대 모계사는 가부장적 결혼이 친밀성이 결여되었을 뿐만 아니라 남성이 여성을 지배하는 권력관계라는 것을 명백히 입증하고 있다.

그럼에도 불구하고 여성이라는 젠더 정체성에 충실한 은애와 같은 여자들은 "결혼했으므로 당연히 행복해야 한다는 강박감에 쫓겼고, 그렇지 못한 건 자신이 나쁜 여자인 까닭이라고 자책하는"가 하면 "출산과 육아가 보람 있고 황홀한 경험"이라는 모성신화를 과장해서 떠벌리는 등 낭만적 결혼에 대한 강박관념과 모성신화에 사로잡혀 있다. 하지만 은명은 그녀들을 "자신이 살아온 인생으로부터 철저히 분리된" 인생을 사는 타자화된 존재들로 평가한다.

그런데 은명이 "「B사감과 러브레터」에 나오는 사감처럼 꼬장꼬장하고 원칙주의자이며 여자다운 매력보다는 기능을 앞세우며 사는 인생"이 된 것은 어린 시절 아들을 낳기 위해 남자아이처럼 꾸며 기른 양육과정과 결코 무관하지 않은 것으로 작가는 설정했다. 즉 둘째딸인 그녀는 "딸을 남자아이처럼 꾸미면 그 밑으로 남동생을 볼 수 있다는 속설"에 따라 거친 선머슴처럼 키워졌던 것이다. 반면에 한 살 위 언니인 은애는 "태어나기를 희생자로 태어난, 비극의 여주인공이라도 되는 듯 초연한 미소를 머금고" 있는 상냥하고 얌전한 태도를 가지고 자랐다. "은애가 여자다운 상냥함과 허약함을 내세워 가정에 무관심한 아버지의 관심을 끌고 보호받으려 했다면 은명은 자기 고집을 세우고 책으로 도피해버린 셈이었다."

은애가 나타내는 여성적인 젠더 정체성에 대해 은명은 "정말 언니가 원했던 사람이 아니라 남자들이 생각하는 여자라는 기준에 맞춰서 된 여자거든."이라고 비판한다. 남성중심사회에서 여성에게 강요해온 젠더 정체성을 은애가 내면화한 것이라는 은명의 주장과 그것은 본능적이고 자발적인 것이라는 은애의 주장은 서로 부딪힌다. 즉 젠더 정체성 구성에 대해 은명의 구성주의 입장과 은애의 본질주의 입장은 결코 대화적 관계에 이를 수 없으며, 당연히 서로를 설득하지 못한다. 그런데 은애를 향한 은명의 주장은 어쩌면 자기 자신에 대한 설득이라고도 볼 수 있지 않을까.

한편 모성신화와 강박증에 사로잡힌 은애가 자궁적출수술을 받고 입원 중 위로가 필요하여 안아달라고 남편에게 말했다가 면박을 당한 에피소드를 통해서 작가는 이성애 결혼과 가족 중심의 '정상적' 친밀성 규범을 비판적으로 검토하며, 동성애가 친밀성을 민주적으로 재구성할 수 있는 대안이 될 수 있다고 주장한다. 이 에피소드가 보여주듯이 여성의 몸은 욕망하는 몸, 주체로서의 몸이 되지 못하고 남성이 욕망할 때만 대상화되는 객체이다. 뿐만 아니라 은애의 자궁적출수술이 아들을 갖기 위해 중절수술도 서슴지 않았던 여성의 몸에 대한 도구화와 타자화의 필연적 결과이듯이 가부장적 결혼과 이성애는 여성의 삶을 주체로부터 분리시키며, 여성의 몸을 병들게 한다. 즉 여성을 남성의 대상이자 객체로 끝없이 타자화시키고 자기 자신마저 소외시킨다.

뿐만 아니라 언니(여성)의 안아달라는 말을 성관계를 하자는 말로 오해한 형부(남성)의 의사소통 방식을 은명은 문제 삼는다. "남자하고 여자는 말하는 방식, 생각하는 방식…… 다 다르니까 서로를 이해하지 못하는지도 모르지."라고 남성과 여성 사이의 의사소통이 제대로 이루어지지 않는 문제는 결국 친밀성의 위기를 발생시킨다고 파악한다. 반면 동일한 젠더인 초록과의 동성애는 서로 의사소통이 원활할 뿐만 아니라 자신이 여자란 사실을 좋아지게 만들었다고 은명은 주장한다. 즉 레즈비언이즘은 파트너 사이의 의사소통과 친밀성을 더욱 증진시키는 좋은 섹슈얼리티라는 것이다.

이성애를 토대로 한 가부장적 결혼은 연작의 세 번째 작품인「어두운 열정」에서 한때 초록의 파트너였던 오십대 최애희의 삶이 보여주듯이 한낱 허상에 불과한 것으로 부정적으로 제시된다. 10여 년의 결혼생활에 대해 "결혼생활에서 남은 것이라곤 아들뿐, 나머진 상처였죠. 남자라면 신물이 났어요. 무디고 인간에 대한 배려라곤 할 줄 모르는 이기적인……"이라고 한 그녀의 표현에서 보듯이 남은 것은 아들뿐이며, 남자들이란 인간에 대한 배려라곤 전혀 없는 이기적인 존재들로 규정된다. 하지만 그 아들마저 사춘기가 되자 방문을 걸어 잠그고 간섭을 거부하며 결국 미국으로 유학을 떠나버린다. 따라서 그녀는 자신의 인생을 "사막처럼 끝 간 데 없이 펼쳐진 메마른 삶"으로 규정한다. 그때 만난 것이 초록이라는 것이다.

그런데 여고 때부터 동성애적 성향을 보였던 최애희는 "성욕에선 대상"이 필요하지만 "그녀가 같이 자고 싶어 하는 상대는 남자도 여자도 아닌 그저 어떤 개인적인 한 사람"일 뿐 대상에 대한 순수한 동기 그 자체가 중요하다고 말한다. 즉 섹슈얼리티에서 중요한 것은 대상의 성별이 아니라 순수한 관계이고, 인간 그 자체라는 것이다.

이 작품에서 동성애는 결혼과 결부되지 않고 당연히 생식과도 연결되지 않으며, 서로를 억압하지 않는 유동적인 관계로 제시된다. 바로 그 점에서 순수한 인간관계인 플라스틱 섹스가 되는 것이다.

작가는 상대방을 억압하지 않는 유동적 관계를 아무 때나 아무 말도 없이 상대방을 자유롭게 떠날 수 있는 자유로 지나치게 단순하게 이해한 것 같다. 작중의 은명을 비롯하여 초록과 한때 관계를 맺었던 기성세대 여성들이 초록이 일방적으로 떠나버림으로써 그녀를 찾아다니도록 설정한 이유는 무엇 때문인가?

이성애자들은 결혼제도를 통하여 또는 결혼제도 밖에서도 성적 파트너를 다양하게 찾을 수 있는 반면 기성세대 레즈비언 여성들은 어디에서 자신의 성적 파트너를 찾아야 할지 알 수 없는 심각한 성적 소외를 겪고 있다. 기성세대와 달리 작품 속 신세대들은 그들만의 바(bar)나 클럽 같은 문화영토에서 파트너를 찾는 새로운 문화를 형성해 나가는 것으로 작품 속에 그려진 것과도 차이가 있다.

그리고 한때 초록과 파트너였던 여성들이 초록과 모녀관계로 보일 만큼 나이 차이가 나는 것으로 설정한 작가의 의도는 진정하고 순수한 사랑은 세대 차이를 뛰어넘는다는 의미인가? 아니면 여성 동성애가 모성애적 측면을 지닌다고 말하고 싶었던 것인가? 아니면 신세대와 기성세대의 태도 차이를 드러내기 위한 설정인 것인가? 아니면 이 모두를 포함하는 것인가?

4. 결론

이남희의「플라스틱 섹스」연작은 친밀하고 순수한 인간관계와 플라스틱 섹스는 이성애에 기반한 가부장적 결혼이 아니라 레즈비언이즘이라고 주장한다. 은명의 3대 모계 가족사가 보여주듯이 이성애를 기반으로 한 가부장적 결혼은 여성의 인격과 몸을 남성들의 식민지로 만들었다. 여성들은 그 속에서 가부장적 가족을 계승하고 유지하기 위해서 자신들을 주체로부터 분리하며 자발적으로 순응해 왔다.

하지만 남은 것은 사막과도 같은 불모의 영혼과 상처받은 몸뿐이다.

여성을 가계계승을 위한 아들을 낳는 도구로 타자화하고, 식민화하는 가부장적이고 이성애적 결혼의 대안으로 작가는 레즈비언이즘을 제시하였다. 그것은 결혼과도 연결되지 않으며, 생식과도 무관하고, 세대의 경계도 뛰어넘은 민주적인 관계이다. 또한 놀이로서의 섹슈얼리티를 가능하게 만들고, 순수한 인간관계로서의 플라스틱 섹스라고 작가는 주장한다. 즉 레즈비언이즘은 '나쁜', '비정상적인', '부자연스러운' 섹슈얼리티가 아니라 좋고, 정상적이고, 자연스러운 섹슈얼리티이다. 오히려 이성애보다 더 나은 섹슈얼리티이다.

작가는 성 다원주의나 성자유주의의 입장에서, 즉 단순히 개인의 성적 지향으로서 레즈비언이즘을 추구하고자 한 것은 아니었다. 가부장제 결혼과 가족, 그리고 이성애적 친밀성을 비판하며 레즈비언이즘을 대안으로서 제시하였다는 점에서 「플라스틱 섹스」 연작은 레즈비언 페미니즘을 주제의식으로 추구한 작품이라고 할 수 있다. 작가는 레즈비언 페미니즘에 의거하여 여성을 억압하는 가부장적이고 이성애에 기반한 결혼과 친밀성을 비판하고, 그 대안으로서 여성 동성애를 긍정적으로 제시하였다.

하지만 아직도 레즈비언이즘은 이성애주의에 의해 억압받는 주변부의 '어두운 열정'이다. 그 억압은 비단 이성애중심사회의 억압만이 아니라 레즈비언 자신들마저 동성애혐오증으로부터 완전히 자유롭지 않은 억압하에 놓여있다. 즉 이성애중심사회의 구별 짓기에 의한 차별적 시선과 그동안 받아온 이성애주의의 교육으로 인해 레즈비언 자신들조차 커밍아웃을 하지 못하는 동성애혐오증을 나타낸다. 따라서 레즈비언들은 자신의 성적 소수자로서의 운명을 받아들이고, 다수인 이성애와의 관계 속에서만 자신의 성정체성을 구성할 수 있다는 통념으로부터 먼저 벗어나야 할 것이다.

작중 은명은 '어머니의 식민지'라는 소설을 구상하고 있었다. 그것은 "전혀 상관없을 것 같은 어머니의 삶과 외할머니의 삶, 그리고 자신의 삶에 대한 반성에서 출발한 소재"의 작품이다. 결론부터 말하자면 이 작품에 대한 구상이 들어 있는 노트북 컴퓨터를 초록이 가지고 떠나버림으로써 은명은 끝내 이 작품을 쓰지 못한다. 하지만 「플라스틱 섹스」 연작에서 보여준 여성 3대의 삶이야말로 작중의 은명이 쓰고자 한 소설의 서사에 다름 아니다. 그런 의미에서 이 작품은 메타소설로 읽을 수도 있을 것 같다. 작가는 이성애를 토대로 한 가부장적 결혼은 어머니(여성)를 남성의 식민지로 만들어버리는 나쁜 제도이므로 레즈비언이즘을 통해 그 상처를 치유하자고 주장한다.

이 작품에서 어느 이론가 못지않게 작가의 주제의식은 매우 논리정연하다. 그런데 작가의 주제의식은 과연 독자를 얼마만큼 설득하였는가? 이성애중심사회의 억압적이고 차별적인 시선을 뚫고 성적 소수인 레즈비언들의 성적 권리를 긍정적으로 드러내는 데 이 작품이 얼마나 기여했는가에 대해서는 쉽게 답할 수 없을 것 같다. 하지만 1990년대 후반에 발표한 이 작품에서 표현된 레즈비언이즘에 대한 작가의 전향적 의식만큼은 충분히 그 가치를 인정해도 좋을 것이다.

참고문헌

기초도서

이남희, 『플라스틱 섹스』, 창작과비평사, 1998.

단행본

서동진, 『누가 성정치학을 두려워하랴』, 문예마당, 1996.

장미경, 『페미니즘의 이론과 정치』, 문화과학사, 2002.

한국영미문학페미니즘학회 편, 『페미니즘, 어제와 오늘』, 민음사, 2000.
함인희 외, 『한국의 일상 문화와 몸』, 이화여자대학교출판부, 2006.
현택수, 『현대인의 사랑과 성』, 동문선, 2004.
두산백과[네이버 지식백과] : '동성애(homosexuality)' 항목.
게일 루빈, 신혜수 외 역, 『게일 루빈 선집』, 현실문화, 2015.
앤서니 기든스, 배은경·황정미 역, 『현대사회의 성 사랑 에로티시즘』, 새물결, 2003.

논문

김남순, 「이성애 결혼/가족 규범을 해체/(재)구성하는 동성애 친밀성」, 『한국여성학』 29-1, 한국여성학회, 2013, 85~125면.
백진아, 「경제위기, 국가정책 그리고 가족 ; 경제위기에 따른 가족생활의 변화와 가족주의」, 『사회발전연구』 7, 연세대학교 사회발전연구소, 2001, 27~50면.
신기영, 「마이너리티 이론의 탐색」, 『일본비평』 8, 서울대학교 일본연구소, 2013, 22~51면.
정은경, 「한국소설에 나타난 동성애 양상」, 『현대소설연구』 39, 한국현대소설학회, 2008, 79~112면.

(『한국문학이론과 비평』 72, 한국문학이론과비평학회, 2016)

나혜석과 요사노 아키코의 모성이데올로기 비판과 여성적 글쓰기

1. 서론

이 글은 근대 한국과 일본의 여성작가 나혜석(羅蕙錫, 1896~1948)과 요사노 아키코(与謝野晶子, 1878~1942)가 여성이 겪는 임신과 출산의 고통을 생생하게 묘사하며 가부장제를 비판한 글을 중심으로 두 작가의 '여성적 글쓰기'를 비교하는 것을 목적으로 한다. 즉 나혜석의 에세이 「모된 감상기」(1923)와 이에 영향을 주었을 것으로 생각되거나 비교할 만한 요사노 아키코의 일기 「산욕의 기(産褥の記)」(1909)와 소평론 「산옥 이야기(産屋物語)」(1909)를 분석하여 근대 한국과 일본의 여성적 글쓰기를 비교할 것이다.

두 작가를 비교하는 근거는 두 사람 공히 페미니즘에 입각하여 여성의 임신과 출산을 문학적 테마로 삼은 글을 썼을 뿐만 아니라 나혜석이 그녀의 글에서 요사노 아키코를 두 차례나 언급했기 때문이다.

먼저 나혜석은 「이상적 부인」(1914)에서 "원만한 가정의 이상을 가진 요사노 여사(与謝野晶子)"[1]라고 그녀에 대해 언급하였다. 나혜석은 과거와 현재를 통하여 영지적 이상을 실현시킨 이상적 부인의 모델에 근접한 인물로 문학작품의 여주인공들(카츄사, 막다, 노라)과 실제작가들(스토우 부인, 라이초우 여사, 요사노 여사) 6명을 예로 들었다. 예거된 『부활』의 카츄사, 『고향』의 막다, 『인형의 집』의 노라는 나혜석의 일본 유학시절에 연극으로 공연되어 인기절정을 누리던 작품의 주인공들로서 그녀들은 당시 일본에서 신여성의 대표적 존재로 회자되었다.[2] 그리고 흑인노예폐지운동에 영향을 미친 스토우(H. B. Stowe) 부인은 『엉클 톰스 캐빈』의 저자이며, 히라스카 라이초우(平塚雷鳥)와 요사노 아키코는 1910년대 일본 페미니즘 문학을 선도한 여성작가이자 대표적 페미니스트이다.

히라스카 라이초우는 일본의 페미니즘 잡지 『세이토(靑鞜)』를 창간한 인물로서 잡지의 창간사를 통해 주체성을 갖는 자율적 존재로서 여성의 자아회복을 주장했다.[3] 요사노 아키코는 "정절·인종·온순 등의 부도(婦道)와 인습을 무시하고 자아의 시를 노래"한[4] 시인으로서 「산실일기」에서 아이를 낳게 만든 남자를 저주하며 출산의 고통을 그려냈고, 여성해방주의자로서 가부장적 가족제도에 저항하며 남녀평등주의의 가정을 강조한 여성이었다.[5] 따라서 나혜석이 「이상적 부인」에서 그녀에

---

1 나혜석, 「이상적 부인」, 이상경 편, 『나혜석전집』, 태학사, 2000, 183면.

2 노영희, 「일본 신여성들과 비교해본 나혜석의 신여성관과 그 한계」, 『일어일문학연구』 32, 한국일어일문학회, 1998, 346면. : 이 논문에서 노영희는 나혜석과 히라스카 라이초우, 그리고 요사노 아키코를 페미니즘의 관점에서 비교하며, 나혜석이 두 사람에 비해 역사의식이 부족하고, 사회개혁과 여성개혁의 이상보다는 연애, 결혼, 가정이 더 중요했던 한계를 지닌다고 부정적 평가를 내렸다.

3 나혜석과 히라스카 라이초우의 생애에 대해서는 '문옥표, 「조선과 일본의 신여성-나혜석과 히라스카 라이초우의 생애사 비교」, 문옥표 외, 『신여성』, 청년사, 2003, 245~282면.'이 있다.

4 이와부치 히로코·기타다 사치에 편, 이상복·최은경 역, 『처음 배우는 일본여성문학사(근현대편)』, 어문학사, 2008, 97면.

5 노영희, 앞의 논문, 355면.

대해 '원만한 가정의 이상'을 이룬 인물이라 평했을 때의 '원만한'의 의미는 현모양처가 아니라 '남녀평등적'으로 원만한 가정의 이상을 실현했다는 뜻이다.[6]

나혜석은 「모된 감상기」에서 다시 한 번 요사노 아키코를 언급한다. 이때 그녀는 십여 인의 아이를 낳아 기르면서도 매삭(每朔) 논문과 시를 창작하고, 엄청난 독서를 한 작가로 평가된다. 즉 나혜석으로 하여금 임신이 그녀의 인간적 주체성을 함몰시켜 버릴지도 모른다는 데 대한 불안을 떨치는 데 일말의 희망을 던져준 인물이다.[7]

요사노 아키코는 메이지 시대의 여성문학을 대표하는 작가로서 20여 권의 가집과 소설, 수필, 평론 등을 남겼다. 그녀는 『헝클어진 머리(みだれ髮)』(1901)에서 '사랑'과 '성'에 대한 자유로운 시각과 남녀평등주의에 입각해 여성의 인간적 주체성을 강조했다. 그녀는 1912년에는 5개월간 유럽여행을 통해 여권신장 및 여성문제에 관심을 기울였고, 1924년에는 부인참정권획득기성동맹회 창립회원으로 활동한 여성운동가이기도 했다. 또한 1904년에는 반전시 「너는 죽지 말거라」를 발표하였으며, 전쟁기에 대부분의 여성작가들이 일본의 국가주의 이데올로기에 함몰되어 전쟁을 옹호한 것과 달리 반전을 부르짖은 용기 있는 작가였다.[8] 한편 그녀는 『잡기장』(1915), 『사람인 여자로서』(1916), 『우리들은 무엇을 요구하는가』(1917), 『격동 속을 가다』(1919), 『여인창조』(1920) 등 평론·감상집을 발간하며 다이쇼기(1912-1926)에는 평론가로서 본격적인 활동을 전개했다.[9]

---

6 송명희, 「나혜석과 백화파의 영향」, 『나혜석연구』 3, 나혜석학회, 2014 : 송명희, 『페미니스트 나혜석을 해부하다』, 지식과교양, 2015, 177~178면.

7 나혜석, 「모된 감상기」, 이상경 편, 앞의 책, 219면.

8 이와부치 히로코·기타다 사치에 편저, 앞의 책, 97~101면.
이지숙, 『일본근대여성문학연구』, 어문학사, 2009.
요사노 아키코, 박지영 역, 『헝클어진 머리칼』, 지만지, 2009.

요사노 아키코에 대해서는 국내에 몇 편의 논문이 나와 있지만 모성이데올로기 비판과 관련해서는 노영희가 부분적으로 언급한 것[10]이 전부다. 하지만 일본 여성문학사는 요사노 아키코를 자신의 출산 경험을 바탕으로 여자의 '낳는 성'에 대해서 과감한 발언을 한 것으로 높이 평가하고 있다. 왜냐하면 당시 일본에서는 아내가 된 여성이 아이를 낳는 것을 당연시했고, 아이를 낳지 못하면 아내의 자격이 없다고 여겼으며, 출산에 대해 언급하는 것조차 여성의 수치로 여기던 시대였기 때문이다.[11]

나혜석은 한국 근대여성문학 제1세대의 작가이자 대표적인 페미니스트로서 그녀에 관한 수많은 논문과 평론들이 발표되었다. 그런데 그녀가 결혼한 여성의 입장에서 임신과 출산에 대해서 적나라하게 씀으로써 당대 사회에 물의를 빚었던[12] 「모된 감상기」를 분석한 글은 이상경이 쓴 나혜석 평전 『인간으로 살고 싶다』[13]와 최혜실의 「여성 고백체의 근대적 의미-나혜석의 <고백>에 나타난 '모성'과 '성욕(sexuality)'」[14], 그리고 송명희의 「나혜석의 모성이데올로기 비판과 여성적 글쓰기」[15]가 있다. 세 사람은 모두 페미니즘의 입장에서 나혜석을 옹호하고 있다.

나혜석과 요사노 아키코는 근대 한국과 일본 양국에서 당대 사회가

---

9 이와부치 히로코·기타나 사치에 편, 앞의 책, 257면.

10 노영희, 「나혜석, 그 '이상적 부인'의 꿈-동경 유학 체험과 일본 신여성들과의 만남을 중심으로-」, 『한림일본학』 2, 한림대학교 일본학연구소, 1997, 34~54면.

11 이와부치 히로코·기타다 사치에 편, 앞의 책, 101면.

12 나혜석이 「모된 감상기」(『동명』, 1923. 1. 1~1923. 1. 21)를 발표하자 백결생이란 남성은 반박문을 발표했고, 다시 이에 대해 나혜석은 반박문을 썼다. 둘 사이의 치열한 논쟁을 통해 「모된 감상기」가 당대 사회에 불러일으킨 파장을 짐작할 수 있다.

13 이상경, 『인간으로 살고 싶다』, 한길사, 2000, 201~223면.

14 최혜실, 「여성 고백체의 근대적 의미-나혜석의 <고백>에 나타난 '모성' 과 '성욕(sexuality)'」, 『현대소설연구』 10, 한국현대소설학회, 1999, 129~167면.

15 송명희, 「나혜석의 모성이데올로기 비판과 여성적 글쓰기」, 『여기』 21, 부산여성문학인협회, 2014, 49~69면.

금기시하던 자유연애론, 정조론과 더불어서 출산과 모성의 문제를 과감하게 문학적 테마로 삼음으로써 사회로부터 큰 비난을 받았다. 하지만 후일 양국의 여성문학사는 그녀들을 혁명적인 페미니스트 작가로 재평가한다는 점에서 공통점을 지닌다. 그리고 두 사람은 당시 여성으로서는 드물게 유럽여행을 통해 페미니즘 사상을 형성한 측면에서도 유사성을 보인다. 즉 나혜석과 요사노 아키코는 페미니즘에 관한 문제의식을 공유한 페미니스트 작가로서 비교할 근거가 충분하다. 하지만 이 논문은 두 작가의 영향관계가 아니라 세계문학의 관점에서 동일주제에 대한 비교를 시도할 것이다.

2. 나혜석의 모성이데올로기 비판과 여성적 글쓰기

나혜석이 결혼한 여성의 입장에서 쓴 「모된 감상기」(1923)는 원하지 않은 임신으로 인한 충격과 그 심적 갈등, 그리고 출산과 육아 시의 고통 등 자신의 몸이 겪은 직접체험을 바탕으로 하여 쓴 글이다. 이 글은 첫딸 나열의 돌(1922.4)을 맞아 쓴 것으로, 어머니 되기의 고통을 적나라한 육체언어로 고백한다. 1920년 4월에 김우영과 결혼한 나혜석은 1921년에 장녀 나열, 1924년에 장남 선[16], 1927년에 차남 진, 1929년에 삼남 건 등 모두 4명의 아이를 낳았다.

나혜석은 단편소설 「경희」(1918)에서 아버지의 결혼 강권에 반발하며 교육을 더 받아 인간으로서의 주체성을 확립하는 것이 선결과제라고 주장했지만 결국 결혼을 받아들이게 된다. 그리고 몇 달이 지나지 않아 "이상스럽게 구토증이 생기고 촉감이 예민해지며 식욕이 부진할 뿐만 아니

[16] 1935년에 장남 선은 폐렴으로 어린 나이에 사망했다.

라 싫고 좋은 식물(食物) 선택 구별이 너무 정확해"진 변화, 즉 입덧을 통해 자신이 임신하게 된 사실을 알게 되자 "아아, 기쁘기는커녕 수심에 싸일 뿐이요, 우습기는커녕 부적부적 가슴을 태울 뿐이었다."라며 몹시 당혹스러워한다. 그녀는 자신의 임신 사실에 "도무지 그럴 리 없다."라고 부정을 해보는가 하면 뱃속의 태동이 느껴지자 "몸이 오싹해지고 가슴에서 무엇인지 떨어지는 소리가 완연히 탕 하는 것같이 들리"는 공포감마저 느낀다. 따라서 시집가라고 강권하던 형제, 감언이설로 자신의 성욕을 채우던 남편, 생활이 안정되기를 희망하던 친구들을 원망하며 원통함과 분노의 감정에 사로잡힌다. 그녀의 분노와 원망은 임신이 그녀의 독립된 인간으로서의 주체성 실현을 방해할 것에 대한 두려움 때문이었다.

> 나는 할 일이 많았다. 아니 꼭 해야만 할 일이 부지기수다. 게다가 내 눈이 겨우 좀 뜨이려고 하는 때이었다. 예술이 무엇이며 어떠한 것이 인생인지 조선 사람은 어떻게 해야 하겠고 조선 여자는 이리 해야만 하겠다는 것을, 이 모든 일이 결코 타인에게 미룰 것이 아니라 내가 꼭 해야 할 일이었다.
>
> (중략) 전 인류에게 애착심이 생기고 동포에 대한 의무심이 나며 동류에 대한 책임이 생겼다. 이때와 같이 작품을 낸 적이 없었고 이때와 같이 독서를 한 일이 짧은 생애이나마 과거에 한 번도 없었다.[17]

결혼 후 그녀는 예술, 인생, 민족, 인류에 대한 자각에 막 눈이 뜨이었을 뿐만 아니라 해야 할 일에 대한 의욕이 크게 일어났다. 그녀는 자신을 구속하고 인간적 주체성을 앗아 갈 것에 대한 두려움 때문에 결혼도 망설였지만 "사람이 하려고 하는 마음만 있으면 별 힘이 생기고 못 할 일이 없다."라는 자신감이 생겼기 때문에 결혼을 받아들였다. 실제로 그녀는

---

17 나혜석, 「모된 감상기」, 이상경 편, 『나혜석전집』, 220~221면.

결혼 이후의 생활에서 "별안간에 심신이 매우 침착해져 온 세계 만물이 내 앞에서는 모두 굴복을 하는 것 같고 조금도 구속될 것 없었다."처럼 구속 대신 희망과 용기와 자신감마저 갖게 되었다고 토로한다.

그렇지만 그녀가 결혼생활에 대해 긍정하고 자신감을 가졌다고 하여 그것이 임신에 대해서도 동일하게 적용될 문제는 아니었다. 그녀는 "모(母)될 생각은 꿈에도 없었"으며, 그들 "부부간에는 자식에 대한 욕망, 부모 되고자 하는 욕(慾)이 없었"다는 말에서 보듯 임신을 받아들일 마음의 준비가 전혀 되어 있지 않았다. 따라서 임신은 그녀가 결혼생활을 통해 갖게 된 희망과 용기마저 앗아가는 청천벽력의 충격이자 희망이 없어지는 원통함으로 인식된다. 즉 그녀는 한 남자의 아내가 되었다고 해서 그것이 임신으로 연결되는 상황을 수용하지 못한다. 그리고 분만의 시기가 다가올수록 자신의 모될 자격에 대한 회의에 사로잡힌다. 왜냐하면 어미로서의 역할이 여전히 그녀에겐 '군일'이자 개인적 발전에 큰 장애가 될 것으로만 여겨졌기 때문이다. 즉 모성 역할은 그녀 "자신을 교양하여 사람답고 여성답게, 그리고 개성적으로" 살아가는 데 있어 필요한 사색과 공부와 실행을 위한 시간을 빼앗아갈 것이며, 결국은 개인적 발전에 큰 장애물이 될 것으로 인식하였다.

따라서 그녀는 임신에 따른 갈등 해소를 위해 2개월 동안 도쿄에서 치열하게 그림을 배우고 돌아와 1921년 3월에 경성일보사 내청각에서 유화개인전을 연다. 즉 한 아이의 어미가 되기 전에 한 명의 화가로서 입신을 한 것이다. 그리고 『매일신보』에 연재된 입센의 희곡 『인형의 가』의 삽화를 그리는 한편 시 「인형의 가」를 발표하고, 『폐허』에 시 「냇물」과 「사(砂)」를 발표한다. 이처럼 나혜석은 출산을 앞두고 그 어느 때보다도 열정적으로 그림을 그리고 글을 썼다. 그것은 "아이가 태어나면 물리적인 시간의 부족과 육체의 한계 때문에 정신적인 생산활동을 당분

간 할 수 없으리라"[18]라고 생각했기 때문이었다.

그녀는 임신을 받아들이지 못하는 불안 속에서 한때 낙태까지도 생각하지만 이왕 낳을 것이면 "보통 이상의 미안(美顔)에 매력을 가진 표정이며 얻을 수 없는 천재이며 특출한 개성으로 맹진할 만한 용감을 가진 소질이 구비한 자를 낳고" 싶다거나 "딸을 낳아서 내가 못 해 본 것을 한껏 시켜보고 싶었었다."와 같은 기대에 잠시 젖게 된다. 그리고 태어날 아기의 옷을 지으며 "속히 나와 이것을 입혀 보았으면 얼마나 고울까, 사랑스러울까."라고 "임신 중 한 번도 없었고 분만 후에도 한 번도 없"었던 긍정적 마음을 처음으로 갖게 된다. 하지만 다른 한편으로는 자신이 임신한 사실에 대해 울고 슬퍼한 것, 불면증에 시달린 것, 식욕부진 등으로 제대로 된 태교를 하지 못한 데 대해 죄책감을 느끼며 완전하지 못한 아이가 나올지도 모른다는 데 대한 불안감을 표출하기도 한다. 한마디로 나혜석은 전혀 마음의 준비 없이 임신된 사실을 받아들이지 못하는 불안 상태에서 산전우울증을 심각하게 앓았던 것이다.

산통이 시작되자 나혜석은 그 아픔을 한 편의 시로 적어놓는데, 이 시야말로 육체의 글쓰기, 여성적 글쓰기의 전형이라고 하지 않을 수 없다.

아프데 아파
참 아파요 진정
과연 아픕데
푹푹 쑤신다 할까
씨리씨리다 할까
딱딱 결린다 할까
쿡쿡 찌른다 할까
따끔따끔 꼬집는다 할까

18 이상경, 『인간으로 살고 싶다』, 210면.

찌르르 저리다 할까
깜짝깜짝 따갑다 할까
이렇게 아프다 할까
아니라 이도 아니라

박박 뼈를 긁는 듯
꽉꽉 살을 찢는 듯
빠짝빠짝 힘줄을 옥죄는 듯
쭉쭉 핏줄을 뽑아내는 듯
살금살금 살점을 저미는 듯
오장이 뒤집혀 쏟아지는 듯
도끼로 머리를 바수는 듯
이렇게 아프다나 할까
아니라 이도 또한 아니라.

-「모된 감상기」 삽입 시 부분[19]

나혜석은 "지금까지 갖은 병 앓아보던 아픔에 비할 수 없는" 극심한 산통을 다양한 육체언어를 사용하여 적어놓고서도 "아니라 이도 아니라" 또는 "아니라 이도 또한 아니라"라고 부정한다. 왜냐하면 그 어떤 기성의 언어로도 그녀가 겪은 분만의 고통은 적확하게 표현할 수 없었기 때문이다. 그녀는 출산 이후 대성통곡을 하며 기쁨 대신 서러움과 원통함을 토로하며 병원 침상에서 스케치북에다 출산의 고통을 한 편의 시로 적었던 것이다. 한국문학, 아니 세계문학사상 이처럼 출산의 고통을 생생한 육체언어로 적어 놓은 작품이 또 있을까 싶을 만큼 아이를 낳으면서 여성의 몸이 겪은 고통을 그녀의 시는 생생하게 드러낸다. 그리고 그동안 모성신

19 나혜석,「모된 감상기」, 이상경 편, 앞의 책, 226~227면.

화가 미화하고 포장해온 출산의 기쁨이라는 것이 임산부가 겪은 육체적 고통을 외면한 한낱 허위의식에 불과했음을 낱낱이 증언해내고 있다.[20]

이어서 그녀는 그동안 꼭꼭 싸매둔 가슴을 내놓고 수유를 해야 하는 당황스런 상황에 직면한다. 그것은 한마디로 '모된 선고'라고 표현된다. 그러나 모된 선고는 거기에 그치지 않고 육아로 인해 잠도 제대로 잘 수 없는 엄청난 고통 속으로 그녀를 빠뜨린다. 그 고통은 꽃밭에서 웃어가며 평화의 노래를 부르다가 참혹히 쫓겨난 신세에 비유된다. 그리고 그녀의 2년간의 처와 모된 경험은 결혼에 대한 낭만적 판타지를 여지없이 깨뜨려버리는 것이었다고 고백한다. "끝없이 타인지향적인 헌신과 희생을 강요받는 삶이 아내의 삶, 어머니의 삶이었다는 고백이다. 그것이 현모양처 이데올로기가 감추어온 어두운 진실인 것이다."[21]

그녀는 "심신의 피곤은 인제 극에 달하여 정신엔 광증이 발하고 몸에는 종기가 끊일 새가 없었다. 내 눈은 항상 체 쓴 눈이었고 몸은 마치 도깨비 같아서 해골만 남았었다."처럼 육아의 고통을 호소한다. 그리고 마침내 "자식이란 모체의 살점을 떼어가는 악마"라는 극단적 수사까지 동원하며 실연의 아픔 따위에는 결코 비할 바 없는 고통, 또는 "이브가 선악과 따먹었다는 죗값으로 하나님의 분풀이보다 너무 참혹한 저주"라고 표현한다. 즉 출산보다 육아의 고통은 더욱 극심하다는 것이다. 이처럼 그녀는 여성이 겪는 임신, 출산, 육아의 고통을 은폐하고 기쁨과 충족감으로 진실을 외면해온 모성신화(myth of motherhood)에 정면으로 도전했다.

그리고 나혜석은 "세인들은 항용, 모친의 애라는 것은 처음부터 모된 자 마음속에 구비하여 있는 것같이 말하나 나는 도무지 그렇게 생각이 들지 않는다. 혹 있다 하면 제2차부터 모될 때에 있을 수 있다. 즉 경험

---

20 송명희, 「나혜석의 모성이데올로기 비판과 여성적 글쓰기」, 앞의 책, 57면.

21 송명희, 위의 글, 61면.

과 시간을 경(經)하여야만 있는 듯싶다."라고 '여성은 모성이라는 본능을 갖고 태어난다'는 모성신화도 반박한다. 나혜석은 모성애는 여성에게 처음부터 구비되어 있는 본능이 아니라 후천적인 경험을 통해서 우러나는 사랑이라고 주장한다. 적어도 5-6개월의 육아경험이 있어야만 형성된다는 것이다. 따라서 모성애는 "천성으로 구비한 사랑"이 아니라 아이를 기르는 경험과 일정한 시간의 경과를 통해서 우러나는 가연성의 사랑이다.

이처럼 나혜석의 「모된 감상기」는 모성의 자연성과 본능성을 강하게 부정한다. 그녀는 여성이 남성보다 양육에 더 적합하다는 고정관념 역시 지속적인 사회화 과정 속에서 나타난 결과일 뿐이라고 주장했다. 나혜석은 형언할 수 없는 출산의 고통을 거쳐 아이를 낳았지만 정작 어떻게 수유를 하고 어떻게 아이를 다루어야 하는지에 대해서 전혀 알지 못했다. 즉 양육하는 모성은 생물학적 본능이 아니었던 것이다. 그녀는 어머니 역할은 사회문화적으로 구성된 것으로서 후천적으로 학습되고 훈련을 받아야 한다는 것을 자신의 체험을 통해 입증했다. 현대의 여성주의 이론가들은 모성신화가 문화적으로 유발된 것일 뿐이며, 마찬가지로 여성들의 어머니 능력은 본능이 아니라 학습된 것이라고 주장한다. 나혜석은 첫 번째 아이를 낳은 단 한 번의 경험을 통하여 이를 단번에 담론화할 수 있었던 것이다.[22]

그녀는 "부모의 사랑만은 영원무궁한 절대의 무보수적 사랑"이라는 신화에 대해서도 이의를 제기한다. 그녀에 의하면 부모의 사랑은 어디까지나 개인의 안일을 위하는 절대적으로 보수적이고 악독한 사랑이다. 만약 부모의 사랑이 보수를 요구하지 않는 절대적인 것이라면 왜 절대효의 보은을 강요하느냐는 것이다. 결국 아들 선호와 아들을 딸보다 더 교육시

---

22 송명희, 위의 글, 59~60면.

키는 것도 말년의 호강을 바라는 절대의 타산과 이기심의 발동이며, 아들과 딸에 대한 차별은 부모들의 노후복지와 연결된 이기심의 발로가 아닌가라고 유교적 효이데올로기에 대해서도 메스를 들이댄다.[23]

그런데 이혼 후 전남편 김우영에게 보내는 「이혼고백장」(1934)에서 그녀는 어머니의 자식에 대한 사랑은 "절대적이요, 무보수적이요, 희생적이외다. 그리하여 최고 존귀한 것은 모성애가 되고 말았사외다."라고 했다. 「모된 감상기」에서 그녀가 주장했듯 네 아이를 낳아서 기르는 사이에 참된 모성애를 획득함으로써 절대적 희생적 모성애를 갖게 된 것이다. 그녀는 김우영의 이혼 요구에 자식에 대한 이상과 자식의 앞길을 지도할 자신이 생겼기에 이혼할 수 없다고 주장했지만 받아들여지지 않았다. 그녀는 모권을 박탈당하자 "모성애는 여성에게 최고의 행복인 동시에 최고 불행"이라고 절규한다.

프랑스 페미니스트 엘렌 식수(Hélène Cixous)는 '여성적 글쓰기(l'Ecriture féminine)'는 여성에 의한, 여성에 관한, 여성을 위한 글쓰기라고 했다. "여성적 글쓰기는 우선적으로 '여성에 관한' 글쓰기로서 이는 곧바로 여성의 육체와 연결된다. 즉 여성의 육체는 '여성적 글쓰기'의 내용이며 동시에 그것을 담는 형식이 된다."[24] 즉 남성들의 왜곡에 의해서 여성의 신체는 불결하고 감추어야 할 수치스러운 것으로 규정되어 왔으며, 그 결과 여성은 자신의 육체로부터 소외되고 글쓰기에서도 멀어졌다는 것이다. 따라서 여성적 글쓰기는 여성의 잃어버린 육체를 되찾는 데서부터 시작된다. 즉 남성이 규정한 여성의 정의에서 벗어나 여성 자신의 경험을 자유롭게 표현하며 잃어버린 자신의 육체를 되찾아 새로운 정체성을 만들어가는 것이 여성적 글쓰기의 요체이다.

---

23 송명희, 위의 글, 61면.

24 정을미, 「Hélène Cixous의 "여성적 글쓰기"(l'Ecriture féminine), 『프랑스학논집』 29, 한국프랑스학회, 2000, 252~253면.

> 여성의 신체란 임신, 출산, 수유, 등 다양한 성적 능력을 포함하여 남성과 다르게 느끼는 성적 쾌락의 향유가 수용되어 기재되는 장소를 의미한다. 식수는 여성을 결핍으로 보는 정신분석학을 거부하고 오히려 다양한 능력을 보여주는 여성의 신체를 충만, 긍정적인 힘의 근원지로서, 그리고 해방적인 언어를 생산해낼 수 있는 여성적 무의식의 소재지로서 조망한다.[25]

그런데 엘렌 식수는 여성적 글쓰기에서 여성이 남성과 다르게 느끼는 성적 쾌락의 향유에 초점을 맞추며 여성의 신체를 충만과 긍정적인 힘의 근원지로서 사유하고, 해방의 언어를 생산할 여성적 무의식의 소재지로서 조망한다. 하지만 나혜석의 임신과 출산과 육아에 관한 글쓰기는 여성의 육체적 체험을 기본으로 한 여성적 글쓰기라는 점에서는 엘렌 식수와 동일하지만 그것이 성적 쾌락의 향유나 신체적 충만과 같은 긍정적 경험과는 거리가 있다. 이는 요사노 아키코의 경우에도 마찬가지인데, 이런 차이는 아마도 동양여성과 서양여성의 신체적 차이에서 발생하는 것이리라. 즉 서양여성에 비해 체격이 왜소한 동양여성은 출산시에 고통을 더 크게 겪는다. 뿐만 아니라 출산과 육아에 대한 고통은 나혜석의 경우 초산이라서 더욱 심했을 것이고, 자신의 인간적 주체성 실현에 모성 역할이 방해가 될 것이라고 여긴 데서 더욱 심각했을 것이다. 반면 요사노 아키코는 많은 아이를 낳았지만 직접 육아를 하지 않음으로써 출산의 고통은 죽음에 비유할 만큼 극심한 것으로 묘사되었지만 육아의 고통은 그리지 않았다.

아무튼 나혜석은 임신, 출산, 육아의 경험이 기쁨과 충만감이 아니라 고통이라는 것, 모성은 가지고 태어나는 선천적 자연적 본능이 아니며

---

25 정을미, 위의 논문, 249면.

아이를 키우는 가운데 후천적으로 습득하는 것이라고 주장하며 모성신화가 은폐하고 감추어온 이면을 적나라하게 들추어내며 모성이데올로기의 허위의식을 공격했다.

그녀는 「모된 감상기」를 쓸 때에 자신의 글의 독자를 신식 모(母)들로 상정하며 그녀들로부터 동의를 얻고자 했다. 그녀는 아이를 낳은 어미의 입장에서 쓴 자신의 글이 결코 결혼 2년 동안의 생활에서 개인적으로 감추어온 일상사에 대한 사적 불평과 후회를 말하려고 하는 것이 아니라는 것을 분명히 했다.

하지만 현실에서 그녀의 글에 반응을 보인 것은 신식의 모들이 아니었다. 그녀들은 침묵으로 일관했고, 대신 그녀에게 돌아온 것은 자기희생적인 모성이데올로기를 받아들이지 않는다고 그녀를 질타하는 보수적인 남성 '백결생(百結生)'의 반박문(「관념의 남루(襤褸)를 벗은 비애」, 『동명』 1923.2.4)이었다. 그는 "원래 임신이라는 것은 여성의 거룩한 천직이니 여성의 존귀가 여기 있고 여성이 인류에게 향하여 이행하는 최대의무의 한 가지인 것을 자각하여야 할 것이다."나 "육아라는 행위는 곧 신성하고 엄숙한 의무로 화하는 것이다. 그러나 그 의무는 결코 강요된 바가 아니라 순전한 자발적 정신에서 출현되는 것이다."[26]라고 하며 천직인 모성을 자발적 본성으로 받아들이지 못하고 자식을 악마시한 나혜석을 가부장적 모성이데올로기에 입각하여 준엄한 목소리로 꾸짖으며 문화적 윤리적 폭력을 가했다.

이에 대해 나혜석은 「백결생에게 답함」(『동명』 1923.3.18.)에서 자신이 「모된 감상기」에서 적은 '자식이란 모체의 살점을 떼어가는 악마'와 같은 표현이야말로 제일 무책임하고 유치하고 거슬리는 말이었지만 동시에 자신의 가장 확실한 감정이었고, 가장 정직하고, 제일 용감한 말이

26 백결생, 「관념의 남루(襤褸)를 벗은 비애」, 이상경 편, 앞의 책, 670~677면.

었다고 재천명한다. 그리고 자신의 글은 어디까지나 임신 10개월과 분만 후 만 1년간의 감상적으로 되고 신경이 예민한 시기에 쓴 글이라고 밝히며, 다시 한 번 모 된 중에 공명할 자, 필연적 동감이 있기를 촉구한다.

나혜석은 「모된 감상기」에서 적어도 두 가지 차원에서 여성적 글쓰기를 시도했다고 생각한다. 하나는 여성의 몸의 경험을 바탕으로 글쓰기를 시도했다는 것이다. 다른 하나는 남성중심의 가부장적 권력이나 그들의 지배담론인 모성이데올로기에 의문을 제기하고, 비판을 가하는가 하면, 그 속에 숨겨진 의도들을 들추어내고, 전복을 꾀하는 글쓰기를 하였다는 것이다. 엘렌 모어스(Ellen Moers)는 여성들의 글을 가부장제에 대한 일종의 반응이며 도전이라고 했다.[27] 그리고 엘렌 식수는 『메두사의 웃음』에서 여성의 경험에 기반한 글쓰기를 통해 여성이 스스로를 표현하고 자율적인 주체성을 구성해야 한다고 주장했다. 나혜석은 여성의 육체적 경험에 기반한 글쓰기를 통해 임신, 출산, 육아에 작용하는 가부장적 모성이데올로기의 허위의식에 도전했으며, 여성의 주체성을 구성했다고 할 수 있다.

그녀가 「모된 감상기」를 발표한 1920년대에는 1970년대의 프랑스 페미니스트들이 담론화한 여성적 글쓰기라는 개념이 형성되어 있지 않았다. 하지만 그녀는 자신이 체험한 단 한 번의 임신, 출산, 육아의 경험을 통해서 그러한 글쓰기를 독창적으로 산출할 수 있었다. 그녀는 임신, 출산, 육아의 고통을 경험하는 가운데 개인을 넘어서는 모성이데올로기의 여성 억압적 본질을 통찰할 수 있었다. 즉 모성은 기쁨과 충만이 아니라 고통이며, 자연스런 본능이나 생물학적 과정이 아니라 사회적으로 여성에게 강제한 역할이라는 것을 자신의 경험을 통해 증언해냈다. 그녀는 모성을 생물학적 본능으로 보는 본질주의 시각을 해체하고, 모성에 작용

27 송명희, 『페미니즘 비평』, 한국문화사, 2012, 47면.

하는 가부장적 권력을 통찰하는 구성주의 시각을 드러냈다.[28]

나혜석은 자유로운 주체적 인간과 모(母)라는 사회적으로 억압된 역할 사이에서 발생하는 젠더 모순과 갈등을 솔직하게 고백함으로써 백결생과 같은 당대 남성으로부터는 비난을 받았지만 현대에 와서는 대표적인 페미니스트 문학가로서 재평가를 받고 있다. 모성에 가해지는 제도화된 억압과 권력에 대해서 낱낱이 해부해낸 그녀의 글쓰기는 육체와 정신, 가슴과 머리, 감성과 이성 모두를 활용한 글쓰기라고 할 수 있다. 그런 의미에서 그녀의 글쓰기는 양성적 글쓰기라고 할 수 있을 것이다. 엘렌 시수도 여성적 글쓰기는 양성적 글쓰기에 가깝다고 했다.[29]

급진주의 페미니즘은 여성 억압의 뿌리를 여성의 생물학적 특수성으로 파악하며, 이에 저항한다. 여성의 섹슈얼리티, 출산, 모성 등 생물학적 조건에 대한 남성들의 통제야말로 가부장제의 물적 토대이자 여성 억압의 기본 체계이다. 급진주의자들은 남성이 하나의 계급으로서 여성을 지배하고 억압하는 가부장적 사회구조를 성계급화된 억압구조라고 보고 성차별과 그 억압에 주목한다. 이들은 남성들이 그들의 욕구와 필요에

28 성에 있어 본질주의는 인간의 성을 생물학적 본능이나 생물학적 차이에 기반한 문화독립적이고 객관적이며 내재적이고 공정불변의 것으로 인식하여 성을 과학적 탐구대상으로 파악한다. 성을 인간의 내재적 본능 및 본질로 파악한 결과 사회, 역사, 문화 등과 분리된 초사회적 초역사적 초객과적 사실로 취급하며, 남녀의 성에 성차를 인정할 뿐만 아니라 이성애를 규범으로 인식하는 특징을 가진다. 반면 구성주의는 성과 사회와의 연관성을 주장하며, 성은 인간에 내재하는 본질적 속성이 아니라 개인과 사회의 상호작용을 통해 구성되는 것으로 파악한다. 성 구성주의자들에게 성은 문화의존적이고 관계적이며 비객관적 자질로 인식된다. 인간의 성적 정체성, 성적 욕망, 성적 관행들은 고정된 본질이나 본능에 의해 좌우되는 것이 아니라 사회문화적 관계망 속에 어떻게 놓여지는냐에 따라 구성되는 다양성과 특수성을 지닌 것으로 파악한다. 특히 성적 정체성, 성적 욕망, 성적 관행과 실천은 가치중립적인 과학의 영역이 아니라 사회 세력들이 각축을 벌이면서 구성되는 정치의 장으로 개념화한다. : 송명희, 『섹슈얼리티·젠더·페미니즘』, 푸른사상, 2000, 62면.

29 토릴 모이(Toril Moi), 임옥희·이명호·정경심 역, 『성과 텍스트의 정치학』, 한신문화사, 1994, 129면.

따라 여성들의 육체를 통제해온 방법에 관심을 집중시켜왔다. 따라서 급진주의 페미니즘은 가부장제 철폐를 주장하며, 여성의 생물학적 성에 도전한다.[30]

1910년대부터 자유주의 페미니스트였던[31] 나혜석은 「모된 감상기」에서 급진주의 페미니즘의 핵심적 이슈인 가부장제의 전면적 철폐까지는 주장하지 않았다. 하지만 결혼한 여성으로서 생물학적 모성에 저항했을 뿐만 아니라 그녀 자신의 임신, 출산, 육아의 개인적 경험을 분석하며 여성의 출산과 양육을 미화해온 가부장제 이데올로기의 허위의식을 해부했다는 점에서는 급진적 페미니즘에 보다 가까워졌다고 할 수 있을 것이다.

나혜석과 백결생의 논쟁에서 알 수 있듯이 우리나라에서 1920~30년대는 모성담론과 관련하여 현모양처주의에 대한 비판이 있었지만 이는 소수 여성의 목소리일 뿐 사회는 '어머니'로서 여성의 본분 강조와 함께 이것에 초점을 맞춘 여성교육의 필요성을 역설하던 시기였다.[32] 즉 여성은 천성적으로 내재된 모성성을 바탕으로 자녀양육에 전념하면서 잠재된 '모성애'를 발화시켜야 할 존재로 교육했다는[33] 것을 백결생의 반박문에서도 확인할 수 있으며, 이에 저항한 나혜석이 얼마만큼 급진적이었나를 잘 알 수 있다.

---

30 송명희, 『페미니즘 비평』, 9~10면.

31 송명희, 『페미니스트 나혜석을 해부하다』, 12면.

32 전미경, 「1920-30년대 '모성담론'에 관한 연구-"신여성"에 나타난 어머니 교육을 중심으로」, 『한국과학기술정보연구원』 17-2, 한국과학기술정보연구원, 2005, 103면.

33 전미경, 위의 논문, 110면.

3. 요사노 아키코의 가부장제 비판과 여성이미지비평

요사노 아키코는 히라스카 라이초우가 창간한 『세이토』의 찬조회원이었지만 모성에 관한 한 그녀와 입장을 달리했다. 즉 1918년의 '모성보호논쟁'에서 히라스카 라이초우가 "'모성'을 통한 '국가에의 공헌'은 당연히 '우량한 자손'과 '불량한 씨'의 도태를 포함하고 있"[34]다라는 논리로, 국가에 의한 모성 보호와 관리를 용인했던 것을 비판했다. 이후 전쟁기에도 라이초우가 "1938년 모자보호법이나 1940년 국민우생법, 1942년 임산부 수첩 교부와 같은 국가에 의한 모성보호와 모성관리"를 환영하는 모성주의로 나아가며, 천황제를 찬미하였던[35] 데 대해 요사노 아키코는 "황국사관에 기초한 지배이데올로기"라고 비난했다. 즉 요사노 아키코는 "여성의 철저한 독립"에 기초한 개인주의적 입장에 서서 라이초우의 국가주의적인 모성이데올로기를 일관성 있게 비판했다.[36] 따라서 요사노 아키코는 북유럽의 엘렌 케이류 모성주의 페미니즘(히라스카 라이초우의 입장)을 따르지 않고, "앵글로 색슨계 페미니즘-경제적 자립과 정치적 평등을 지향한 개인주의 페미니즘이며, 메리 울스턴크래프트나 올리브 슈라이너 등"이 주장한 개인주의적인 자유주의 페미니즘 계열에 서 있었다고 평가된다.[37] 요사노 아키코가 엘렌 케이류의 모성주의를 따르지 않은 점, 정치적 평등을 지향한 자유주의적 성격은 나혜석도 마찬가지라고 생각된다.

---

34 나혜석과 라이초우의 모성론 비교는 '김화영, 「羅蕙錫と平塚らいてうの母性論に關する比較硏究 -「母性」と「國家」のはざまで」, 『일본학보』 68, 한국일본학회, 2006, 195~208면'에 자세히 논의되어 있다.

35 우에노 치즈코, 이선이 역, 『내셔널리즘과 젠더』, 박종철출판사, 1999, 36면.

36 우에노 치즈코, 위의 책, 38면.

37 위의 책, 40~41면.

그녀는 24세(1902)부터 41세(1919)까지 17년간 쌍둥이를 두 번, 총 11회 출산으로 13명의 자녀를 낳아 11명을 길렀다.[38] 그 체험을 적은 일기 「산실일기」(1905)를 비롯하여 수필 「산욕의 기(産褥の記)」(1909), 「산욕별기(産褥別記)」(1909), 「산옥 이야기(産屋物語)」(1909), 소설 『초산』(1909)과 『궁자』(1911) 등을 남겼다.[39] 「산실일기」는 차남 출생 시, 『초산』은 장남 출산 경험을 바탕으로, 「산욕의 기(産褥の記)」와 『궁자』는 두 번째 쌍둥이를 출산하여 한 아이가 사산되었을 때에 썼다.

그녀의 작품에서 '낳는 성'을 가진 여자의 고통, 낳게 하는 남자의 폭력성에 대한 강한 규탄을 볼 수 있는데, 그녀는 아이를 강요하는 남자를 '밉다', '짐승'이라고 표현했다.[40]

> 저는 산기로 극심한 진통이 휩쓸고 올 때마다 그때의 감정을 속이지 않고 말하자면 항상 남자가 미운 마음이 듭니다. 아내가 이 정도로 고생하고 생사의 경지에 비지땀을 흘리며 몸의 뼈가 으스러질 정도로 신음하고 울부짖고 있는데 남편은 아무 도움도 되지 않습니다.
>
> 이 경우, 세계의 모든 남자 분이 오셔도 진정한 내 편이 되는 사람은 한 사람도 없습니다. 목숨을 걸 때 아무래도 진정한 편이 되지 않는 남자는 끝없이 세상에서 여자의 원수가 아닌가요. 평소의 사랑도 애정도 일체 여자를 배신하기 위한 복면이었습니까? 깊이 생각하면 그저 오로지 남자가 밉습니다. - 「산옥 이야기(産屋物語)」[41]에서

---

38 그동안 쌍둥이인 한 아이를 사산했고, 한 아이는 산후 2일 만에 죽었다.

39 이와부치 히로코·기타다 사치에 편, 앞의 책, 98면.

40 위의 책, 101면.

41 요사노 아키코, 「산옥 이야기(産屋物語)」: '「与謝野晶子評論集」, 岩波文庫. 岩波書店, 1985'을 저본으로 삼은 인터넷 青空文庫(http://www.aozora.gr.jp/)에 게재된 글을 필자가 번역하여 인용하였다.

「산옥 이야기(産屋物語)」에서 출산의 고통은 남성으로서는 도저히 알 수 없는 목숨을 건 고통으로서 여자의 사랑은 목숨을 걸고 아이를 낳아야 하는 출산으로 연결된다는 점에서 목숨을 건 사랑이며, 남성의 사랑은 그렇지 않다고 지적한다. 그녀는 산기의 극심한 진통, 생사의 경지에서 비지땀을 흘리며 몸의 뼈가 으스러지는 고통으로 신음하고 울부짖을 때 남편이 하나도 도움이 되지 않는다는 데 대해 '남자는 여자의 원수'라고 증오심과 분노를 표출한다. 나혜석도 극심한 진통 속에서 살려달라고 애원하자 남편이 그저 "참으시오"라고 하자 "이놈아 듣기 싫다"라며 원망을 표출한[42] 바 있다.

쌍둥이를 낳았으나 한 아이가 사산된 경험을 적은 「산욕의 기(産褥の記)」[43]에서 요사노 아키코는 아이를 낳기 위해 병원에 들어설 때의 느낌을 "집에 살아 돌아올 것인지, 형장과도 닮은 병원 문"이라고 표현하는가 하면 "나는 새하얀 죽음의 벼랑 끝에 우뚝 선 느낌이 들었다."처럼 출산의 고통과 두려움을 형장으로 끌려가는 죄수의 공포와 백척간두의 벼랑 끝 죽음의 공포로 비유한다. 특히 쌍둥이를 출산하는 고통은 "악룡이 되어 고통받고, 멧돼지가 되어서 울어 보아야만 아이를 낳는다는 것의 힘듦을 알 수 있다. 뱀(살모사) 새끼가 어미 뱀의 태를 가르는 순간을 냉정하게 지켜본다고 생각하면서/비명을 계속 질렀다."라고 표현한다.

하지만 쌍둥이 중 한 명은 태내에 거꾸로 자리 잡아 수술로 출산했음에도 결국 죽고 만다. 이때의 허탈감은 "내 눈에 닿지 않고 사라지고 끝내 죽은 아기의 인상은 출산의 고통이 빠진 오늘 아무것도 나에게 남지 않는, 마치 남의 꼴이다. 공허하다, 허무하다."라고 표현된다. 그리고 그

---

42 나혜석, 「모된 감상기」, 이상경 편, 앞의 책, 228면.

43 요사노 아키코, 「산욕의 기(産褥の記)」는 '「定本·与謝野晶子全集　第一四巻」, 講談社, 1980'을 저본으로 삼은 인터넷 青空文庫(http://www.aozora.gr.jp/)에 게재된 글을 필자가 번역하여 인용하였다.

아이를 위해 준비했던 출산 준비물들을 옆방의 산모에게 주고나서 "오로지 그 아이를 위해 생각하며 준비한 베개와 의류가 옆방의 여분의 것이 되는 것을 보면 엷은 슬픔이 솟아 온다. 남에 의해 헤어진 것이 아니라 버린 어미와도 같은 외로운 기분"이라고 적고 있다. 즉 신에 의해서 운명적으로 헤어진 것이 아니라 마치 그녀가 그 아이를 버린 것처럼 느껴지는 죄의식의 표출이다.

두 사람 다 출산의 고통을 그렸지만 나혜석이 임신을 받아들이지 못한 데서 오는 원망, 여성의 몸이 겪는 출산과 육아의 극심한 고통을 보다 생생한 육체언어로 그려내며 모성이데올로기의 허위의식을 비판했다면, 요사노 아키코는 임신 자체를 부정하지는 않았다. 하지만 출산의 극심한 고통을 죽음에 비유하였으며, 그 고통을 남성은 겪지 않는다는 비대칭성과 불균등성을 보다 더 부당하다고 여겼다. 그녀는 아이를 낳는 여성의 성역할을 폄하하는 젠더 불평등에 대해 반기를 들며 아이를 낳는 존재로서의 여성젠더의 중요성과 가치를 크게 역설한다. 그리고 만약 여성이 집단동맹에 의하여 아이를 낳지 않는다면 어떻게 될까라는 질문을 던짐으로써 여성이 수행하는 임신과 출산의 사회적 중요성을 당대 사회에 인식시키고자 하였다. 즉 남성들이 수행하는 성역할인 전쟁만큼 여성들이 수행하는 성역할인 임신과 출산도 똑같이 중요하다는 것이다.

「산옥 이야기(産屋物語)」는 출산 자체의 고통보다는 여성의 출산에 작용하는 남성들의 차별적 시선과 남성작가가 쓴 소설에 나타나는 여성왜곡에 대해서 심도 있는 비판을 가한다. 이 글은 일기인 「산욕의 기(産褥の記)」와 달리 소평론 성격의 글이다. 이 글에서 그녀는 여성의 출산의 대역(大役)은 국가, 학문, 전쟁과도 비교할 수 없는 중요한 큰일인데도 이를 인정하지 않고, 남자들이 만든 경문, 도덕, 국법에서 여자를 마치 "죄장(罪障)이 깊은 사람처럼, 열자(劣者) 약자(弱者)같이 취급되는 물건”처럼 그려온 것의 부당성을 지적한다. 그녀는 여성에게 설사 어떤 죄장이나 결점이 있을지언정 석가나 예수와 같은 성인과 역사상의 석학과 영웅을 무수히 낳은 존재이기 때문에 그 공적 하나만으로도 모든 것을 용서해도 좋다고 주장한다.

> 이것은 천하의 부인이면 두루 맡고 있는 대역(大役)입니다. 국가가 중요하다, 학문 역시도, 전쟁이 어떻다고 말씀 드려도 여자가 인간을 낳는다는 대역의 중요함에 비길 것이 아니라고 생각합니다. 옛날부터 여자는 불리한 역할에 돌아가서 이런 목숨을 걸 부담을 하면서 남자 분의 손으로 만들어진 경문이나 도덕이나 국법에서는 죄장(罪障)이 깊은 사람처럼, 열자(劣者)나 약자(弱者) 같이 취급되는 물건이었습니다. 설사 어떤 죄장이나 결점이 있을지언정 석가나 예수 같은 성인을 처음, 역사상의 석학과 영웅을 무수히 낳은 공적은 대단한 것 아닙니까? 그 공적에 대해서 당연히 다른 일체를 다 용서해도 좋다고 생각합니다.
>
> -「산옥 이야기(産屋物語)」에서

그녀는 “남자를 여자가 경멸할 이유가 없듯이 여자를 남자가 경멸하는 이유”가 없다며, 남녀를 엄격히 구별하는 데 대해 반대한다. 그렇다고 하여 여자가 특별히 뛰어난 사람인 것처럼 으스대자는 것이 아니라 여자도 똑같은 사람이라는 주장이다. 남녀는 협동생활을 하는 데에 서로 적합한 일을 서로 분담하는 것일 뿐 여자가 아이를 낳으니까 더럽고, 남자가 전쟁에 나가니까 소중하다는 것은 편파적인 잘못된 생각이라고 비판한다. 즉 남녀의 성별 분업을 인정하지만 그렇다고 하여 그것이 차별로 확대되는 것에 대해 분명한 반대의사를 표한다. 나혜석도 남녀의 성별 분업을 인정하지만 경제적 사회적 능력 여부에 의해서 남녀를 차별할 수 없다는 입장을 분명히 한 데서[44] 요사노 아키코와 같은 입장에 서 있었다.

그녀는 일반인은 말할 것도 없고 신(新) 문학자들마저도 여자를 약자요, 완롱물로, 즉 대등한 인간으로 여기지 않는다는 사실이 크게 잘못되었다고 지적한다. 특히 남성소설가들이 그들의 작품에서 편파적이고 왜곡된 시각으로 여성을 묘사하고, 비평가들이 여성작가에 대해 편파적인 평가를 내리는 것에 대해서 비판을 가한다. 그녀가 20C 초에 현대의 여성이미지비평에서 말하는 남성작가와 그 텍스트에 재현된 여성 왜곡을 선구적으로 비판했다는 것은 놀라운 일이다.

> 석가가 여자의 오른쪽 옆구리에서 태어났고, 성령을 느끼며 그리스도가 태어났고, 그리고 해를 보고 히데요시가 태어났다는 것은 여자는 더러운 존재라는 생각이 머리에 있어서 쓴 남자의 기록이겠지만, 그것이 오히려 여자를 위대하게 만든 묘한 결과가 되고 말았습니다. 날마다 성령을 느끼고 잉태하거나 옆구리에서 아이를 낳은 기적은 남자는 영원히 가질 수 없는 재주가 아닌가요. -「산옥 이야기(産屋物語)」에서

그녀는 석가, 예수, 히데요시의 탄생을 이적(異蹟)에 의한 신성한 것으로 미화하고 신화화한 것이야말로 여자의 몸을 통해 탄생한 것을 더럽게 여기는 남성들의 기록이라고 비판한다. 하지만 이야말로 여자를 위대하게 만든 것으로서, "아이를 낳은 기적은 남자는 영원히 가질 수 없는 재주가 아닌가요."라고 질문한다. 오히려 여자가 아이를 낳는 역할을 담당했다는 것이야말로 남자는 가질 수 없는 것으로서 여자를 위대하게 만든 묘한 결과가 되고 말았다는 것이다. 여성의 몸과 출산에 대한 남성들의 혐오감은 여성들의 창조능력에 대한 그들의 두려움을 투사한 것이 아니냐는 힐난처럼 들린다.

이 지점에서 요사노 아키코의 페미니즘은 급진주의 페미니즘의 한 유

---

44 나혜석, 「생활개량에 대한 여자의 부르짖음」(1926), 이상경 편, 앞의 책, 223면.

파인 문화주의 페미니즘[45]과 일맥상통한다. 문화주의 페미니즘은 여성의 생물학적 성차나 여성성을 부정적인 것으로 간주하기보다는 그것의 가치를 긍정적으로 재평가하고 여성문화의 가치를 재해석하여 남성중심의 지배문화에 도전하고자 한 점에서 급진주의 페미니즘의 한 유파로 간주된다.

엘렌 식수가 남성들의 왜곡에 의해서 여성의 신체는 불결하고 감추어야 할 수치스러운 것으로 규정되어 왔으며, 그 결과 여성은 자신의 육체로부터 소외되고 글쓰기에서도 멀어졌다고 지적했던 것처럼 요사노 아키코도 여성 신체에 대한 남성들의 혐오와 차별적인 왜곡의 부당성을 지적한 것이다. 그녀는 만약 여성들이 동맹하여 아이를 낳지 않거나 여성을 왜곡한 남성들이 쓴 소설과 신문을 읽지 않는다면, 즉 남성들의 부당한 여성 혐오나 왜곡에 대하여 여성들이 집단적으로 대항한다면 어떻게 할 것인가라고 경고한다.

그녀는 남성작가들을 향해 여성을 숭배하는 소설을 쓰라는 것이 아니라 여성의 약점과 아름다움을 공평하게 취급하는 소설을 쓰라고 주문한다. 고의로 여성의 약점만을 보려고 해 진면목을 왜곡하는 것은 작가로서 불성실한 태도라는 것이다. 또한 여성(부인)을 육체의 한 측면에만 치우친 존재로 그리는 것도 잘못된 것이라고 지적한다. 오히려 남성작가 다야마 가타이(田山花袋)[46]의 중편소설 『이불(蒲団)』의 남주인공이야말로 육감적 동물적이 아닌가 하고 반문한다. 즉 육감적인 측면은 남녀 모두에

---

45 여성 고유의 반체제 문화인 여성문화를 발전시키고자 하는 페미니즘. 생물학적 성차를 긍정하고 성차에서 여성억압의 원인을 찾는 것이 아니라 오히려 성차를 미화하고 불변의 것으로 보며 여성만의 새로운 문화를 창조하게 될 것으로 보는 페미니즘. 문화주의 페미니즘의 주된 이론가에는 메리달리, 아드리안 리치, 수잔 그리핀 등이 있다.

46 다야마 가타이(田山花袋, 1871~1931)는 1907년에 작품 『이불』을 발표하여 그 이후 자연주의 문학에 커다란 영향을 끼친 일본의 남성 소설가. 『이불』은 자신의 체험을 고백한 자기고백적 사소설(私小說)이다.

게 있을 수 있고, 인간은 일반적으로 다소 육감적일 수 있다는 것이다. 즉 인간 모두에게 공통으로 존재하는 육감적 동물적 측면을 유독 여성에게만 있는 것으로 왜곡하여 여성을 열등시하는 남성 작가와 작품에 대해서 비판을 가했던 것이다.

그리고 그녀는 글의 마지막 대목에서 "『고사기(古事記)』에 나오는 여성 시인과 오노노 코마치(小野小町), 세이쇼나곤(淸少納言), 이즈미시키부(和泉式部) 등의 노래"를 보면 여성시인이 주관의 격하고 섬세한 영탄을 보다 잘 표현하였으며, 거짓으로 거죽만을 꾸미지 않고 진솔하게 여성의 감정을 표현하였다는 것이다. 따라서 앞으로 뛰어난 여성 소설가나 시인이 나와 새롭게 여성(부인)을 표현해 낼 수 있기를 기대한다고 결론을 맺고 있다. 즉 남성들의 작품에서 재현되고 있는 여성이미지가 여성의 실상을 왜곡한 것이라고 지적했을 뿐만 아니라 여성작가의 작품에서 남성작가와는 달리 여성에 대한 왜곡이 없는 새로운 시각으로 여성을 섬세하고 진실하게 그릴 수 있기를 기대했다. 그런 점에서 나혜석은 요사노 아키코가 기대했던 여성작가임에 틀림없다.

팸 모리스(Pam Morris)의 지적대로 남성들에 의해서 행해지는 여성에 대한 왜곡된 묘사는 남성들이 여성의 종속을 정당화하기 위해 사용했던 전통적인 수단들 중 하나이다.[47] 요사노 아키코는 여성을 지배하기 위해 가부장제가 만들어낸, 출산의 중요성을 인정하지 않은 채 그것을 더럽다고 여기는 남자들이 만든 경문, 도덕, 국법의 부당성을 지적했을 뿐만 아니라 성역할 차이가 성차별로 이어지는 것에 대해 반대했다. 그리고 남성들이 쓴 소설과 신문기사에서 그려내고 있는 여성에 대한 왜곡과 편파적 묘사의 부당성을 고발했다. 그녀에 의하면 남성들의 텍스트에서 여성은 주체적 인간, 남성과 대등한 인간으로 그려지지 않고 열자(劣者)

---

47 팸 모리스, 강희원 역, 『문학과 페미니즘』, 문예출판사, 1999, 66면.

요, 약자(弱者)요, 완롱물(玩弄物)로 취급되고 있다는 것이다. 또한 남성 작가들은 여성의 약점과 아름다움을 공평하게 그리지 않으며 여성의 약점만을 부각시키고 진면목을 왜곡하는가 하면 여성을 육체의 한 면에만 치우친 존재로 그린다는 것이다. 그런데 남성들이 그들의 텍스트에서 여성을 육감적 동물적 존재로 그리는 것이야말로 작가로서 불성실한 태도라고 그녀는 비판한다. 즉 가부장제 문화 속에서 부당하게 평가되고 있는 여성의 성역할과 남성들이 산출한 문학 텍스트 속에 육감적 동물적 존재로 왜곡되고 편파적으로 재현되고 있는 여성의 이미지가 잘못된 것이라고 항변한다. 따라서 그녀는 남성작가를 향해 남성과 여성을 공평하게 재현할 것을, 남성비평가를 향해서는 여성작가를 공평하게 평가할 것을 주문하였다. 그리고 새로운 여성작가의 출현을 기대하였다.

페미니즘 비평의 초기단계인 여성이미지비평은 주로 남성작가의 작품에 드러나는 상투적이고 왜곡된 여성이미지에 나타나는 성차별적인 편견을 문제 삼는다. 지배적 성이자 규범인 남성들의 재현은 진리로서의 권위를 인정받으며 보편적인 인간의 관점이 되기 때문에, 여성들은 반드시 남성들의 읽기나 쓰기를 다시 검토해야만 한다.

요사노 아키코는 가부장제 사회의 젠더 왜곡과 남성작가들의 텍스트에 재현된 여성 이미지가 열등하고 부정적으로 왜곡되고 타자화되어 온 것을 문제 삼으며 남성작가를 향해 남녀를 공평하게 재현하고 여성을 평등한 존재로 그려낼 것을 촉구하였다. 즉 그녀는 「산옥 이야기(產屋物語)」에서 1960년대 말 서구에서 발생한 여성이미지비평의 시각으로 남성 작가와 작품을 명쾌하게 비평했다. 여성이미지비평이 20C 초 일본의 요사노 아키코에 의해서 선구적으로 시도되었다는 점에서 페미니스트 비평가로서 그녀를 재평가하지 않을 수 없다.

4. 결론

이 논문은 근대 한국과 일본의 여성작가 나혜석과 요사노 아키코가 여성이 겪는 임신과 출산의 고통을 생생하게 묘사하며 가부장제를 비판한 글을 중심으로 두 작가의 여성적 글쓰기를 비교하는 것을 목적으로 하였다. 즉 나혜석의 「모된 감상기」(1923)와 이에 영향을 주었을 것으로 생각되는 요사노 아키코의 「산욕의 기(産褥の記)」(1909)와 「산옥 이야기(産屋物語)」(1909)를 분석하여 근대 한국과 일본의 여성적 글쓰기를 비교하였다.

나혜석은 「모(母)된 감상기」에서 여성 주체적 시각에서 임신, 출산, 육아의 고통을 솔직하게 토로함으로써 가부장제 사회가 여성에게 강요하는 모성신화와 모성이데올로기의 허위의식을 비판하는 '여성적 글쓰기'를 시도했다. 요사노 아키코처럼 남성작가의 여성 왜곡을 지적하는 여성이미지비평을 시도하지는 않았지만 그녀는 여성의 주체적 경험을 바탕으로 가부장제 사회가 여성에게 강요해온 모성이데올로기를 정면에서 부정하며 여성의 주체성 회복을 도모한 페미니스트 문학가였다.

출산 및 모성이데올로기와 관련하여 여러 편의 글을 쓴 요사노 아키코는 출산의 극심한 고통을 문학적으로 묘사하는 한편 가부장제 사회의 젠더 왜곡과 남성작가들의 텍스트에 재현된 여성 이미지가 열등하고 부정적으로 왜곡되어 온 것을 비판했다. 그리고 남성작가를 향해 남녀를 공평하게 재현할 것을 주문하였으며, 남성평론가를 향해서는 여성작가를 공평하게 평가할 것을 요구했다. 즉 「산옥 이야기(産屋物語)」에서 1960년대 말 서구에서 발생한 여성이미지비평으로 남성 작가와 그들의 작품을 명쾌하게 비평했다. 여성이미지비평이 20C 초 일본의 요사노 아키코에 의해서 선구적으로 시도되었다는 점에서 페미니스트 문학가로서만이 아니라 페미니스트 비평가로서 그녀를 재평가하지 않을 수 없다.

결론적으로 나혜석이 임신 출산 육아와 관련하여 여성의 육체적 경험에 기초하여 가부장제를 비판한 페미니스트 문학가였다면, 요사노 아키코는 페미니스트 문학가일 뿐만 아니라 남성텍스트를 비판하는 여성이미지비평까지 시도한 페미니스트 비평가이기도 했다. 두 작가는 모두 당대 사회가 금기시한 임신과 출산의 문제를 자신의 문학적 테마의 하나로 삼음으로써 가부장제를 비판한 여성적 글쓰기를 시도했다는 점에서 급진주의적 성격을 지닌 혁명적인 페미니스트 문학가로 평가해야 한다. 나혜석과 요사노 아키코는 근대 한국과 일본의 여성문학사에서 확고한 위상을 차지하는 페미니스트 문학가라는 공통점을 지닌다.

참고문헌

기본자료

이상경 편, 『나혜석전집』, 태학사, 2000.

「산욕의 기(産褥の記)」·「산옥 이야기(産屋物語)」, 인터넷 青空文庫 (http://www.aozora.gr.jp/).

단행본

문옥표 외, 『신여성』, 청년사, 2003.

송명희, 『섹슈얼리티·젠더·페미니즘』, 푸른사상, 2000.

______, 『페미니즘 비평』, 한국문화사, 2012.

______, 『페미니스트 나혜석을 해부하다』, 지식과교양, 2015.

이상경, 『인간으로 살고 싶다』, 한길사, 2000.

이지숙, 『일본근대여성문학연구』, 어문학사, 2009.

우에노 치즈코, 이선이 역, 『내셔널리즘과 젠더』, 박종철출판사, 1999.

요사노 아키코, 박지영 역, 『헝클어진 머리칼』, 지만지, 2009.

이와부치 히로코·기타다 사치에 편, 이상복·최은경 역, 『처음 배우는 일본여성문학사(근현대편)』, 어문학사, 2008.
팸 모리스, 강희원 역, 『문학과 페미니즘』, 문예출판사, 1999.
토릴 모이, 임옥희·이명호·정경심 역, 『성과 텍스트의 정치학』, 한신문화사, 1994.

논문

김화영, 「羅蕙錫と平塚らいてうの母性論に關する比較研究 -「母性」と「國家」のはざまで」, 『일본학보』 68, 한국일본학회, 2006, 195~208면.
노영희, 「일본 신여성들과 비교해본 나혜석의 신여성관과 그 한계」, 『일어일문학연구』 32, 한국일어일문학회, 1998, 341~362면.
______, 「나혜석, 그 '이상적 부인'의 꿈-동경 유학 체험과 일본 신여성들과의 만남을 중심으로-」, 『한림일본학』 2, 한림대학교 일본학연구소, 1997, 34~54면.
송명희, 「나혜석의 모성이데올로기 비판과 여성적 글쓰기」, 『여기』 21, 부산여성문학인협회, 2014, 49~65면.
전미경, 「1920-30년대 `모성담론`에 관한 연구-"신여성"에 나타난 어머니 교육을 중심으로」, 『한국과학기술정보연구원』 17-2, 한국과학기술정보연구원, 2005, 95~112면
정을미, 「Hélène Cixous의 "여성적 글쓰기"(l'Ecriture féminine), 『프랑스학논집』 29, 한국프랑스학회, 2000, 1~21면.
최혜실, 「여성 고백체의 근대적 의미-나혜석의 <고백>에 나타난 '모성'과 '성욕(sexuality)'」, 『현대소설연구』 10, 한국현대소설학회, 1999, 129~167면.

(『인문사회과학연구』 17-3, 부경대학교 인문사회과학연구소, 2016)

제2부

폭력 코드와 상호텍스트성으로 읽기

폭력과 아브젝시옹

김영현과 오수연의 「벌레」를 중심으로

1. 폭력 그리고 아브젝시옹

요한 갈퉁(Johann Galtung)은 폭력(violence)을 생존, 복지, 정체성, 자유 등 욕구의 실현 가능성을 제한하거나 방해함으로써 실제적 욕구 실현을 잠재적으로 가능했던 것보다 협소하게 만드는 현상들로 파악했다. 그는 폭력을 단순한 물리적 손상이나 인간의 육체와 생명에 대한 공격에 한정시키는 좁은 의미로 파악하는 것에 반대하며, 개인적(직접적) 폭력, 구조적(간접적) 폭력, 문화적 폭력이라는 개념을 통해 다양한 폭력 현상을 구별하였다.[1]

폭력은 인간과 인간, 집단과 집단, 국가와 국가 사이의 힘의 균형이 깨어지고 어느 한쪽의 일방적 힘이 작용한 결과로 야기되는 권력관계의 불균형에 의해 발생하는 현상이다. 개인과 개인 사이에 벌어지는 물리적 다툼에서부터 사회적 경제적 불평등과 억압의 사회구조 문제, 국가 간의

---

1 배동인, 「폭력에 대한 사회학적 고찰」, 『한국사회학』 21, 한국사회학회, 1987, 192면.

전쟁 등 현대사회의 모든 곳에 폭력이 존재한다.[2]

막스 베버(Max Weber)에 의하면 폭력과 권력은 절대불가분의 긴밀한 관계에 놓여 있다.[3] 국가의 권력을 '폭력 수단에 기초를 두는 인간에 대한 인간의 지배'로 본 막스 베버의 정의처럼 권력의 본성은 폭력이다. 그는 폭력은 정치와 긴밀한 관계를 가지며, 정치를 폭력 중심으로 규정할 수 있다고 했다. 그리고 폭력은 정치의 필요조건이며, 국가가 행사하는 물리적 폭력은 권력이 된다. 현실 속에서 권력과 폭력은 아주 깊숙이 결탁되어 있으며, 권력의 논리와 폭력의 논리가 불가분하게 결합되어 있는 경우들이 흔하게 나타난다.[4] 하지만 한나 아렌트(Hana Arendt)가 주장했듯 정당성을 부여받지 못한 권력은 권력이 아니라 폭력이라 규정된다.[5]

프랑스어 'abjection'은 폐기(廢棄), 혐오(嫌惡), 비천(卑賤)한 것, 방기(放棄), 폐물(廢物), 비체(卑體) 등으로 번역된다. 아브젝시옹(abjection)은 줄리아 크리스테바(Julia Kristeva)가 『공포의 권력』에서 핵심적으로 사용한 개념으로서 "정체성, 체계, 질서를 어지럽히는 것, 경계, 위치, 규칙을 무시하는 것"이라고 규정된다.[6] 다시 말해 더럽다고 여겨지는 것들, 즉 오물, 쓰레기, 고름, 체액, 시신, 그 자체가 모두 아브젝시옹이다. 크리스테바는 주체가 언어의 상징질서로 진입하는 과정에서 필연적으로 수반되는 혐오와 역겨움을 아브젝시옹의 개념과 연결시켰다. 즉 주체 형성 과정에서 언어화되지 못한 것, 언어화 이전에 존재하는 것에 기반하여

---

2 송명희, 「부산 배경 영화에 나타난 폭력-<친구> <범죄와의 전쟁> <변호인>을 중심으로」, 『인문사회과학연구』 16-1, 부경대학교 인문사회과학연구소, 2015, 5면.

3 막스 베버, 전성우 역, 『막스 베버 사회과학방법론 선집』, 나남, 2011, 293면.

4 신진욱, 「근대와 폭력-다원적 복잡성과 역사적 불확정성의 사회이론」, 『한국사회학』 38-4, 한국사회학회, 2004, 19면.

5 한나 아렌트, 김정한 역, 『폭력의 세기』, 이후, 1999, 84-85면.

6 한국문학평론가협회, 『문학비평용어사전』, 국학자료원, 2006. 폐기(廢棄, abjection) 항목.

아브젝시옹의 개념에 도달했다. 아브젝시옹은 주체를 위협하는 것에 대항하는 존재의 격렬한 반항이다.

> 아브젝시옹(abjection)에는 자신을 위협하는 것에 대항하는 존재의 격렬하고도 어렴풋한 반항이 있다. 게다가 사유 가능한 세계, 견뎌낼 수 있는 세계 저편으로 몰려나 있던 엄청난 안과 밖에 마치 육박해 올 때와 같은 주체의 반항이 있다. 그것은 아주 가까이 있지만 동화될 수 없는 곳에서 욕망을 불러일으키고, 우리를 욕망과 불안과 유혹에 빠지게 한다. 그러나 이때 욕망은 결코 유혹당하지 않는다.[7]

아브젝시옹은 사회의 규범과 규율에 따라 단일화되어지고 통제되어질 필요가 있는 몸의 영역과 감각들을 가로지르는 부산물로서 이는 경계를 설정하기 모호하다는, 경계를 흐리게 한다는 의미가 내포되어 있다. "비체가 되는 것은 부적절하거나 건강하지 않은 것이라기보다 동일성이나 체계와 질서를 교란시키는 것에 더 가깝다. 그것 자체가 지정된 한계나 장소나 규칙들을 인정하지 않는 데다가 어중간하고 모호한 혼합물인 까닭이다."[8] 아브젝시옹은 심리적이면서 생리적인 것으로, 구별하기 어려운 흡수와 배설의 순환구조에 토대를 둔 이미 구조화된 아이의 육체적인 경계이다. 흡수되고/배설된 대상-음식물, 오줌, 똥, 토사물, 눈물, 침-은 나중에 성감대(입, 항문, 눈, 귀, 생식기)로 바뀌는 다양한 육체의 영역을 의미한다.[9] 크리스테바가 아브젝시옹으로 명명한 것은 "자기 자신에게 낯선 것을 추방하거나 거부하고, 그럼으로써 항상 모호한 '나'의 경계를 창조하는 상태를 가리킨다."[10]

---

7 줄리아 크리스티바, 서민원 역, 『공포의 권력』, 동문선, 2001, 21면.

8 줄리아 크리스티바, 위의 책, 25면.

9 박주영, 「영원히 지워지지 않는 흔적 : 줄리아 크리스테바의 모성적 육체」, 『비평과 이론』 9-1, 한국비평과이론학회, 2004, 211면.

2. 유신정권의 국가폭력과 아브젝시옹-김영현의 「벌레」

김영현의 「벌레」(1989)[11]는 작품의 서두에서 프란츠 카프카(Franz Kafka)의 「변신(Die Verwandlung)」을 언급함으로써 자신의 작품과 카프카 작품과의 상호텍스트성(intertextuality)의 길을 명시적으로 열어놓고 있다. 「벌레」에서 1인칭의 화자가 카프카의 「변신」을 언급한 의도는 분명하다. 그도 "벌레처럼 취급당하는 경험을 몇 번" 했을 뿐만 아니라 "요즘에 와서 문득문득 나 자신이 징그러운 벌레로 변해버리는 듯한 고통스러운 상태에 빠지는 경우"가 많기 때문이다. 그는 벌레로 변해버렸다는 느낌이 "아주 불쾌하지만 동시에 약간의 편안함"이라는 양가성을 지닌다고 말한다. 하지만 그 편안함은 "정체가 불분명한 두려움이고 불안"이라는 설명을 덧붙인다. 다시 말해 그는 과거에 벌레로 취급당하는 경험을 했을 뿐만 아니라 현재에도 벌레로 변해버리는 듯한 불쾌하고 불분명한 두려움과 불안에 사로잡혀 있다.

현재 그가 벌레로 변해버리는 느낌은 지난 세월 "연이은 5년간을 감옥과 군대에서 보내고 돌아온 시점부터 발생한" 증세이다. 그가 겪는 벌레가 되어버리는 듯한 느낌은 작품 속에서 '2차대전 증후군'[12]으로 명명된, 즉 일종의 '외상 후 스트레스 장애(post traumatic stress disorder)'의 증후이다. '외상 후 스트레스 장애'는 사람이 전쟁, 고문, 자연재해, 사고 등의 심각한 사건을 경험한 후 그 사건에 공포감을 느끼고, 사건 후에도 계속적인 재경험[13]을 통해 고통을 느끼며 거기서 벗어나기 위해 에너지를 소비

---

10 노엘 맥아피, 이부순 역, 『경계에 선 줄리아 크리스테바』, 앨피, 2007, 91면.

11 김영현, 「벌레」, 『창작과 비평』 17-1(63), 창작과비평사, 1989, 214~232면. 이후 본문 가운데 인용될 경우 면수 숫자로 표시함.

12 2차 대전 후 전쟁터에서 돌아온 젊은이들에게서 외상 후 스트레스 장애가 집중적으로 나타났기 때문에 한때 '외상 후 스트레스 장애'는 '2차대전 증후군'으로 불리었다.

하게 되는 질환으로, 정상적인 사회생활에 부정적인 영향을 끼치게 된다.

주인공이 느끼는 '외상 후 스트레스 장애'는 감옥과 군대에 있을 때 벌레처럼 취급받았거나 고문을 당했던 작가의 자전적 경험과 연관되어 있다. 미셸 푸코(Michel Foucault)에 의하면 권력은 통치권이나 중앙집권적인 국가권력이라기보다는 공장, 학교, 관청, 병원, 감옥, 법정 등 사회체제 내에서 일상 수준에서 작용하는 힘의 관계다. 권력은 인간의 의지대로 움직이는 결정이나 행위가 아니라 오히려 인간의 의지를 규정하고, 행위 양식을 세밀하게 분절해 대단히 섬세한 부분에까지 인간의 몸을 통제하는 전략이요, 그물망(network)이다.[14]

주인공이 벌레화되었던 감옥과 군대는 유신독재정권의 국가폭력이 작동했던 공간이다. 그런데 그는 이 경험이 단순한 개인적 경험만이 아니며 "나 외에도 나와 비슷한 경험을 가진 친구들"이 있으며, "벌레가 되어버리는 듯한 나의 고통스러운 증상은 사회적 분위기"와 연관이 있다고 말한다. 즉 그가 살아온 시대는 "많은 사람들이 갖가지의 형태로 벌레가 되어버린 불유쾌한 기억"을 공유하고 있는 폭압의 시대였다. 즉 "외로운 만큼 단순포악"했던 독재자 박정희가 폭력화된 권력을 휘두르던 유신독재체제하였다. 그는 대학졸업을 한 학기 앞두고 "'시위예비혐의'로 긴급조치 9호"를 위반하여 구치소에 수감되었다가 1심 재판에서 5년 구형에 2년 선고를 받았다. 그런데 그것은 그만의 특별한 경험이 아니라 민주화를 위해 투쟁하고 시위에 가담했던 수많은 젊은이들이 겪었던 집단적 경험이었다.

---

13 외상 후 스트레스 장애에서 외상적 사건의 재경험은 환자가 외상 사건을 자주 회상하고 그와 같은 악몽을 꾸거나 사건과 관련된 단서를 접하게 되면 그 사건이 재발하고 있는 것 같은 착각을 경험하거나 강렬한 심리적 신체적 고통을 경험하게 되는 것을 말한다. : 이봉건, 『이상심리학』, 시그마프레스, 2005, 113면.

14 정재철, 『문화 연구자』, 커뮤니케이션북스, 2013(네이버 지식백과).

그와 동료들은 구치소 수감 중에도 "유신헌법 철폐하라! 긴급조치 해제하라! 박정희는 물러가라!"라고 외침으로써 교도관은 그의 "얼굴에다 방성구(防聲具)를 채웠"다. 이때 압도적으로 제시된 것은 폭력에 의해 훼손당한 육체이다. 입에는 더럽고 냄새나는 방성구가 채워지고 손을 뒤로 하여 수정(手錠)이 채워졌을 때 그는 "어느새 침이 앞섶에 누렇게 흘러내리기 시작했다. 그런 상태로는 침을 목구멍 안으로 삼킬 수가 없었기 때문이다."(225면) 그리고 방성구가 채워진 상태에서 내지르는 소리는 언어화되지 못하고 "우우"거리는 발음만이 나올 뿐이었다. 그것은 마치 카프카의 「변신」의 주인공처럼 "말을 하려 하면 칙칙거리는 이상한 벌레 울음소리만 나는 것"(215면)과 유사하다. 그리고 "입에서는 끊임없이 거무튀튀한 액체가 흘러나오고 발에서도 찐득찐득한 풀 같은 액체가 독한 냄새를 풍기며 흘러나온다."(215면)

아브젝시옹은 오이디프스화된 깨끗하고 적절한 몸에 반대하면서 비천한 몸-눈물, 침, 똥, 오줌, 토사물, 점액 등-을 중시한다. 그는 입에서 흘러나오는 거무튀튀한 액체와 발에서도 찐득찐득한 풀 같은 액체가 흘러나올 뿐만 아니라 변기통도 없는 독방에 갇혀 참을 수 없는 요의에도 문을 열어주지 않자 결국 옷을 입은 채 줄줄 오줌을 누는 지극히 비인간적이고 불쾌한 경험을 하게 된다. 그것은 심문관의 지시에 따라 옷을 발가벗겨져 본 것과 같은 비참한 느낌이다. 뿐만 아니라 창밖에서는 축축한 가랑비가 내리는, 즉 자아와 세계 모두가 끈끈한 점액질로 뒤덮인 상태이다.

> 그들을 기억하는 것만으로도 나에겐 충분한 고통이 되었다. 입에선 끊임없이 개처럼 질질 흘려대고 있는 침. 질펀하게 오줌을 싸놓은 옷. 손을 뒤로 묶여 팔이 없는 사람의 꼴을 하고 있는 지금의 형상이 그들을 놀라게 하고 미치게 하고 말 것이었다. 나는 끝없이 작아지고 싶었다. 이를테

면 남의 눈에 띄지 않는 먼지와 같은 존재가 되어버리고 싶었다.

어두컴컴한 방에서 보니 철창 밖으로 여전히 가랑비가 곧은 직선을 그리며 축축하게 내리고 있었다.

그때 나는 놀랍게도 내가 한 마리의 벌레로 변해가는 것을 알았다.

그것은 매우 놀라운 발견이었다. 손목을 죄는 수정의 고통도 이젠 더 이상 그렇게 혹독하지는 않았다. 그리고 입을 틀어막고 있는 방성구도 이젠 더 이상 고통으로 느껴지지 않았다.[15]

독재권력은 주체와 대상의 경계를 위협하며 그를 벌레화시켰다. 즉 주인공은 끝없이 작아지고 "남의 눈에 띄지 않는 먼지와 같은 존재"처럼 소외되며 주체의 경계를 위협당했던 것이다. 주체와 대상의 경계에서 그는 "한 마리 벌레로 변해가는" 것을 자각하면서 더 이상 고통이 고통으로 느껴지지 않는다. 유신독재정권의 정당성을 상실하고 폭력화된 국가권력은 침, 찐득찐득한 풀 같은 액체, 오줌, 눈물, 비 등의 점액질로 그를 점령한다. 점액질은 "동일성의 외부로부터 온 위험을 표상한다. 즉 비자아로부터 위협당하는 자아, 외부 환경으로부터 위협받는 사회, 죽음으로부터 위협받는 삶"처럼 말이다.[16]

주인공이 겪은 아브젝시옹의 경험은 그야말로 폭력이 갖고 있는 언어배제성, 일방성, 강제성, 사회관계의 수직성과 불평등성, 파괴성 등의 특성을 고스란히 드러낸다.[17] 그는 벌레처럼 취급되었으며 물상화, 야만화,

15 김영현, 「벌레」, 앞의 책, 230면.

16 줄리아 크리스티바, 앞의 책, 116면.

17 폭력의 첫째 특성은 '언어배제성'이다. 폭력 자체가 하나의 의사 표현 수단이지만 폭력 행사는 언어가 필요 없는 것이나. 폭력의 둘째 특성은 '일방성'이다. 어떤 사회관계에 있어서 그 당사자들 가운데 어느 한 쪽의 행위가 상대방을 겨냥하여 일방적으로 행해질 때에 그 행위는 폭력적 성격을 띨 수 있게 된다. 폭력의 셋째 특성은 '강제성'이다. 폭력 행사자는 상대방의 동의를 구하지 않고 자기의 의사를 관철시키려고 한다. 자기의 의사가 상대방의 의사를 구속할 뿐만 아니라 상대방의

비인간화되었다. 하지만 그는 카프카의 「변신」의 주인공과 자신을 차별화한다. 비록 그의 몸은 점액질로 뒤덮이며 주체를 위협당했지만 "의식은 여전히 벌레로 변해버린 내 몸통의 눈 속에 들어 있"어(230면) "자신을 완전히 숨긴 채 세상을 내다"(230면)볼 수 있었기 때문이다. 뿐만 아니라 「변신」의 주인공 그레고르가 "자신의 느낌이나 생각을 전달할 언어도 잃어"버리고 절망과 굶주림 속에서 죽어버린 것과 달리 그는 감옥에서도 독재권력에 저항했으며, 살아남아 자신의 언어로써 자신이 벌레화되었던 기억, 즉 박정희 유신독재권력이 그에게 가했던 폭력을 고발할 수 있기 때문이다. 즉 "외부현실을 제대로 파악하지도, 외부현실의 문제를 올바르게 해결하지도 못한"[18] 그레고르처럼 폭력에 일방적으로 무기력하게 압도당한 나머지 죽어간 객체가 아니라 김영현의 「벌레」의 주인공은 "사건을 해설하고 성찰하는 인식의 주체"[19]로서 우리 사회의 민주화를 국가권력(폭력)으로 가로막은 독재정권에 대한 격렬한 거부반응을 보인 저항적 존재이기 때문이다.

의사로 간주될 것을 요구한다. 폭력 행사자는 상대방을 자기와 동등한 인격체로 보지 않고 하나의 조작 가능한 물건으로 취급한다. 강제성이야말로 폭력의 본질적 특성이라고 해도 과언이 아니다. 폭력의 넷째 특성은 '사회관계의 수직성과 불평등성'으로 나타난다. '위'와 '아래'의 사회적 지위와 권위가 거의 고정되어 있고 '위'에 대한 '아래'의 무조건적 복종이 일상화되어 있는 것이 폭력 지배적 사회관계의 일반적 지표다. '위'는 항상 정당하며 '아래'에 대해 군림한다. 마지막으로 폭력의 다섯째 특성은 '파괴성'이다. 폭력의 파괴성은 네 가지 특성들의 종합적 결과로서 나타난다. 폭력은 물질적 대상의 파괴뿐만 아니라 정신적·문화적·사회관계와 사회제도를 파괴한다. 폭력이 인간의 내면적 성품이나 인성 자체를 변질시키고 인간의 사회적 제 관계를 파괴시키는 효과를 가져 온다는 것은 눈에 잘 띄지 않지만 이 파괴성과 관련된다. 즉 인간의 물상화, 야만화, 비인간화는 바로 폭력의 파괴적 특성이다. : 배동인, 앞의 논문, 192~193면.

18 김자성, 「사회학적 관점에서 본 소외문학이 현실인식(1)-카프카의 「변신」에 나타난 소외의식을 중심으로」, 『헤세연구』 19, 한국헤세학회, 2008, 263면.

19 권세훈, 「카프카 작품 '변신'의 한국적 수용」, 『카프카연구』 6, 한국카프카학회, 1998, 348면.

즉 유신독재권력은 민주화를 외친 청년들을 감옥과 군대에 가두고 벌레처럼 취급하는 폭력을 행사하였지만 정당성을 상실한 독재권력은 청년세대의 민주화운동에 의해 마침내 붕괴되고 말았다. 그리고 주인공은 폭력화된 국가권력으로부터 벌레처럼 취급되며 주체의 경계를 위협당했지만 결코 굴복하지 않고 저항했다. 그가 요즘 재경험하고 있는 벌레화되는 듯한 불쾌한 느낌마저도 유신독재정권에 저항함으로써 얻은 외상 후 스트레스 장애라는 자랑스러운(?) 후유증일 수 있다.

그러면 김영현은 왜 이 작품을 썼는가? 그것은 친구의 담당의사였던 한 정신과 의사로부터 "말해버리는 것보다 더 좋은 약은 없다"라는 말을 들어 "이 불쾌한 느낌, 혼자 어두운 방에 누워 있으면 영락없이 찾아드는 이 막연한 어둠의 기억으로부터 조금은 해방"(217면)되고 싶었기 때문이다. 즉 유신독재정권하에서 겪은 고문 후유증으로 외상 후 스트레스 장애를 겪고 있는 주인공은 벌레가 되어버리는 듯한 불유쾌한 재경험으로부터 벗어나고자 작품을 통해 모든 것을 말해버리고 싶었다.

하지만 작품의 결말에서 주인공은 "말하지 않은 것이 백배나 천배나 더 좋은 약"이라는 결론에 이르게 된다. 왜냐하면 그의 심정은 말하지 않았을 때보다 훨씬 고통스럽게 변화되었기 때문이다. 따라서 보안대에서 고문당하던 제2, 제3의 벌레가 되어버린 경험을 말하는 것은 다음 기회로 미루겠다고 한다. 그 자신이나 독자를 불유쾌하고 짜증스럽게 괴롭힐 권리가 그에겐 없기 때문이다.

크리스테바에 의하면 "모든 문학은 일종의 카타르시스이고, 작가가 이질적이고 불결한 것을 배출하는 시도이다."[20] 또한 "아브젝시옹의 심리적 현상은 자신에게 '다른 것'으로 판단되는 것을 추방하는 하나의 과정으로, 주체성의 경계를 한정하는 하나의 수단이다."[21] "'자기 자신'을 확

---

20 노엘 맥아피, 앞의 책, 106면.

고하게 지키고자 주체는 자신의 경계를 무력화시킬지도 모르는 것을 감시해야만 한다. 크리스테바는 많은 문학적 창조가 이 같은 감시의 수단이고, 이질적이거나 혐오스러운 것의 배설이자 정화라고 주장"[22]하였다.

그녀의 말처럼 작가 김영현은 독재권력의 폭력으로부터 인격을 지닌 인간으로서 존엄성을 상실하고 벌레처럼 비인간화되었던 불유쾌한 경험을 추방하고 배설함으로써 주체의 경계를 무력화시킬지도 모르는 불분명한 두려움과 불안으로부터 놓여나고자 글쓰기를 시도하였다. 그가 방출하고자 한 것은 방성구가 채워진 채 내지른 '우우'거리는 소리 속에 담겨진 "때로는 슬픔을, 때로는 분노를, 때로는 이상한 추억을, 때로는 공포감을 자아내는 것"(226면)과 같은 언어화되지 못한 복합감정, 즉 벌레처럼 취급되었던 기억에 대한 분노와 공포의 감정이다. 하지만 그의 글쓰기는 오히려 그가 겪었던 외상을 재경험하게 만듦으로써 카타르시스가 아니라 고통을 불러일으켰다. 왜냐하면 벌레처럼 취급당했던 트라우마가 유발한 외상 후 스트레스 장애가 아직 완전히 치유되지 않았기 때문이다.

작가 김영현은 국가권력의 폭력에 굴복당하지 않고 저항하는 주체를 그려냄으로써 독재정권 타도를 외쳤던 청년들의 민주화에 대한 강력한 의지와 독재정권에 저항했던 민주화세대의 강한 자부심을 드러냈다. 하지만 민주화투쟁에 나섰다가 감옥에 투옥되고 군대로 보내졌던 젊은이들은 감옥과 군대에서 풀려난 후에도 외상 후 스트레스 장애로부터 완전히 벗어나지 못한 채 고통에 시달리고 있다.

그런데 주인공이 다시 벌레화되는 듯한 불유쾌한 고통에 빠지게 되는 이유는 단순히 외상 후 스트레스 장애로 인해 겪는 고통 때문만은 아닐

---

21 노엘 맥아피, 위의 책, 111면.

22 위의 책, 111면.

것이다. 6월 항쟁에 투항하여 6.29선언을 하며, 본인은 군부정권의 후계자가 아니라 '보통사람'이라는 이미지로 대통령에 당선된 노태우 정권의 민주화 의지에 대한 불확실성과 의구심이 다시 벌레화되는 불유쾌한 고통을 일으키는 불안의 정체라고 생각한다. 「벌레」가 발표된 1989년부터 학생운동권 세력은 노태우 정권을 군부독재의 연장선이라고 주장하며 다시 분신자살과 투신자살 등을 감행하기 시작했던 정치사회적 상황에서 이러한 추측이 가능해진다.

3. 가부장제의 윤리적 폭력과 아브젝시옹-오수연의 「벌레」

팸 모리스(Pam Morris)에 의하면 지난 수세기 동안 남성들은 남성에 대한 여성의 종속을 유지시키고 정당화하기 위해 문학작품 속의 여성의 이미지를 열등하거나 본질적으로 남성과 다른 존재로 왜곡하여 왔다. 이러한 작업은 가시적으로 드러나지 않으며, 인물의 이미지나 작품의 서사구조 속에 은폐되어 있다.[23] 문학작품 속에 여성들은 남성들이 상상하는 이미지로 재탄생하게 된다. 작가들은 여성의 진면목을 왜곡한 채 주체가 아닌 타자, 피해자, 피지배자라는 스테레오타입으로 여성을 그려왔다. 특히 남성작가의 작품 속에서 여성들은 그들의 억압과 고통 그리고 그들이 당한 폭력에 대해서조차 침묵하고 당연하게 받아들인다. 즉 남성작가들은 여성들조차 남성들의 관점을 자신의 것으로 내면화하면서 남성들이 여성들을 바라보는 것과 동일한 방식으로 자신들을 바라보게 만드는 서사전략을 취한다. 반면 여성주의를 표방하는 여성작가의 작품 속에서 여성들은 침묵을 깨고 남성들에 의해서 은폐되어온 그들의 억압과 고통에

---

23 팸 모리스, 강희원 역, 『문학과 페미니즘』, 문예출판사, 1999, 34면.

대해서 말하기 시작했고, 그것이 소설의 핵심적인 주요서사로 그려진다. 때문에 남성의 시각이 아닌 여성주의적인 시각에서의 글쓰기와 다시 읽기가 필요해지는 것이다.

여성을 억압하고 통제하는 '가부장제(patriarchy)'라는 말은 당초 아버지의 지배를 의미하였으나 오늘날에는 그 의미가 확장되어 남편, 직장상사 남성, 대다수의 사회 기구와 정치·경제 영역에서 군림하는 남성의 지배를 말하며, 여성의 착취와 억압의 역사적·사회적 측면을 잘 나타내주는 용어로 폭넓게 사용되고 있다.[24] 가부장적 권력 구조가 여성을 강제하고 여성의 자주성을 침해하고 억압하는 힘으로 작용할 때 그 구조는 바로 폭력이 된다. 그리고 그 뒤에서 가부장제 이데올로기가 그것을 정당화시키는 문화적 상징적 폭력의 기제로 작동한다. 이것이 여성폭력의 실체적 진실이다.

문화의 영역으로 확장된 폭력에 대한 해석은 프랑스의 사회학자 피에르 부르디외(Pierre Bourdieu)의 상징적 폭력이론에서 그 절정을 이룬다.[25] 상징적 폭력 개념은 지배계급의 문화를 피지배계급에게 부과시키는 것, 특히 피지배계급으로 하여금 지배적 문화는 합리적인 반면 자신의 문화는 비합리적인 것으로 인식하지 않을 수 없게 만드는 과정을 지칭한다. 결국 상징적 폭력이란 한 계급의 문화적 전횡이 어떻게 해서 합법적인 것으로 변형되는가를 파헤치는 데 동원된 개념으로서, 부르디외는 한 사회에서 지배적 문화가 바로 지배계급의 문화임을 폭로하였다.

부르디외가 말한 상징적 폭력과 유사한 개념으로 주디스 버틀러(Judith Butler)가 말한 윤리적 폭력을 들 수 있다. 그녀는 윤리적 폭력은 관습과 규범, 규율이라는 이름으로 여성을 통제하고 억압한다고 하였다.

---

24 마리아 리즈, 최재인 역, 『가부장제와 자본주의』, 갈무리, 2014, 109면.

25 피에르 부르디외, 정일준 역, 『상징폭력과 문화재생산』, 새물결, 1997, 101면.

그녀는 도덕의 이름으로 가해지는 집단폭력을 '윤리적 폭력'으로 명명하고, 그것을 최악의 폭력으로 간주했다.[26] 왜냐하면 피해자가 사회적 권리는 물론이고 인격까지 몰수당하기 때문이다. 버틀러는 이런 폭력에 대중이 폭넓게 공감하는 현상을 현대사회의 심각한 윤리적 문제로 부각시켰다. 윤리적 폭력은 표면적인 도덕적 명분에 대중이 현혹되어 피해자를 향해 냉소를 뿜어낼 때 발생한다. 여성에게는 자주 이러한 윤리적 폭력이 가해진다.

여성에 대한 남성의 지배를 정당화하기 위해 행해지는 폭력들은 그것이 신체적 폭력이든, 언어적 폭력이든, 또는 성적 폭력이든 그것은 모두 기존 사회의 구조적 폭력의 연장선상에 놓여있다. 남성과 여성 사이의 성에 의한 위계질서는 가정에서든 사회에서든 양성 간의 권력관계의 기저를 이루고 있으며, 폭력은 위협과 공포를 통해서 남성의 지배와 여성의 종속이라는 가부장적인 구조를 유지하고 재생산하는 메커니즘이 된다.[27]

방민호는 오수연의 「벌레」(1997)[28]를 "여성정체성에 대한 존재적 고민을 카프카에 대한 변신담으로 만들어 보여준" 작품으로 해석한 바 있다. 그는 "작가가 한 여성을 벌레로 만들어 나가는 과정은 매우 흥미롭다고 하지 않을 수 없다. 변신은 현재의 자기 존재를 탈바꿈함으로써 새로운 존재성을 획득하려는 욕망을 표현하는 것이라고 할 때 여성적 삶에 대한 작가의 문제의식이 얼마나 근본적인지 확인할 수 있다"라고 했다.[29]

그런데 남성평론가 방민호가 오수연의 「벌레」를 여성정체성에 대한

---

26 주디스 버틀러, 양효실 역, 『윤리적 폭력 비판』, 인간사랑, 2013, 11~48면.

27 Liz Kelly, "The Continuum of Sexual Violence", Jalna Hanmar & Mary Maynard ed., *Women, Violence and Social Control*, Atlantic Highlands: NJ: Humanities Press, 1987, pp.46~60.

28 오수연, 「벌레」, 방민호 편, 『환상소설첩-동시대편』, 향연, 2004, 270~295면.

29 방민호, 「발흥하는 환상과 한국소설의 새로운 가능성」, 방민호 편, 위의 책, 310~311면.

존재적 고민을 표현한 작품으로 해석하고 있음에도 그의 시각에는 여성 주체적 관점이 빠져 있다. 왜냐하면 여성인 주인공의 벌레로의 변신은 그녀의 새로운 존재성을 획득하려는 욕망에 따라 획득된 주체적 욕망과는 거리가 먼, 남편에 의해서 강요된 타자화된 욕망이기 때문이다. 따라서 송연주는 "가부장제 이데올로기가 지배하는 억압적 현실 속에서 살아남기 위해 여성은 하등동물인 벌레로 변신할 수밖에 없다는 여성작가의 문제의식을 독자에게 성찰적으로 제시하며, 여성이 인간답게 살 수 없는 현실을 비판"[30]한 작품으로 「벌레」를 평가한다.

결혼 4년차의 여성 주인공은 아이를 낳는 문제로 갈등을 빚어 남편이 가출한 상황에서 집안이 온통 벌레에 점령되어 벌레 퇴치에 사투를 벌리지만 그녀 자신마저 아토피에 걸려 피부과를 찾아간다. 하지만 아토피는 전혀 개선되지 않고 오히려 자신이 벌레로 변신하고 만다는 이야기는 자못 충격적이다.

더욱이 「벌레」가 발표된 해가 여성의 권리가 어느 정도 신장되었다고 여겨지는 1997년이며, 작품을 쓴 작가 오수연이 작품을 발표할 당시 아직 삼십대 초반의 신세대라는 점에서, 뿐만 아니라 작중 주인공도 젊은 여성으로 설정되었다는 점에서 더욱 그러하다.

> 우리도 좀 사람답게 살아보자고, 남편은 입만 열면 말했다. 물론 나도 동의한다. 그런데 그는 그러기 위해서는 내가 싹 달라져야 한다고 주장했다.(중략) 우리 부부가 사람답게 살기 위해서는 내가 변해야 하며, 어떻게 변해야 하는지는 나만 빼고 정상적인 여자들이 모두 알고 있고, 그걸 모르기 때문에 나는 사람이 아니다. 내가 사람 될 여지는 어느 한구석에도 없다.(중략)

---

30 송연주, 「여성소설에 나타난 변신 모티프와 환상성 연구」, 『한국문학이론과 비평』 12-4(41), 한국문학이론과비평학회, 2008, 291면.

결혼 후 사 년 내내 우리는 아이를 낳는 문제로 다투었다. 남편은 사람답게 산다는 말에는 자식을 낳아 기른다는 내용까지 일괄적으로 포함되어 있다고 고집했는데, 나는 평생 그런 얘기를 들어본 적도 없었다.[31]

아내에게 끊임없이 아이를 낳고 사람답게 살아보자고 언어적 심리적 폭력을 가하던 남편은 가위 바위 보로 아이 낳는 문제를 결정하자는 아내의 제안에 동의하여 그가 이겼음에도 불구하고 아내의 뺨을 갈기는 물리적 폭력을 행사하고 가출해버린다. 아내가 근본적으로 변화하지 않는다면 결코 같이 살 수 없다는 강력한 시위인 셈이다. 남편의 가출 이후 아내는 집안 가득 들이닥친 벌레들에 시달린다. '남편의 환치'물[32]인 혐오스런 벌레는 그녀의 영혼과 육체를 잠식하며 밤낮으로 그녀를 괴롭힌다. 즉 남편은 집을 나가는 행동을 통해서 그녀에게 무언의 압력을 가하고, 그 압력에 그녀는 고통받는다.

그날 이후 밤마다 벌레들과 전쟁이 벌어졌다. 벌레의 종류와 수는 날마다 늘어나고 싸움은 치열해졌다. 나는 호흡이 곤란할 만큼 온 집안에다 살충제를 뿌리고 모기향을 피워댔다. 곤충들은 중독된 상태에서 가구와 벽에 부딪혔다가 찻잔과 물 컵에 빠졌으며, 국 냄비와 냉장고 안에도 들어갔다. 내 얼굴에도 부딪혔고 머리카락 속으로 파고들고, 옷 속에도 들어가 맨살을 기어 다녔다. 그러면 나는 양팔을 엇갈려 내 몸을 죽어라고 두들겨야 했다. 불을 끄면 곤충들은 이불 속으로 기어들어 내가 막 잠이 들려는 순간에 찌릿하도록 아프게 내 살갗을 물었다. 나는 잠을 자기 위해서, 아니 살기 위해서라도 밤새 벌레들을 죽여야 했다.[33]

---

31 오수연, 「벌레」, 방민호 편, 앞의 책, 280~281면.

32 송연주, 앞의 논문, 292면.

33 오수연, 「벌레」, 앞의 책, 284면.

주인공은 온갖 방법으로 벌레 퇴치를 위해 전쟁을 벌이지만 박멸에 성공하기는커녕 벌레의 종류와 개체 수는 날마다 늘어났고, 그녀 자신의 몸마저 곤충의 비늘과는 비교할 수 없이 큰 비늘들로 뒤덮인다. 즉 징그러운 벌레들에 점령당한 나머지 그녀는 마침내 벌레화된다.

> 내 비늘은 길이가 이 밀리미터쯤으로 곤충의 비늘과는 비교할 수 없을 만큼 크다. 나방의 날개에서 떨어진 비늘이 내게 붙은 것은 아니다. 그것은 내 몸뚱이에 걸맞은 크기와 형태로 내 살갗에서 돋아난 나의 새로운 세포들이며, 집안에 득실거리는 곤충들 때문에 나의 신체가 본질적으로 뒤바뀌고 있다는 증거다.[34]

주인공은 치료를 위해 병원을 찾아가지만 의사는 집안의 벌레 때문에 생긴 비늘이라는 그녀의 말을 들어보려고도 하지 않은 채 치료하기 힘든 아토피로 진단할 뿐이다. 고통받던 그녀는 마침내 피부 박피 수술을 받기로 결정하는데, 이때의 박피 수술은 이전의 여성정체성, 즉 결혼한 여자로서 재생산을 거부했던 주체적 자아를 탈각해버린다는 의미이다. 즉 아이를 낳고 인간답게 살아보자는 남편의 요구대로 그녀를 근본적으로 변화시킨다는 뜻이다.

> "저도, 저도 피부 박피 수술을 받겠어요! 저도 수술해 주세요!"
>
> 마침내 나는 남편 친구 철웅 씨의 부인도 알고 내 친구 미선이도 알고 이 병원 원장 선생도 알고 있었던, 어쨌든 나만 빼고 다른 성인들은 모조리 아는 사랑의 비밀을 깨우쳤다. 남편이 요구하고 암시했던 기술, 결혼을 함으로써 여자들이 전혀 다른 사람으로 변하는 비결을 드디어 터득하였다.[35]

---

34 오수연, 「벌레」, 위의 책, 286면.

"결혼을 함으로써 여자들이 전혀 다른 사람으로 변하는 비결", "사랑의 비밀"을 터득을 하게 되자 점점 그녀의 몸은 빠르게 벌레로 변신한다. 그녀가 "밥사발만한 알들을 뽀옥뽀옥 내깔기기 시작"하자 남편은 가정으로 돌아왔고, 그녀를 향해 "고마워, 정말 고마워, 당신 정말 장해! 우린 이제야 사람답게 살 수 있게 된 거야!"라고 외친다.

이 작품에서 남편은 나만 빼고 '남들이 다 안다는 것', 그것이 '정상이라는 것', 그리고 '사람답게 살 수 있게' 되는 것 등의 윤리적 명분을 가지고 주인공에게 아이를 낳도록 심리적 폭력을 행사하였으며, 주인공은 이에 저항하였지만 결국 굴복하고 만 것이다. '나'라는 주체는 결혼한 여자는 반드시 아이를 낳아야 하며 그것이 정상이라는 남편의 논리에 저항하였지만 그 저항은 벌레 퇴치의 실패담이 은유하듯 실패하고 만다. '나'의 벌레로의 변신은 결국 남편에 대한 저항이 무력화되어 가부장제의 이데올로기에 점령당하고 지배된다는 의미이다. '정상'이라는 이름으로 남편이 아내에게 강요하는, 남들이 다 아는 논리란 여성의 인간다운 주체성을 포기하게 만드는, 즉 여성을 아이 낳는 도구로 객체화하고 타자화시키는 가부장제의 이데올로기에 다름 아니다.

> 내 비늘은 사지 끄트머리까지 빈틈없이 퍼져 있다. 몸을 움직일 때마다 형광등 불빛에 비늘들이 영롱하게 빛난다. 나는 잠옷을 벗어던지고 문 모서리에 내 몸을 비빈다. 양쪽 어깨 견갑골 부근이 숨이 꼴깍 넘어가도록 가렵다. 관자놀이가 쑤시고 두피가 스멀스멀하고, 모레 금요일 오후 피부 박피 수술을 받기도 전에 지금 당장 피부가 벗겨질 것 같다. 머리끝부터 발끝까지 한 꺼풀 홀라당 허물이 벗어지고 말 것 같다. (중략) 침묵, 그러나 여전히 두 종류의 진농이 느껴신다. 하나는 물체의 내부에서 나는 규칙적인 저음이고, 또 하나는 내 배에서 난다. 내 배는 투명하고 안쪽에

35 오수연, 「벌레」, 위의 책, 290~291면.

서 푸르고 붉은 액체가 빠르게 흘러가고 있다.

초인종이 울린다. 푸르고 붉은 액체의 순환이 멈추도록 나는 놀란다. 그 순간 내 이마 한가운데가 툭 닫힌다. 콧등, 명치, 배꼽, 가랑이까지 일직선으로 내 몸이 봉합된다. 두 번째로 초인종이, 조금 전보다 크고 길게 울린다. 나는 몸통을 푸들푸들 떨면서 등에 붙은 날개를 펼친다. 은빛 비늘이 눈부시게 날아오른다. 세 번째로 급하고 격렬하게 초인종이 운다. 나는 여섯 개의 다리로 마루를 둥둥 울리며 왼쪽으로 두 바퀴 오른쪽으로 세 바퀴 돈다. 바깥에서 열쇠를 잘그락대는 소리가 나더니 문이 흔들린다. 절체절명의 순간에 내가 해야 할 일을 나는 알고 있다. 나는 뱃구레에 힘을 주어 희고 빛나는, 밥사발만한 알들을 뽀옥뽀옥 내깔기기 시작한다.(중략)

"고마워, 정말 고마워, 당신 정말 장해! 우린 이제야 사람답게 살 수 있게 된 거야!"

그는 나를 부둥켜안고 내 가슴에 북실하게 난 잔털을 자신의 눈물로 적시며, 사랑해, 연거푸 속삭였다. 나도 똑같이 속삭였다. 삐리리릿.[36]

남성들이 여성을 지배하는 메커니즘인 가부장제는 심리적 문화적 현상으로서 이것이 여성들의 삶을 결정하고 억압하며 통제한다. 여성의 섹슈얼리티, 출산, 모성 등 생물학적 조건에 대한 남성들의 통제는 가부장제의 물적 토대이자 여성 억압의 기본체계이다.[37] 급진주의 페미니즘은 여성의 생물학적 모성, 사회적 모성 역할, 성관계를 여성 억압의 근본적 장이나 사회관계로 파악한다.[38] 여성에게 재생산(출산)을 강요하는 가부장제 결혼에 저항하는 여성인물을 제시하였다는 점에서 이 작품을 쓴 작가 오수연은 다분히 급진주의적 페미니스트이다.

---

36 오수연, 「벌레」, 위의 책, 293~295면.

37 송명희, 『페미니즘 비평』, 한국문화사, 2012, 9면.

38 송명희, 위의 책, 11면.

하지만 이 작품은 여성이 가부장제 결혼을 거부하고 자유를 획득하는 과정이 아니라 가부장제의 구조적 윤리적 폭력에 저항하였음에도 결국 그에 타협하고 굴복하는 주체의 실패담을 그려냈다. 그런데 작가는 실패라는 결과가 아니라 작품의 대부분을 차지하고 있는, 즉 주인공이 흉측한 벌레와 아토피에 시달리다 마침내 벌레로 변신하는 이야기를 통해 인간으로서의 주체성을 포기하고 가부장제의 논리를 받아들이는 것이 여성에게 얼마나 혐오스럽고 고통스런 과정인가를 고발하는 데 역점을 두었다. 주인공이 재생산의 역할을 받아들여 아이를 낳는 기계처럼 살아가기로 결정한 것은 결코 주체의 자발적 선택의 결과가 아니라 남편으로 대변되는 가부장제 결혼이 여성에게 강요하는 구조적인 폭력이자, 그것을 정당화시키는 가부장제 이데올로기의 상징적 폭력, 즉 윤리적 폭력의 결과라는 것에 대한 강한 고발과 비판이다.

여성들은 가부장제로부터 해방되기 위한 저항을 전개하는 한편으로 살아남기 위해 오랜 세월을 주체의 욕망을 숨긴 채 가부장제에 거짓으로 순응해 왔다. 재생산을 거부했던 여주인공이 남편과의 결혼관계를 지속하기 위해서 재생산을 하기로 결정한 것처럼….

작가는 여성의 거짓 순응이 벌레로 변신하는 타자화된 경험, 주체의 저항이 무력화되는 소외라고 주장한다. 벌레로의 타자화는 인간의 언어마저 잃어버리고 "삐리리릿"이라고 벌레소리를 내야 하는 비인간화의 과정이다. 이야말로 "내 배는 투명하고 안쪽에서 푸르고 붉은 액체가 빠르게 흘러가고 있다."처럼 인간의 따뜻한 피 대신 벌레의 푸르고 붉은 액체로 온몸이 점령되는 아브젝시옹의 혐오스런 경험이다. 집안이 혐오스런 벌레들로 뒤덮이는 것, 주인공의 피부가 벌레의 비늘처럼 변화되는 것, 그리고 마침내 벌레로 비체화되어 알을 내깔기는 것, 벌레의 푸르고 붉은 액체가 몸 안에 흐르는 것 등이 은유하듯 가부장제 구조와 그 이데올로기는 주체로서의 여성의 경계를 위협하고 침범한다. 오랜 세월 동안 가부장제 결혼은 여성으로 하여금 사회적 권리는 물론이고 몸과 인격까지 몰수하는 권력을 행사해 왔다. 벌레로 변신하는 아브젝시옹이야말로 가부장제 결혼이 여성의 몸과 인격까지 몰수하는 비인간화에 다름 아니라는 강력한 메타포다.

가정 내에서 일상적으로 작용하는, 남편이 아내에게 가하는 가부장제의 윤리적 폭력은 아내를 벌레처럼 비인간화하고 무력화시켜 왔다. 주인공만 모르고 남들은 다 안다는 논리란 남성중심의 질서를 유지시켜 나가기 위한 가부장제 이데올로기가 여성에게 가하는 폭력에 다름 아니다. 그것은 오랜 세월 동안 정상과 윤리라는 이름으로 그것에 저항하는 여성들을 비정상으로 취급하고 도덕적으로 비난하며 통제해 왔다. 가정이라는 사적인 영역이야말로 젠더화된 권력관계가 작동하는 불평등의 1차적인 장소인 것이다.

오수연의 소설에서 남편의 아내에 대한 폭력은 사적인 폭력이라기보다는 기존의 가부장적 질서를 유지시켜 나가기 위한 구조적 폭력으로 해석하지 않을 수 없다. 그것은 가부장제가 여성에게 가하는 사회적 통제의 한 형태이다. 뿐만 아니라 가부장제 이데올로기는 구조적 폭력을 문화적 윤리적으로 정당화한다. 기정사실화된 윤리적 문화적 상징적 폭력은 온 집안이 벌레에 뒤덮이는 메타포처럼 여성에게 전면적으로 가해진다. 그리고 마침내 여성의 육체와 영혼을 잠식하고 타자화시키고 굴복시킨다.

필자는 삼십대 초반의 젊은 작가가 이 작품에서 여성해방의 전망을 너무 암울하게 바라본 것이 아닌가 생각했었다. 하지만 최근 일베 사이트나 강남역 살인사건 등과 관련하여 여성혐오가 우리 사회에서 새삼 전면화된 것이나 개선되지 않는 남녀의 임금격차, 여성 성폭력의 증가, 그리고

OECD 국가 중 우리나라의 성평등지수가 꼴찌라는 통계 등을 보면 작가의 비관적 전망이 과히 틀리지 않았다는 것을 인정하지 않을 수 없다.

4. 결론

「벌레」라는 동일한 제목을 가진 김영현과 오수연의 작품을 폭력과 아브젝시옹의 개념으로 분석해보았다. 김영현의 작품에서 민주화세대인 주인공은 독재정권의 폭력에 저항함으로써 벌레처럼 취급당했지만 그 저항의 결과 독재정권은 붕괴되었다. 그리고 작품의 성찰적 주인공은 카프카의 「변신」의 주인공처럼 무기력하게 죽어가지 않고 외상 후 스트레스 장애에 시달리면서도 자신의 주체를 위협당하는 고통을 소설을 씀으로써 증언하였다. 하지만 그의 글쓰기를 통한 재경험은 그를 카타르시스가 아니라 고통에 빠뜨린다.

반면 오수연의 「벌레」에서 젊은 여주인공은 출산을 강요하는 가부장적 결혼에 저항하였음에도 살아남기 위해 가부장제의 상징적 윤리적 폭력에 결국 타협할 수밖에 없었다. 작가는 그것이 얼마나 비인간적이고 고통스런 과정이며, 여성이 벌레화되는 굴욕이자 소외라는 것을 한 편의 소설로써 고발하였다.

두 작품은 주인공들이 벌레처럼 취급당하거나 벌레로 변신하는 과정에서 몸이 경험하는 아브젝시옹 현상을 공통적으로 그려내고 있다. 이때의 아브젝시옹이야말로 주체를 위협하는 폭력에 대항하는 존재의 격렬한 반항이다.

그런데 김영현의 소설은 벌레화되는 불유쾌한 고통에 다시 빠지게 되는 주인공의 불안을 통해 과거 유신독재체제로부터 받은 트라우마가 아직 치유되지 않았다는 것과 노태우 정권의 민주화 의지에 대한 불확실성과 의구심을 표명한다.

반면 오수연의 소설에서 가부장제의 여성폭력은 김영현의 소설에서 그려낸 박정희 유신독재권력이 자행한 국가폭력보다도 더 전면적이고 공고하다는 것을 보여준다. 그리고 여성들의 가부장제에 대한 저항은 우리 사회의 민주화를 위한 저항보다 더 힘든 과정이라는 것을 오수연은 벌레 퇴치의 실패담과 벌레로의 변신을 통해 보여주었다. 살아남기 위해서는 벌레로 변신하는 치욕을 받아들일 수밖에 없는 것이 20C 후반의 여성이 처한 현실이라고 파악한 작가의 여성해방의 전망은 매우 비관적이다.

김영현과 오수연의 「벌레」는 20C 후반의 우리 사회를 배경으로 개인들을 무력화시키고 타자화시키는 국가폭력과 가부장제의 폭력에 저항하는 인물을 그려냄으로써 민주화와 양성평등에 대한 강력한 의지 또는 좌절을 보여주었다. 작품이 그려냈듯 폭력의 체제와 질서를 교란시키는 아브젝시옹의 고통스런 저항이 없었다면 우리 사회의 민주화와 양성평등은 결코 발전할 수 없었을 것이다. 주체의 경계를 침범하는 폭력으로부터 인간으로서의 존엄성을 지키며 벌레화되지 않기 위해서 우리는 어떻게 해야 할까? 두 작품은 인간다운 삶을 저해하는 국가폭력과 가부장제의 폭력이 여전한 21C를 살아가는 독자들에게 근본적 질문을 던진다.

참고문헌

기초자료

김영현, 「벌레」, 『창작과 비평』 17-1(63), 창작과비평사, 1989, 214~232면.
오수연, 「벌레」, 방민호 편, 『환상소설첩-동시대편』, 향연, 2004.

단행본
송명희, 『페미니즘 비평』, 한국문화사, 2012.
이봉건, 『이상심리학』, 시그마프레스, 2005.
정재철, 『문화 연구자』, 커뮤니케이션북스, 2013.
한국문학평론가협회, 『문학비평용어사전』, 국학자료원, 2006.

노엘 맥아피, 이부순 역, 『경계에 선 줄리아 크리스테바』, 앨피, 2007.
마리아 리즈, 최재인 역, 『가부장제와 자본주의』, 갈무리, 2014.
막스 베버, 전성우 역, 『막스 베버 사회과학방법론 선집』, 나남, 2011.
주디스 버틀러, 양효실 역, 『윤리적 폭력 비판』, 인간사랑, 2013.
줄리아 크리스티바, 서민원 역, 『공포의 권력』, 동문선, 2001.
팸 모리스, 강희원 역, 『문학과 페미니즘』, 문예출판사, 1999.
피에르 부르디외, 정일준 역, 『상징폭력과 문화재생산』, 새물결, 1997.
한나 아렌트, 김정한 역, 『폭력의 세기』, 이후, 1999.

논문
권세훈, 「카프카 작품 '변신'의 한국적 수용」, 『카프카연구』 6, 한국카프카학회, 1998, 343~362면.
김자성, 「사회학적 관점에서 본 소외문학이 현실인식(1)-카프카의 「변신」에 나타난 소외의식을 중심으로」, 『헤세연구』 19, 한국헤세학회, 2008, 251~267면.
박주영, 「영원히 지워지지 않는 흔적 : 줄리아 크리스테바의 모성적 육체」, 『비평과 이론』 9-1, 한국비평과이론학회, 2004, 203~224면.
배동인, 「폭력에 대한 사회학적 고찰」, 『한국사회학』 21, 한국사회학회, 1987, 187~213면.
송명희, 「부산 배경 영화에 나타난 폭력-<친구> <범죄와의 전쟁> <변호인>을 중심으로」, 『인문사회과학연구』 16-1, 부경대학교 인문사회과학연구소, 2015, 1~28면.
송연주, 「여성소설에 나타난 변신 모티프와 환상성 연구」, 『한국문학이론과 비평』 12-4(41), 한국문학이론과비평학회, 2008, 283~308면.
신진욱, 「근대와 폭력-다원적 복잡성과 역사적 불확정성의 사회이론」, 『한국사회학』 38-4, 한국사회학회, 2004, 1~31면.

Liz, Kelly. “The Continuum of Sexual Violence”, Jalna Hanmar & Mary Maynard ed., *Women, Violence and Social Control*, Atlantic Highlands: NJ: Humanities Press, 1987, pp.46~60.

(『비평문학』 61, 한국비평문학회, 2016)

부산 배경 영화에 나타난 폭력

〈친구〉 〈범죄와의 전쟁〉 〈변호인〉을 중심으로

1. 폭력의 도시 부산의 이미지를 재현하는 영화들

나는 1980년 겨울, 부경대학교(당시 부산수산대학)의 교수가 되기 위해 부산으로 내려올 준비를 하고 있었다. 친구들은 왜 서울을 놔두고 엽기적인 토막살인사건이 일어난 부산으로 가려고 하느냐고 만류하는 분위기였다. 1981년 3월에 부산으로 내려와 부산시민이 된 이후에도 '폭력의 도시'라는 부산의 오명은 바뀌지 않았다.

필자는 폭력이나 범죄의 이미지로 점철된 부산의 부정적 이미지 형성에 실제 일어났던 사건도 사건이지만 영화가 일정 부분 영향을 미쳤을 것이라고 생각한다. 왜냐하면 실제 일어났던 사건들의 통계수치와 폭력의 도시 부산이라는 이미지 사이에는 상당한 거리가 있기 때문이다. 실제로 부산이 다른 도시에 비하여 범죄의 발생 건수나 비율이 높다는 유의미한 통계자료들은 발견되지 않고 있다.[1]

---

[1] 2013년도의 검찰청의 범죄분석 통계에 따르면 폭력과 유관한 강도, 폭행, 상해, 살인, 성폭력 범죄발생비율이 높은 지역은 다음과 같다. 즉 부산은 강도의 경우

하지만 영화에서 재현하고 있는 부산은 <친구>(2001)가 보여주듯 잔인한 폭력이 난무하는 도시이며, <사생결단>(2006)처럼 마약사범이 판을 치는 도시이고, <범죄와의 전쟁>(2012)이 그리듯 세관 비리의 온상이다. 즉 조폭들의 폭력으로 얼룩진 도시이다. 이와 같은 영화의 이미지는 '부산을 배경으로 한 영화에서 등장하는 인물들이 사용하는 상스럽고 거친 언어와 함께 부산을 폭력적이고 거친 곳, 점잖지 못한 곳이라는 인식을 고착화시키는 역할'[2]을 일정 부분 담당했다고 할 수 있다. 이처럼 어떤 지역에 대한 이미지는 각 개인의 직접적인 경험뿐만 아니라 매스미디어의 보도나 영화와 같은 대중매체에 의해 형성된 이미지에 의해 크게 좌우된다.

부산시는 '다이나믹 부산(Dynamic Busan)'이라는 슬로건을 내걸고 해양수도를 자처하며 세계도시, 물류도시, 영상도시, 금융도시, 관광·컨벤션 도시 등을 전략적으로 지향하지만[3] 부산을 배경으로 하여 만들어진

3위에 올랐을 뿐 다른 범죄발생비율이 결코 높지 않다.

범죄 / 순위	강도	폭행	상해	살인	성폭력
1위	정읍	원주	춘천	서산	전주
2위	시흥	구리	목포	논산	광주
3위	부산	목포	창원	창원	서울

2 차윤정, 「영화 속의 지역어 사용과 지역 정체성 만들기」, 『우리말연구』 30, 우리말학회, 2012, 231면.

3 2011년 부산광역시 10대 전략산업.

구분	주요 내용(범위 및 분야)
해양산업	항만물류, 해양바이오, 수산가공 등
기계부품소재산업	기계, 자동차, 조선·해양시스템 등
관광산업	관광 등
컨벤션산업	MICE(컨벤션) 등
영상산업	영상, 콘텐츠 등
IT산업	IT, 스마트부품(지능형 로봇) 등
금융산업	해양금융, 파생금융, 금융백오피스 등
고령친화산업	고령친화기기 및 용품, 장수의학, 평생교육 등
의료산업	의료기기, 의료서비스, 의료R&D, 신약, 의료관광 등

영화는 부산시가 추구하는 창조도시 브랜드와는 전혀 걸맞지 않은 이미지를 지속적으로 생산하고 있는 것 같다.

국제공항과 국제항이 있고, 바다와 강과 산이 조화된 자연적 조건을 갖춘 도시, 산동네와 산복도로가 있는가 하면, 센텀시티와 마린시티의 초고층건물이 공존하는 부산은 영화 촬영지로서 아주 매력적인 도시이다. 부산시는 영화인들에게 영화 촬영의 편의를 위해 최대한의 협조를 함으로써 영상도시 부산 만들기에 헌신적(?)이다. 하지만 그렇게 해서 만들어진 영화가 부산시가 지향하는 도시 브랜드와는 전혀 상반된 폭력의 도시, 범죄의 도시 부산의 이미지들을 생산하고 있다면, 더욱이 그것이 실제현실과도 거리가 있는 것이라면 문제가 아닐 수 없다.[4]

본고는 부산을 배경으로 폭력이라는 소재를 다룬 3편의 영화, 즉 <친구>(2001), <범죄와의 전쟁>(2012), 그리고 <변호인>(2013)에 나타난 폭력에 대한 분석을 통해 부산의 도시 이미지와 영화적 재현의 문제에 대해 생각해 보고자 한다. 3편의 영화는 <친구> 818만 명, <범죄와의 전쟁> 472만 명, <변호인> 1천137만 명 등 수많은 관객들이 관람했던 영화였다는 점에서 긍정적이든 부정적이든 폭력의 도시 부산의 이미지를 형성하는 데 크게 영향을 미쳤다고 생각한다.

2. 폭력이란 무엇인가

폭력은 인간과 인간, 집단과 집단, 국가와 국가 사이의 힘의 균형이

생활소재산업	신발소재, 섬유소재, 고분자·나노소재 등
디자인산업	산업디자인, 패션디자인, 공공디자인 등
그린에너지산업	신에너지, 재생에너지, 친환경기술 등

4 물론 부산 배경 영화와 촬영지로서의 부산을 혼동해서 하는 말은 아니다.

깨어지고 어느 한쪽의 일방적 힘이 작용한 결과로 야기되는 권력관계의 불균형에 의해 발생하는 현상이다. 개인과 개인 사이에 벌어지는 물리적 다툼에서부터 사회적 경제적 불평등과 억압의 사회구조 문제, 국가 간의 전쟁 등 현대사회의 모든 곳에 폭력이 존재한다. 우리는 전쟁이나 폭력이 아닌 평화를 갈망하지만 지구촌에는 늘 전쟁과 테러가 끊이지 않고, 일상적으로 폭력이 일어나고 있다.

평화의 반대개념을 전쟁뿐만 아니라 폭력으로 정의한 요한 갈퉁(Johann Galtung)은 폭력을 생존, 복지, 정체성, 자유 등 욕구의 실현 가능성을 제한하거나 방해함으로써 실제적 욕구 실현을 잠재적으로 가능했던 것보다 협소하게 만드는 현상들로 파악했다. 그는 폭력을 단순한 물리적 손상이나 인간의 육체와 생명에 대한 공격에 한정시키는 좁은 의미로 파악하는 것에 반대하며, 개인적(직접적) 폭력, 구조적(간접적) 폭력, 문화적 폭력이라는 개념을 통해 다양한 폭력 현상을 구별하였다.[5]

폭력은 행위 주체의 존재 유무에 따라서 인간적 폭력과 구조적 폭력으로 구분된다.[6] 폭력의 대상에 따라서는 물리적 폭력과 심리적 폭력으로 나뉘며, 폭력의 행사방법에 따라서는 직접적 폭력과 간접적 폭력으로, 폭력의 표출 양상에 따라서는 현재적 폭력과 잠재적 폭력이 구별되며, 폭력의 의도 여부에 따라서는 의도적 폭력과 비의도적 폭력으로 나눠 볼 수 있다.[7]

요한 갈퉁에 의하면 폭력은 일반적으로 문화적 폭력에서부터 구조적 폭력을 거쳐 직접적 폭력으로 나아가는 인과적 흐름을 확인할 수 있는데,

---

5 배동인, 「폭력에 대한 사회학적 고찰」, 『한국사회학』 21, 한국사회학회, 1987, 192면.

6 인간적 폭력은 행위 주체가 특정 개인이나 집단으로 확인되는 경우이며, 구조적 폭력은 폭력이 행위주체로서의 구체적인 사람에 의해서 행사되지 않고 사회체계 안에 구축되어 있어서 정치경제적 불평등 사회관계나 사회적 불의로서 표출되는 경우다.

7 배동인, 앞의 논문, 193~194면.

문화는 착취나 억압을 정상적이고 자연스러운 것으로 보게 하거나, 혹은 이를 (특히 착취를) 전혀 지각하지 못하도록 설교하고 교육하고 경고하고 자극하고 둔감하게 만든다.[8]

문화의 영역으로 확장된 폭력의 해석은 프랑스의 사회학자 피에르 부르디외(Pierre Bourdieu)의 상징적 폭력이론에서 그 절정을 이룬다.[9] 상징적 폭력은 지배계급의 문화를 피지배계급에게 부과시키는 것, 특히 피지배계급으로 하여금 지배적 문화는 합리적인 반면 자신의 문화는 비합리적인 것으로 인식하지 않을 수 없게 만드는 과정을 지칭한다. 결국 상징적 폭력이란 한 계급의 문화적 전횡이 어떻게 해서 합법적인 것으로 변형되는가를 파헤치는 데 동원된 개념으로서, 부르디외는 이러한 연구결과를 통해서 한 사회에서 지배적인 문화가 바로 지배계급의 문화임을 폭로하였다.

프랑스의 문화평론가 르네 지라르(Rene Girard)가 제시한 희생양 이론은 폭력이라는 것이 인류 역사에서 사라지지 않는 불멸성을 가지고 있으며, 폭력의 해결책은 또 다른 폭력으로써만 가능하다고 설명하였다.[10]

그런데 막스 베버(Max Weber)에 의하면 폭력과 권력은 절대불가분의 긴밀한 관계에 놓여 있다.[11] 국가의 권력을 '폭력 수단에 기초를 두는 인간에 대한 인간의 지배'로 본 막스 베버의 정의처럼 권력의 본성은 폭력이다. 그는 폭력은 정치와 긴밀한 관계를 가지며, 정치를 폭력 중심으로 규정할 수 있다고 했다. 그리고 폭력은 정치의 필요조건이며, 국가가 행사하는 물리적 폭력은 권력이 된다. 현실 속에서 권력과 폭력은 아주 깊숙이

8 문성훈, 「폭력 개념의 인정이론적 재구성」, 『사회와 철학』 20, 사회와철학연구회, 2010, 70면.

9 피에르 부르디외, 정일준 역, 『상징폭력과 문화재생산』, 새물결, 1997, 101면.

10 김현, 『르네 지라르 혹은 폭력의 구조』, 나남, 1987, 29면.

11 막스 베버, 전성우 역, 『막스 베버 사회과학방법론 선집』, 나남, 2011, 293면.

결탁되어 있으며, 권력의 논리와 폭력의 논리가 불가분하게 결합되어 있는 경우들이 흔하게 나타난다.[12] 하지만 한나 아렌트(Hana Arendt)가 주장했듯 정당성을 부여받지 못한 권력은 권력이 아니라 폭력이라 규정된다.[13]

우리 사회 곳곳에도 제도적 장치나 심리적인 악용, 공동체 이념에 의한 집단적인 폭력, 일방적이고 강제적인 국가권력에 의한 폭력이 곳곳에 잠재되어 있다. 따라서 사회의 다차원들 사이의 복합적인 분석과 함께 영화에 나타난 폭력의 양상을 통합적으로 관찰할 필요가 있다.

3. 학교라는 제도의 상징적 폭력과 조폭세계의 폭력의 잔혹성-〈친구〉

영화 <친구>(2001)는 "추억은 마치 바다 위에 흩어진 섬들처럼 내 머리 속을 떠다닌다. 나는 이제부터 기억의 노를 저어 차례차례 그 섬들을 찾아가기로 한다."와 같은 해설자(상택)의 멘트와 "이 영화를 추억의 섬들에 살고 있는 나의 친구들과 그 가족들에게 바칩니다."라는 자막을 통해서 추억이라는 향수 코드를 자극하며 시작된다. 그리고 영화의 엔딩신은 아시아의 물개 조오련과 바다 거북이 중 누가 더 빠를까에 대한 입씨름을 벌이며 튜브를 타고 바다 위에 떠 있던 유년시절로 되돌아가며 끝이 난다. 이처럼 <친구>는 향수 코드를 수미상관하게 변주한다.

영화의 첫 장면에서 하얀 소독약을 분무하며 달리는 소독차를 뒤따라가는 한 무리의 아이들…. 그러나 향수를 불러일으키는 장면들을 따라가다 보면 지난시대의 아련한 그리움이 아니라 학교폭력과 친구 간의 의리

12 신진욱, 「근대와 폭력-다원적 복잡성과 역사적 불확정성의 사회이론」, 『한국사회학』 38-4, 한국사회학회, 2004, 19면.

13 한나 아렌트, 김정한 역, 『폭력의 세기』, 이후, 1999, 84~85면.

도 저버린 조폭세계의 잔인한 폭력과 조우하게 된다.

호기심 많던 13살(1976)의 소년들-폭력조직의 두목을 아버지로 둔 준석(유오성 분), 장의사의 아들 동수(장동건 분), 모범생 상택(서태화 분), 밀수업자를 어머니로 둔 중호(정운택 분)-은 성적 호기심을 드러내는 대화를 나누는가 하면, 중호의 집에서 포르노 비디오를 같이 보는 등 사춘기의 또래집단들과 크게 다르지 않았다. 하지만 그들이 18살의 고등학생(1981)이 되었을 때, 준석과 동수는 학교폭력의 피해자이자 가해자가 되어 있었다.

'학교폭력'이란 학교 내외에서 학생을 대상으로 발생한 상해, 폭행, 감금, 협박, 약취·유인, 명예훼손·모욕, 공갈, 강요·강제적인 심부름 및 성폭력, 따돌림, 사이버 따돌림, 정보통신망을 이용한 음란·폭력 정보 등에 의하여 신체·정신 또는 재산상의 피해를 수반하는 행위를 말한다.[14]

영화 <친구>에서 학교폭력은 교사-학생 간 폭력과 학생 간 집단폭력의 두 가지 양상으로 나타난다. 교사-학생 간 폭력 시퀀스의 하나는 영어시간에 'to 부정사가 수동태로 쓰일 때의 예문'을 답하지 못한 학생을 책상 위에 무릎을 꿇리고 교사가 발바닥을 매로 때리는 것이다. 다른 하나는 담임교사(김광규 분)가 동수(장동건 분)와 준석(유호성 분)을 불러내 주먹으로 뺨때리기, 발로 차기 등 물리적 구타를 가하는 것이다. 담임교사의 "아버지 뭐하시노"라는 질문에 동수는 장의사, 준석은 건달이라고 대답하면서 극심한 모욕감을 느낀다. 담임은 동수에게 "장의사?(뺨을 쥐고 흔들며) 그래 이놈아! 느그 아부지는 죽은 사람 염해가메 오만 고생을 다 하는데 니는 공부를 이 꼬라지로 하나? 어이?"라고 모욕을 가하고, 준석에게도 "좋겠다! 너그 아부지 건달이라서 좋겠어…. 이 쌔빠질 놈아! 느그 애비한테 가가꼬…."라고 언어적 심리적 폭력을 가한다.

---

14 <학교폭력예방 및 대책에 관한 법률 제2조>

분노한 준석이 동수를 데리고 교실을 나가버리자 담임교사는 정말 준석의 아버지가 건달이며 준석도 건달이냐고 학생들에게 묻는다. 학교 최고의 통을 잘못 건드렸다는 한 학생의 대답에 담임은 그 학생마저도 마구잡이로 구타하는 물리적 폭력을 행사한다.

집으로 돌아간 동수는 아버지의 장의 일을 돕다 그만두고 쇠파이프를 들고 학교로 가 유리창을 때려 부수며, 자신을 모욕했던 담임교사를 향해 "길에서 내하고 만나지 마소"라고 자신의 분노가 극에 달했음을 분명하게 표현한다.

남자고등학교에서 영화의 배경이 된 1980년대까지도 성행했던, 교육적 체벌이라고 하기에는 도가 지나친 교사-학생 간의 학교폭력을 영화는 생생하게 재현한다. 요즘은 상상도 할 수 없는 언어적 심리적 폭력뿐만 아니라 직접적이고 물리적인 폭력이 학교라는 공간에서 자행되었다는 것을 영화는 마치 그리운 추억처럼 소환해낸다.

다른 하나의 학교폭력은 학생 간에 야기된 폭력이다. 롤러스케이트장에서 일어난 폭력에서는 이발용 카터가 동원되고, 직접 사용은 안했지만 멍키스패너와 같은 흉기를 고교생들이 소지하고 있음을 보여준다. 이 폭력의 연장선상에서 극장에서 다시 한 번 학생 간 집단폭력이 대규모로 벌어진다. 주먹으로 때리기, 발로 차기, 스테인리스 재떨이 휘두르기, 유리창틀로 가격하기, 소화기로 닥치는 대로 내려치기 등 폭력의 스펙터클은 거의 조직폭력배 수준의 집단 패싸움으로 확대되며 이로 인해 싸움의 원인을 제공했던 모범생 상택이 아니라 준석과 동수가 학교를 그만두게 된다.

영화 <친구>가 재현하고 있듯이 학교는 상징적 폭력이 행사되는 전형적인 공간이다.[15] 교사는 시험이라는 제도를 통해서뿐만 아니라 학생에

---

15 교사와 학생 사이에는 '군사부일체'의 유교적 질서체계가 작동하여 폭력을 정당화

게 칭찬을 하거나 모욕과 체벌을 통해 권력을 행사한다. 결국 동수와 준석이 조폭의 세계로 빠지게 되는 데에 교사-학생 간의 학교폭력은 일정한 영향을 미쳤다고 할 수 있다. 만약 담임교사가 동수와 준석에게 모욕을 가하지 않았다면, 그들이 학교에서 퇴학을 당하지 않았다면 그들은 정상적으로 고등학교를 졸업하고 다른 인생의 길을 모색할 수도 있었을 것이기 때문이다.

<친구>에서 4명의 친구들 중 건달과 장의사의 아들이 조폭세계에 유입되는 과정에서 보듯 학교에서 퇴학당한 건달의 아들 준석은 다시 건달(조폭)이 되고, 아버지의 직업(장의사)에 수치심과 혐오감을 느낀 동수도 결국 조폭세계로 유입된다. 이처럼 열악한 가정환경과 함께 학교는 사회적 불평등을 재생산해내는 정교한 시스템으로 작용한다.

학교라는 제도에서의 계급의 재생산은 두 가지 차원-시험 제도와 교사들의 학생들에 대한 평가와 태도 그리고 시선-을 통해서 동시에 진행된다. 동수와 준석은 시험이라는 제도에서도 주변인이었으며, 교사의 평가와 태도, 그리고 시선에서도 제대로 인정받지 못함으로써 결국 조폭세계로 빠져들게 되었던 것이다.

1990년, 27살의 성인이 된 준석과 동수는 경쟁관계의 조폭 조직에서 행동대장으로 활동한다. 이권을 두고 서로 갈등을 빚어오던 조직간 갈등이 격화되자 준석은 동수를 찾아가 하와이에 가서 사태가 잠잠해질 때까지 있으라고 권한다. 하지만 동수는 "니가 가라, 하와이"라며 그의 제안을 거부한다. 그런데 유학을 떠나는 상택을 환송하기 위해 나가던 동수는 나이트클럽 앞에서 준석 팀 조직원의 느닷없는 습격에 사망하고 만다.[16] 회칼에 서른 번이나 잔혹하게 찔리며 "마이 무따 아이가, 고마해라(많이

한다.

16 실제 이 영화의 모티프가 된 '한철희 살해사건'에서는 가스총을 쏜 뒤 식칼로 4번 정도 찌른 것으로 되어 있으나 영화에서는 폭력의 잔인성이 훨씬 과장되어 있다.

먹지 않았냐, 그만해라)"라며 숨을 거두었던 것이다. 이 장면이야말로 이 영화에서 가장 잔혹한 직접적 물리적 폭력이 노정된 폭력의 하이라이트이다. 이와 함께 영화에서 준석이 신입 조직원들에게 칼을 써서 살인하는 방법을 교육하는 시퀀스는 영화가 살인하는 방법을 교육하였다 하여 사회적 파장을 크게 불러일으켰다.

영화 <친구>는 잔혹한 직접적 폭력의 재현뿐만 조폭을 건달로 지칭하며 그들의 폭력행위를 미화하고 있다. 숨이 끊어져가면서도 동수가 "마이 무따 아이가, 고마해라"라고 의연히 말하는 것이나, 준석이 상택과 중호의 간곡한 만류에도 불구하고 살인교사혐의를 인정한 이유에 대해 "건달이 쪽팔리면 안 될 것 아니가, 쪽 팔려서 그랬다."라고 말하는 등 조폭을 그럴 듯한 건달[17]로 포장한 것도 폭력의 미화라는 비판에서 자유로울 수 없다.

<친구>는 친구 간의 우정이나 지난날에 대한 향수를 끊임없이 환기함으로써 70~80세대 관객들로 하여금 폭력의 잔혹성을 깨닫지 못하도록 호도하거나 학교가 상징적 폭력이 행사되는 전형적인 공간이라는 사실을 알아차리지 못하도록 만든다. 즉 향수가 폭력에 대한 관객들의 비판의식을 마비시키는 코드로 작용하고 있다.

권은선은 <친구>가 노태우 정권이 새로 출범한 정부의 합법성과 정당성을 획득하기 위해 '범죄와의 전쟁' 선포 시절의 부산 조직폭력단들의 암투를 그려내면서도 당대의 역사를 누락시키고 사회정치적 맥락을 말소시켰다고 감독의 정치적 무의식을 비판했다.[18] 그런데 감독은 관객으로 하여금 폭력에 대한 비판의식을 마비시켰다는 보다 큰 문제를 노정했다. 다시 말해 감독은 학교라는 제도의 상징적 폭력에 대해 비판의식을

---

17 하는 일 없이 빈둥빈둥 놀거나 게으름을 부리는 짓. 또는 그런 사람.

18 권은선, 「회고주의 정조로 떠오른 우리 시대의 정치적 무의식」, 『당대비평』 17, 도서출판 삼인, 2001, 412면.

갖지 못함으로써 학교가 상징적 폭력이 전횡하는 공간이었음에도 불구하고, 관객들이 이를 알아차리지 못하고 지난날을 그리워하게 만들어 폭력을 자연화 정당화 합리화시키는 데 기여했다. 그런데 '상징적 폭력은 개인의 행위와 인지의 양식 속에 깔려 있으며 그 결과 행위자에게 사회질서가 정당하다는 인식을 부과한다는 점에서 물리적 폭력보다 훨씬 강력하다.'[19]

<친구>는 부산에서 실제 일어났던 조직폭력배의 사건에서[20] 모티프를 얻어 영화화한 작품이다.[21] 이러한 사실적 개연성과 함께 자갈치 시장 건어물 가게의 좁은 골목길이나 달동네의 골목과 육교 등의 배경 설정과 인물들이 사용하는 비속어와 거친 사투리는 부산이라는 도시를 폭력의 도시로 이미지화하는 데 큰 시너지 효과를 일으켰다.

4. 조폭세계의 폭력과 국가폭력의 크로스오버–〈범죄와의 전쟁〉

영화 <범죄와의 전쟁>(2012)의 첫 장면은 박정희 대통령이 5·16 쿠데타를 일으키고 정권의 정당성을 인정받기 위한 한 방편으로 깡패 소탕작전을 벌인 것, 12·12 쿠데타와 5·18이란 국가폭력을 통해 정권을 창출한 전두환 대통령이 정권의 정당성을 인정받기 위해 벌인 삼청교육대사건[22], 그리고 1990년 노태우 정권의 '범죄와의 전쟁' 선포로 이어지는

---

19 공진성, 『폭력』, 책세상, 2009, 108면.

20 <친구>는 '부산 20세기파 한철희 살해사건'을 모티프로 하고 있다. 친구였던 부산 칠성파 소속 정 모 씨와 20세기파 한철희가 이권을 둘러싸고 갈등의 골이 깊어지면서 지난 93년 7월7일 칠성파 소속원들이 부산 미대사관 문화원 부근 모 은행 앞에서 한 씨를 칼로 난자, 살해한 사건이다.

21 <친구>의 감독인 곽경택은 작중인물들과 실제 연관이 있는 인물이다. 영화에서 상택으로 극화됐다.

국가폭력을 오버랩시킨다. 이 첫 장면을 통해 감독은 과거 군사정권에서 정권이 바뀔 때마다 국가폭력의 지속적인 재생산과 반복이 이루어졌다는 것을 관객에게 뚜렷하게 환기한다. 즉 노태우 정권의 '범죄와의 전쟁'이 박정희 정권의 깡패 소탕작전, 전두환 정권의 삼청교육대 사건 등의 연장선상에서 국가권력을 동원하여 이루어졌다는 것을 뚜렷하게 부각시킨다.

<범죄와의 전쟁>은 조폭들을 감시하고 처벌해야 할 국가가 그 정당성을 확보하지 못한다면 과연 국가가 폭력문제를 해결할 주체가 될 수 있을 것인가에 대해 질문을 던지고 있다. 국가의 폭력이 사적 폭력을 제어하는 데 전혀 효율적일 수 없으며, 오히려 폭력의 재생산에 기여하고 있다는 역설을 관객들은 이 영화를 통해서 보지 않을 수 없는 것이다. 한나 아렌트가 말했듯이 국가폭력의 정당성은 자국민의 보호와 사회 질서 유지를 목적으로 할 때에 확보될 수 있다. 물론 노태우 정권의 '범죄와의 전쟁'[23]도 자국민 보호를 위해 범죄와 폭력에 대한 전쟁을 한다고 선포했지만….

영화는 노태우 정권이 민생치안 확립을 위해 '범죄와의 전쟁'을 선포했던 1990년, 최익현이란 폭력조직의 대부가 검거되는 사건을 영화적 서사의 현재로 설정하며, 그가 세관 공무원에서 축출되어 폭력조직에 발을 들여놓는 과정, 폭력조직 간의 암투, '범죄와의 전쟁' 선포로 폭력조직이 와해되는 과정, 아들이 검사로 임용되는 최익현 가족의 성공담 등을 시간

---

22 1980년 5월 17일 비상계엄이 발령된 직후, 국가보위비상대책위원회가 사회정화정책의 일환으로 군부대 내에 삼청교육대를 설치하여 폭력범과 사회풍토문란사범을 소탕한다는 명분하에 무자비한 인권탄압이 이루어졌던 사건이다.

23 '범죄와의 전쟁'의 주요골자는 첫째, 국가의 공동체를 파괴하는 범죄와 폭력에 대한 전쟁을 선포하고 헌법이 부여한 대통령의 모든 권한을 동원해서 이를 소탕해나갈 것, 둘째, 민주사회의 기틀을 위협하는 불법과 무질서를 추방할 것, 셋째, 과소비와 투기, 퇴폐와 향락을 바로잡아 '일하는 사회', '건전한 사회'를 만들어 나갈 것 등이었다.

적으로 교차하며 그려나간다.

주인공 최익현은 공무원 경력, 최 씨 혈연 등의 인맥을 내세워 전방위적 로비를 감행하며 조폭세계의 대부로 성장한다는 점에서 일반 조폭들과는 그 캐릭터가 다른 인물이다. 그는 세관 공무원 출신과 경주 최 씨 충렬공파의 종친회 인맥을 내세우며 검사뿐만 아니라 국회의원과 안기부의 기조실장에까지 전방위적 로비를 확장하여 파친코의 사업권을 따내 사업을 넓히는가 하면, 일본 야쿠자와 사카스키 의식을 거행하고, 대대적인 조폭 검거바람도 피해 나가는 영리한 인물이다.

익현이 종친회를 동원하여 로비를 해나가는 것을 통하여 감독은 우리 사회 곳곳에 유교적 윤리의 핵심을 이루는 혈연중심의 윤리체계가 폭력 지배적 사회관계를 형성하고, 한국인의 의식구조와 행위양식을 지배하고 있음을 보여주고 있다. 이는 우리 사회를 도덕적 권위의 수직적 위계질서 체계이며, 인간의 사회관계를 가족·혈연 중심으로 본 것이다. 즉 익현은 경주 최 씨 충렬공파 종친임을 내세워 폭력배 형배를 제압하는가 하면 검사세계에까지 로비를 확장한다.

익현의 로비로 최동원 검사는 경찰서의 강 서장에게 다음과 같은 구체적 압력을 가한다.

> "강 서장…. 최익현 씨랑 여 사장 문제는 동업자끼리 사업적인 분쟁으로 봐야 되고…. 최형배와 김판호 (귀를 쫑긋 세우고 최 검사의 통화를 경청하는 익현.) 그렇지…. 아 그라고 최형배는 단순 폭행인데…. 여러가지 정황으로 볼 때 불구속으로 처리하는 게 안 맞겠어요? 서로 합의만 보면 되는 사안이잖아…."
>
> "예, 예…. 그렇지요…."
>
> "잘 좀 처리해 주이소…."
>
> "예, 예…."

"들어갑시다…."

(전화를 끊는 최 검사.)

"알아듣게 얘기 했으니깐에…. 강 서장이 잘 처리할 겁니다…."

최 검사는 최익현 사건 담당검사에게도 직접 지시를 내리는데, 담당검사가 그의 말에 바로 승복을 하지 않자 막말까지 동원하며 위협한다. 즉 상하의 위계서열에 의한 구조적 폭력을 행사한다.

"이 새끼가 끝까지 말대답이네…. (버럭) 야이 새끼야…. 그라면 김판호를 먼저 잡은 다음에 소환을 하든 긴급구속을 하든 했어야지…. 어?? 무슨 이태리 마피아도 아이고…. 조카가 깡패두목이면 삼촌도 깡패두목이 되는 기가??!! 어?!!"

감독은 익현의 로비행위를 통해서 검찰계에 만연된 뇌물과 청탁, 위계에 의한 명령으로 얼룩진 구조적 폭력과 비리를 적나라하게 보여준다. 즉 위계서열의 권력이 작동하는 지배질서는 물리적 폭력 못지않은 우리 사회의 구조적 병폐로 자리 잡고 있음을 감독은 고발하고 있다. 더욱이 익현과의 타협으로 형배를 체포함으로써 승진하는 조범석 검사를 통하여 검사세계의 구조적 타락과 부패를 꼬집는다. 다시 말해 검찰계에 만연한 학연과 연수원 중심의 네트워크와 상하의 수직적 위계질서가 도덕적 권위주의로 우리 사회 전반에 강력하게 작동하며 암암리에 심리적 강제성을 띠고 있음을 해부한 것이다.

즉 <범죄와의 전쟁>은 단순히 조폭 간의 개인적이고 직접적인 폭력을 보여주고자 한 영화가 아니다. 오히려 우리 사회의 혈연중심의 위계질서, 그리고 검찰계에 만연된 구조적 폭력이 사회적 지배관계로 나타나고 있는 현실을 고발한 영화이다. <범죄와의 전쟁>은 개인폭력과 국가폭력을 교차시키고, 개인적 폭력에 작용하는 직접적 폭력과 구조적 폭력을 정당화시키는 혈연중심의 가족주의와 수직적 위계질서라는 문화적 폭력에까지 문제의식을 갖고 감독은 영화를 만들었다.

피에르 부르디외가 말했듯이 교육 수준에 따라 얻게 되는 지적 미학적 능력(문화적 자본), 학연이나 지연, 인맥 등 사회적 관계(사회적 자본), 명예나 인기, 평판(상징적 자본) 등 우리 주변에는 물질로 당장 바꿀 수 없더라도 엄연히 힘을 발휘하는 다양한 형태의 자본이 존재한다.

그야말로 주인공 익현에게는 공무원을 했던 전력, 공무원이 되기까지 받았던 학력이라는 문화적 자본, 혈연이나 인맥이라는 사회적 자본을 활용할 수 있는 네트워크 능력이 있었다. 그래서 그는 1982년 세관 비리의 희생양이 되어 공무원 세계에서 축출된 후 채 10년도 안 되는 사이에 조폭들을 좌지우지하는 폭력계의 대부로 성장할 수 있었던 것이다. 또한 '범죄와의 전쟁' 선포로 체포가 되고서도 전화 한 통으로 풀려나올 수 있었으며, 형배 등의 체포에 협조한다는 조건으로 자신의 석방을 검사와 협상할 수 있었다. 즉 다른 조폭들이 단지 육체적 힘이라는 육체자본만을 가진 존재라면, 그는 10억짜리 전화번호부를 과시하며 여러 사회적 인맥을 동원할 수 있는 사회적 자본을 가지고 있었기에 '범죄와의 전쟁'으로 조폭들이 대대적으로 검거된 위기상황에서도 살아남아 아들을 검사로 성공시키며 승승장구할 수 있었던 것이다.

그의 조폭으로의 변신은 부산세관의 구조적 비리의 희생양이 되어 추방당함으로써 시작되었다는 점에서 감독은 공무원 세계에 작동하는 구조적 폭력에 대한 문제의식을 환기한다. 익현은 자신이 희생양이 된 것을 계기로, 적발한 히로뽕을 들고 나와 조폭 형배와 손을 잡고 자신에게 결여된 육체자본을 형배나 판호 같은 조폭들을 조종함으로써 세력 확장에 성공한다.

> "형배야…. 나는 우리 둘이가 동지적 관계를 넘어서 하나의 몸이 되야 된다고 생각한다…. 니는 (주먹을 쥐며) 이거…. 나는 (머리를 가리키며) 이거…. 그래만 되면 부산바닥은 다 내꺼…. 아니 우리 꺼라니깐…. 우리 이번 기회에 진짜 제대로 한번 일 벌리 보자…. 우주의 기운이 우리 둘을 감싸고 있다…."

그런데 그는 집안에 돌아오면 근엄하고 책임감 강한 가장이다. 영화는 가족주의 이데올로기를 곳곳에 배치하며 최익현의 폭력행위를 정당화하는가 하면, 혈연중심의 네트워크를 통해서 로비세계를 확장하며 신분상승에 성공하는 전설적 인물로 최익현을 그려낸다. 영화의 결말은 그의 아들이 서울지검의 검사로 임용되고 손자의 돌잔치를 벌이는 해피엔딩, 즉 최익현 가족의 성공담으로 끝이 난다. 하지만 최익현의 가족주의적 성공신화, 즉 조폭계 대부였던 자의 아들이 검사로 성공하는 결말이야말로 감독이 의도한 이 영화의 가장 큰 아이러니요, 빈정거림이라고 할 수 있다.

사실 이 작품은 욕설, 뺨때리기, 전화기로 머리 내려찍기, 야구방망이와 쇠파이프 그리고 삽을 사용한 폭력, 납치, 감금, 배설행위 등과 같은 직접적 폭력을 빈번하게 보여주었다. 하지만 영화의 많은 시퀀스가 최익현의 권력계를 향한 전방위적 로비와 검사세계의 부패상에 맞추어져 있다. 즉 감독은 권력계에 작동하는 구조적 폭력과 이를 정당화하는 우리 사회의 혈연중심과 상하의 위계서열중심의 문화적 폭력을 보다 더 중요하게 그려냈다. 즉 특권층은 문화적 폭력을 동원하여 보다 특권화되고 합법화되며 정교화된 불법과 부정부패를 자행하고 있다는 것이다.

어떤 의미에서 조폭은 일종의 희생양이라고도 할 수 있다. 조폭들이 물리적 힘의 논리로 폭력을 마음대로 구사하는 것이 사실일지라도 도덕적 정당성을 상실한 노태우 정권, 그 이전에 박정희와 전두환 정권이 우리 사회의 도덕적 규범의 아웃사이더로서 비난받는 조폭을 희생양으로 삼아 자신들의 권력의 정당성을 확보하고자 했던 현대사를 감독은 문제 삼고 싶었던 것 같다. 즉 박정희-전두환-노태우로 이어지는 군사정권은 소수의 희생양을 만들어 그들에게 사회적 분노와 폭력을 집중시켜 정권의 부당성을 그들에게 전가하고 그들을 처벌함으로써 사회적 폭력성과 스트레스를 소거하고자 했다는 것이다. 이것이 감독이 파악한 노태우 정권의 '범죄와의 전쟁'의 진면목이다. 따라서 <범죄와의 전쟁>의 부제인 '나쁜 놈들의 전성시대'에서 진정 나쁜 놈들은 누구인가?

노태우 정권의 '범죄와의 전쟁'은 국가권력을 동원하여 범죄와 폭력을 소탕하고자 했지만 이를 감시하고 처벌해야 할 검찰의 타락과 부패로 인해 당초 의도가 달성되지 못했다. 뿐만 아니라 최익현의 성공신화가 말해주듯 도덕성을 상실한 국가는 결코 폭력문제를 해결할 주체가 될 수 없으며, 오히려 폭력의 재생산에 기여하고 있다는 역설을 관객들은 이 영화를 통해서 보지 않을 수 없다.

영화 <범죄와의 전쟁>은 1980년대와 1990년대의 부산세관이나 바닷가, 남포동의 중국집 등을 공간적으로 재현함으로써 부산이란 도시를 세관비리의 온상, 조폭들의 폭력이 난무하는 도시, 거기에 검찰조직까지 조폭과 결탁한 범죄의 진원지로 그려냈다. 폭력에 대한 감독의 문제의식은 탁월했다. 하지만 영화의 배경이 된 부산이 범죄와 폭력이 만연한 도시로 이미지화되는 것은 피해 갈 수 없었다.

5. 국가폭력과 법치주의의 좌절-〈변호인〉

영화 <변호인>은 국가폭력을 보다 정면에서 다룬다. 국가폭력이란 용어는 2000년을 전후한 시기로부터 널리 사용되기 시작했지만 민주화 이전의 시기에 국가의 통치차원에서 이루어진 폭력을 국가폭력으로 규정하는 데는 큰 어려움이 있었다.[24] 국가폭력은 우리나라의 경우, "과거 독재정권하에서 정권연장을 위해서 반독재 운동가와 국민들에게 가해졌던 각종 국가기구들의 폭력적 탄압이나 억압"으로 규정하며, 공권력에 의한 고문, 신체적 위해, 집단학살, 치사행위, 계엄이나 위수령 선포 등 국민들의 저항적 의사표현 행위를 억압하는 행위 등을 지칭하는 개념이다.[25] 영화평론가들은 한 목소리로 <변호인>을 국가폭력을 영화화한 작품으로 평가한다.

> 예컨대 이 영화는 잔혹했던 국가폭력의 양상을 핍진하게 재현하는데 이는 단지 지나간 과거의 아픔으로 박제되지 않는다. 영화가 끝나고 현실로 돌아오면 우리는 우리 영화 <변호인>이 불편한 이유가 발 딛고 선 이 땅이 여전히 1980년대의 '막대한 유산(Great expectations)'에 의해 지배되고 있음을 깨달을 수 있다. 통치의 필요에 따라 용공 사건을 조작해 냈던 독재정권, 그 독재정권의 수족(手足)이 되어 직접적인 폭력을 휘둘렀던 수많은 '아이히만'들, 그 독재 정권을 자신의 기원으로 삼고 있는 작금의 집권당과 지배세력들이 여전히 엄존한 한국사회의 적나라한 현실이 한꺼번에 육박해 오는 것이다.[26]

> <변호인>은 '국가기관에 의한 고문 조작 사건인가 아니면 국가폭력에 의한 인권 침해인가'를 밝히기 위해 국가 권력기관과 변호사가 벌이는 옳고 그름의 대결이자 선악 이분법으로 편을 가른다.[27]

---

24 장근식·정호기, 「민주화운동에서의 '폭력'에 대한 제도적 청산」, 『사회과학연구』 13-1, 사회과학연구소, 2005, 203면.

25 조희연·조현연, 『국가폭력, 민주주의 투쟁, 그리고 희생』, 함께읽는책, 2003, 31면.

26 한영인, 「변호인 영화가 불편한 이유」, 『역사문제연구』 31, 역사문제연구소, 2014, 454~455면.

27 문관규, 「역사와 선비 정신의 소환 그리고 진실의 힘-양우석의 <변호인>(2013)-」,

<변호인>의 시나리오를 직접 쓰고 연출한 양우석 감독은 한 인터뷰에서 성찰의 유무가 얼마나 중요한지 두 인물의 대조를 통해서 보여주고 싶었다고 말하고 있다.[28] 감독의 말대로 성찰이 있는 신념과 성찰이 없는 신념은 국가폭력에 저항하는 인권 변호사 송우석과 국가폭력의 하수인 차동영 경감이란 인물로 대조된다.

1979년 부산, 상고 출신으로 사법고시를 패스한 송우석(송강호 분)은 7개월 만에 판사를 그만두고 부동산 등기 변호사에서 세무전문 변호사까지 남들의 비난도 아랑곳하지 않으며, 부산에서 제일 돈 잘 버는 변호사로 이름을 날린다. 하지만 그는 고교 동창 모임의 시퀀스에서 보듯이 시국문제에는 아무런 관심도 없는, 그저 자신의 경제적 성공에 자족하는 소영웅주의에 사로잡힌 인물에 불과했다. 그는 TV뉴스의 학생시위 보도에 대해 "제일 못 믿을 게 방송이고 신문이라"라고 하는 동창(부산신보 기자)의 말에 "방송 신문을 안 믿으면 뭘 믿을꼬. 우물가 아줌마들 구라를 믿을까?"라고 반응하는 등 그야말로 신문과 방송이 전달하는 대로 믿어버리는, 즉 정치에 대한 비판의식이라곤 전혀 찾아볼 수 없는 인물이었다.

대기업의 세무담당 변호사로서 스카우트 제의까지 받으며 전국적 명성을 날리려는 찰라 그는 국밥집 아들 진우(임시완 분)가 실종된 사건에 휘말리게 된다. 그것은 다름 아닌 부독련사건이다. 영화 속의 부독련 사건은 실제 부산에서 일어났던 부림사건의 명칭을 비튼 것이다. 부림사건(釜林事件)은[29] 1981년 제5공화국 군사독재 정권이 집권 초기에 통치기

『현대영화연구』 17, 한양대학교 현대영화연구소, 2014, 69면.

28 『경향신문』 인터뷰, 2014.01.09.

29 1981년 9월 부산 지검 공안 책임자인 최병국 검사의 지휘 하에 부산 지역의 양서협동조합을 통하여 사회과학 독서모임을 하던 학생·교사·회사원 등을 영장 없이 체포한 뒤, 짧게는 20일에서 길게는 63일 동안 불법으로 감금하며 구타 및 고문을 가하였다. 이로써 독서모임이나 몇몇이 다방에 앉아서 나눈 이야기들은 정부 전복을 꾀하는 반국가단체의 '이적 표현물 학습'과 '반국가단체 찬양 및 고무'로 몰리

반을 확보하고 민주화운동 세력을 탄압하기 위하여 조작한 부산지역 사상 최대의 사건이다.

부독련 사건은 변호사 송우석에게 인생의 터닝포인트를 제공한 사건이다. 잘 알다시피 송우석은 변호사 노무현을 모델로 하였다. 박진우는 야학에서 사회과학도서도 아닌 지극히 탈역사주의적 작품으로 평가되는 피천득의 수필 「인연」을 읽고 그 비역사성을 비판하다가 검거된다. 진우는 "해방 전후 전쟁 시기에 대한 고민이 어떻게 이렇게 간단하게 뒤로 밀리고 말까? 생각을 해봅니다. 시대에 대한 고민 없이는 역사는 진보하지 못하고 사회도 전진하지 못합니다."라고 말하는 순간 차동영 팀에 의해 검거되었던 것이다.

독서모임에서 진우 등이 읽은 책은 E.H.카의 『역사란 무엇인가』, 리영희의 『전환시대의 논리』과 『우상과 이성』, 조세희의 『난장이가 쏘아올린 작은 공』, 최인훈의 『광장』과 같은 서적들이다. 당국은 이 서적들을 이적 표현물을 담은 불온서적으로 규정하며, 이 책을 읽은 사람들을 반국가 찬양을 고무한 자로 규정지었다.

송변(송우석 변호사)은 고문당한 진우를 접견한 후 권력의 횡포에 분노하여 잘 나가는 세무변호사의 길을 접고 대신 인권변호사의 길을 걷게 된다. 그는 변론을 위해 밤새 읽은 책의 영향으로 비로소 역사의식을 제

게 되었다.
이 사건에 대해 검사측은 국가보안법·계엄법·집시법(집회 및 시위에 관한 법률) 위반 혐의를 적용하여 징역 3~10년을 구형하였고, 재판정은 5~7년의 중형을 선고하였다. 당시 옥고를 치르던 이들은 1983년 12월 전원 형 집행 정지로 풀려났으며, 이후 부산 지역 민주화운동의 중심에서 활동하였다. 부산 지역 사상 최대의 사건으로 꼽히는 이 사건은 2000년대 이후 사법부에서도 민주화운동으로 인정되어 재심 판결을 받았고, 2009년 대법원, 피해자들 전원 무죄 판결하였으며, 2014년 2월 13일 부산지법에서 모든 혐의에 대해 무죄판결을 받았다. 이에 대해 검찰 측은 국가보안법과 반공법 위반 혐의 부분을 근거로 대법원에 항소하였으나 최종심(2014.9.25.)에서 무죄를 확정했다.

대로 갖춘 인물로 180도 변화한다. 그는 독서모임에서 읽은 책들이 결코 불온서적이 아니라는 것을 증명하기 위해 혼신의 노력을 기울인다. 영국 대사관을 통해 『역사란 무엇인가』를 쓴 E.H.카가 공산주의자가 결코 아니며, 그는 외교관 신분으로 소련에 체류했을 뿐이라는 것을 명쾌하게 밝혀내는가 하면, 불온서적으로 분류된 책들도 서울대학교의 권장도서 목록에도 들어간, 서점에서 멀쩡히 팔리고 있는 책들이라는 것을 밝힘으로써 공권력의 부당한 탄압에 맞선다.

처음부터 부독련사건은 안기부, 보안사, 검찰청, 경찰들이 모여 서울의 학림사건 같은 사건을 조작하여 민주화세력을 초토화시키기 위해 만든 사건이다. 즉 국가폭력에 안기부, 보안사, 검찰청, 경찰 등이 직간접으로 개입되어 있었고, 법률적 완성은 검찰과 법원이 담당했으며, 차동영 경감은 실행자였다. 하지만 이 사건은 "6.25 이후 부산지역 최대 반정부 조직 일망타진"이나 "부산지역 대학생들 다수, 혁명으로 정부 전복 노려"와 같은 신문과 방송 뉴스의 헤드라인에서 보듯 반정부적 국가보안법 위반 사건으로 조작된다.

부독련사건 공판 마지막 날 대공수사업무에 차출되어 고문의 긴급응급처치를 맡았던 군의관 윤성두 소위가 극적으로 증언대에 서서 피해자들에 대한 구타, 물고문, 통닭구이 등의 가혹행위가 있었다는 것을 증언한다. 그리고 송변은 이 사건이 고문으로 조작된 인권유린사건일 뿐 결코 국가보안법 위반 사건이 아니라고 강력하게 항변한다. 하지만 법정은 윤 소위의 증언을 채택하지 않았다. 왜냐하면 차동영이 휴가 중인 윤 소위를 탈영병으로 조작했기 때문이다. 공권력의 부당한 남용을 법정에서 가리기 위한 송변의 혼신의 노력과 윤 소위의 용기 있는 양심선언에도 불구하고 법치주의는 완전히 농락당하고 말았던 것이다. 진우에게 징역 10년이 언도되자 송변은 감당할 수 없는 분노와 무력감에 사로잡힌다.

"재판기간 동안 검찰은 거짓 자술서 말고는 피고의 유죄를 입증할 만한 증거를 단 하나도 내놓지 못했습니다. 그런데도 국가안보를 지킨다는 명분으로 피고를 죄인으로 만들었습니다. 국가권력에 정의가 없다면 그 권력이 거대한 강도집단과 다를 게 무엇입니까?"라고 송변은 항변한다. 또한 "대한민국 헌법 1조 2항, 대한민국 주권은 국민에게 있고 모든 권력은 국민으로부터 나온다. 즉 국가란 국민이요. 그런데 차동영 당신이 말하는 국가란 게 대체 뭐요? 이 나라 정권을 강제로 찬탈한 군인들?"이라고 매서운 질문을 던진다. 국가권력에 정의가 없다면 그 권력이 거대한 강도집단과 다를 게 뭐냐는 그의 논리는 바로 이 영화가 관객들을 향해 던지고자 한 핵심적 메시지라고 할 수 있을 것이다. 한나 아렌트의 말처럼 정당성이 없는 국가권력은 권력을 이용한 국가폭력일 뿐이다.

부독련사건의 피해자 '박진우'는 전형적인 국가폭력의 희생자이다. 그에게 불법연행 및 구금 후 조사과정에서 불법 구금, 구타, 폭행, 고문 등이 자행된다. 더욱이 물고문, 전기고문, 철몽둥이, 통닭구이 등 각종 고문이 가해졌다. 조폭들의 폭력에도 비교할 수 없이 잔혹한 국가폭력, 즉 사건을 조작 은폐하고, 인간에 대한 최소한의 예의마저 저버린 야비하고 무자비한 폭력이 국민들을 유린했음을 영화는 고발하고 있다.

법정에서의 그의 변호가 무력화되자 극도의 좌절과 분노를 느낀 송변은 결국 집회와 시위에 직접 가담하는 대항폭력에 나서며 민주화운동에 본격적으로 뛰어들다 끝내 구속된다. 1987년 6월 88올림픽 D-365 기념행사로 분주한 가운데 남포동 부산극장 앞에선 '박종철 추도집회'에 머리끈을 둘러맨 시위대가 전경들과 대치하는 급박한 상황이 연출된다. 화염병과 최루탄이 난무하는 시위에 참여하다 송변은 검거돼 "박종철 군 추도집회 등 다수의 불법 집회와 시위를 기획, 주도하는 등 집회 및 시위에 관한 법률을 광범위하게 위반하였으며 사용자나 고용인이 아님에도 삼우조선 노동쟁의 및 농성 시위에 개입하여 노동쟁의 제3자 개입금지법률 등을 위반"했다는 죄목으로 공소된다.

국가폭력이 법정에서 가려지지 않는 현실, 법치주의에 대한 좌절은 송변으로 하여금 집회와 시위에 직접 가담하는 대항폭력에 나설 수밖에 없는, 즉 민주화운동에 참여할 필연적 계기를 제공했던 것이다. 1987년 6월 민주항쟁 시기에 국가폭력과 이에 저항하는 대항폭력은 최고조에 달했다. 영화가 보여주듯 전경은 시위대를 향해 지랄탄을 쏘아대고, 백골단은 쇠파이프를 시위대를 향해 휘둘렀다. 시위대 역시 화염병과 돌을 던지는 대항폭력으로 저항했다. 1987년 6월, 민주화를 열망하는 시대적 분위기는 시위 현장뿐만 아니라 부산의 변호사 99명이 송변의 변호를 자청하여 맡기로 한 데서도 강력하게 반영되어 있다.

노무현의 젊은 시절을 모델로 하여 1980년대 신군부의 억압적 공안정국에서 날조된 부림사건을 그려낸 영화 <변호인>은 부산의 남포동과 범일동, 남천동 삼익아파트, 영선동의 흰여울길 등이 배경이 되고 있다. 그런데 이 영화는 <친구>, <범죄와의 전쟁>과는 달리 부산을 국가폭력에 대항하여 민주화운동을 전개한 민주화의 도시로 이미지화하였다.

6. 결론

부산을 배경으로 '폭력'이라는 소재를 다룬 영화 <친구>는 어린 시절의 친구가 조폭으로 성장하여 조직의 이권에 따라 친구를 잔인하게 찔러 죽이도록 살인교사를 한다는 직접적 폭력뿐만 아니라 한 개인의 삶에 미치는 학교라는 제도의 상징적 폭력을 문제 삼았다.

영화 <범죄와의 전쟁>은 국가폭력과 조폭세계의 폭력이 어떻게 얽혀 있는가를 보여준 영화이다. 폭력은 조폭의 세계에서만 난무하는 것이 아니라 검사세계에서도 상하의 위계서열에 의한 구조적 폭력이 일상적으로 일어나고 있으며, 우리 사회 곳곳에 유교적 혈연주의에 의거한 문화적 폭력이 병폐를 일으키고 있음을 영화는 냉소적으로 보여주었다.

영화 <변호인>은 '부독련사건(부림사건)'이라는 국가폭력을 고발한 영화이다. 법정에서 국가폭력에 대한 시시비비를 가리려는 송우석 변호사의 돈키호테적 순진함은 오히려 그에게 무력감과 분노를 일으킨다. 법치주의에 좌절한 그는 국가폭력에 대항하기 위해 길거리의 집회와 시위에 직접 가담한다.

부산 출신 곽경택 감독이 만든 <친구>의 향수 코드, 역시 부산 출신 윤종빈 감독의 노태우 정권의 '범죄와의 전쟁'에 대한 냉소적 고발을 한 <범죄와의 전쟁>, 그리고 외부자인 양우석 감독의 국가폭력을 본격적으로 문제 삼은 <변호사> 등 부산을 배경으로 폭력이라는 소재를 다룬 3편의 영화에서 감독의 의도나 폭력의 유형은 각각 달랐다. 영화의 사실성을 높이기 위해 감독은 실제 일어났던 사건을 모티프로 삼고, 부산이라는 도시를 공간적 배경으로 설정했다. 하지만 감독의 의도나 폭력을 다루는 방식에 따라 부산은 <친구> <범죄와의 전쟁>에서는 폭력이 난무하는 도시로, <변호인>에서는 국가폭력에 저항하는 민주화의 도시로 이미지화되었다.

어느 지역에 대한 이미지는 개인의 직접적인 체험뿐만 아니라 매스미디어를 통해 형성된다. 특히 영화는 영상을 통해서 배경이 된 장소를 시각적으로 재현할 뿐만 아니라 등장인물들의 행동이 직접적으로 드러나기 때문에 폭력이란 소재도 보다 사실적으로 경험된다. 즉 부산 배경의 영화가 폭력이라는 소재를 반복적으로 재현하게 될 때, 그것은 실제 사실과도 다르게 폭력의 도시 부산의 이미지 생산은 불가피하다. 더욱이 그것이 상업적으로 성공한 영화라면 그 파급력은 더욱 커질 것이다.

현대 소비사회에서 관객들은 영화를 통해 그들의 시청각적 욕망을 충족시키며 카타르시스를 느끼고자 한다. 현란한 액션과 스펙터클을 통해 대중들의 폭력에 대한 대리만족을 겨냥하는 손쉬운 방법이 폭력영화를 양산하는 메커니즘일 것이다. 하지만 감독의 폭력 재현방식 못지않게 중요한 것은 관객들의 태도이다. 영화에 완전히 동화되고 몰입하는 태도로 관람할 것인가, 영화에 미적 거리를 갖고 비판적 태도로 감상할 것인가와 같은 관객들의 태도 역시 중요하다.

하지만 기존에 구축된 폭력의 도시 부산이라는 이미지를 변화시키기 위해서는 부산시의 노력이 가장 중요하다. 가령, 한국은 오랫동안 세계인의 뇌리 속에 한국전쟁, 남북분단, 빈곤, 시위와 같은 부정적 이미지로 각인되어 왔다, 하지만 세계 10위권의 경제대국으로 성장한 다음부터 한류, K팝, IT, 자동차 등의 긍정적 이미지로 바뀌고 있다. 그와 마찬가지로 부산시가 전략적으로 지향하는 세계도시, 해양도시, 영상도시, 물류도시, 관광·컨벤션도시 등에 성공하게 된다면 폭력의 도시 부산의 부정적 이미지에서 자연스럽게 벗어날 수 있을 것으로 생각한다.

참고문헌

단행본

공진성, 『폭력』, 책세상, 2009.

김현, 『르네 지라르 혹은 폭력의 구조』, 나남, 1987.

조희연·조현연, 『국가폭력, 민주주의 투쟁, 그리고 희생』, 함께읽는책, 2003.

막스 베버, 전성우 역, 『막스 베버 사회과학방법론 선집』, 나남, 2011.

악셀 호네트, 문성훈·이현제 역, 『인정투쟁-사회적 갈등의 도덕적 형식론』, 사월의책, 2011.

이브 미쇼, 나정원 역, 『폭력과 정치』, 인간사랑, 1990.
프랑수아 수티른, 이화숙 역, 『인간과 권력』, 예하, 1989.
피에르 부르디외, 정일준 역, 『상징폭력과 문화재생산』, 새물결, 1997.
한나 아렌트, 김정한 역, 『폭력의 세기』, 이후, 1999.

논문

권은선, 「회고주의 정조로 떠오른 우리 시대의 정치적 무의식」, 『당대비평』 17, 도서출판 삼인, 2001, 409~417면.
문관규, 「역사와 선비 정신의 소환 그리고 진실의 힘-양우석의 <변호인>(2013)-」, 『현대영화연구』 17, 한양대학교 현대영화연구소, 2014, 69~93면.
문성훈, 「폭력 개념의 인정이론적 재구성」, 『사회와 철학』 20, 사회와철학연구회, 2010, 63~96면.
배동인, 「폭력에 대한 사회학적 고찰」, 『한국사회학』 21, 한국사회학회, 1987, 187~213면.
신진욱, 「근대와 폭력-다원적 복잡성과 역사적 불확정성의 사회이론」, 『한국사회학』 38-4, 한국사회학회, 2004, 1~31면.
장근식·정호기, 「민주화운동에서의 '폭력'에 대한 제도적 청산」, 『사회과학연구』 13-1, 사회과학연구소, 2005, 198~226면.
전평국, 「최근 한국영화의 폭력성과 그 수용성에 관한 고찰」, 『영화교육연구』 3, 한국영화교육학회, 2001, 147~167면.
차윤정, 「영화 속의 지역어 사용과 지역 정체성 만들기」, 『우리말연구』 30, 우리말학회, 2012, 213~240면.
한영인, 「변호인 영화가 불편한 이유」, 『역사문제연구』 31, 역사문제연구소, 2014, 451~463면.
『경향신문』 인터뷰, 2014.01.09.

(『인문사회과학연구』 16-1, 부경대학교 인문사회과학연구소, 2015)

샤갈과 「샤갈의 마을에 내리는 눈」의 상호텍스트성

김춘수의 시와 박상우의 소설 텍스트를 중심으로

1. 서론

오늘날 예술 텍스트는 다원성과 복합성을 피할 수 없게 되었다. 실제로 20C 후반 예술작품들은 대단히 혼성적인 양상을 보이고 있다. 문학텍스트 속에 이미지들이 있으며, 이미지 텍스트 속에 문학적 서술이 교차되어 있다.[1] 그야말로 상호텍스트성의 시대이고, 탈장르화의 시대, 장르확산의 시대이다. 뿐만 아니라 비교문학 연구의 한 범주로서의 예술 간의 상호조명과 포스트모던 문화양식의 하나로서 패러디(parody)의 부각은 1990년대 후반 이후 문학연구에서 탈장르적인 상호텍스트성의 논의를 활발하게 만들고 있다.

상호텍스트성(intertextuality)이란 개념을 처음으로 사용한 프랑스의

---

1 신혜경, 「문학과 조형예술 간의 상호텍스트성에 관한 연구」, 『미학예술학연구』 1, 한국미학예술학회, 2007, 415면.

기호학자이자 문학평론가이며 소설가이기도 한 줄리아 크리스테바(Julia Kristeva)는 모든 텍스트는 모자이크와 같아서 여러 인용문들로 구성되어 있으며, 모든 텍스트는 어디까지나 다른 텍스트들을 흡수하고 변형시킨 데 지나지 않는다고 했다.[2]

상호텍스트성이란 한 텍스트가 다른 텍스트와 맺고 있는 상호관계를 의미한다. 여기서 텍스트는 둘이나 그 이상일 수도 있다. 하나의 텍스트는 그 자체로 존재하는 것이 아니라 과거의 텍스트나 현재 진행 중에 있는 텍스트와 불가분의 관계를 맺고 있다는 것이 상호텍스트성 이론의 핵심적 요지이다.

이 용어의 가장 포괄적인 의미는, 문학 텍스트의 의미와 해석은 어떤 한 작가의 독창성이나 특수성에 귀속되는 것이 아니라, 기존의 개별적인 텍스트들 및 일반적인 문학적 규약(code)과 관습들에 의존해 있다는 것을 말한다. 가장 제한적인 의미에서의 상호텍스트성이란 주어진 텍스트 안에 다른 텍스트가 인용문이나 언급의 형태로 명시적으로 드러나 있는 경우이다. 그리고 가장 넓은 의미에서의 상호텍스트성은 텍스트와 텍스트, 혹은 주체와 주체 사이에서 일어나는 모든 지식의 총체를 말한다. 후자의 경우, 주어진 텍스트는 단순히 다른 문학 텍스트뿐만 아니라 다른 기호체계, 더 나아가서는 문화일반까지 포함한다.[3]

본고는 상호텍스트성의 의미를 하나의 텍스트가 다른 텍스트를 인용하거나 차용하거나 간에 텍스트 간의 혼성성을 통해서 작품의 의미를 보다 풍부하게 만들고, 새롭게 만든다고 보는 관점을 취한다. 즉 하나의 텍스트 속에 다른 텍스트의 인용(패러디, 암시, 아이러니)은 그 작품의 개성이나 참신성을 훼손하지 않고 오히려 다양하고 풍부하게 만드는 요

2 Julia Kristeva, *The Revolution in Poetic Language*, New York: Colombia University Press, 1984, p.60.

3 한용환, 『소설학사전』, 고려원, 1992, 225~227면.

소로 작용한다고 보는 것이다.

본고는 시공을 뛰어넘어 한국의 시인과 작가들에게 예술적 영감을 크게 불러일으킨 마르크 샤갈(Marc Chagal)의 회화 텍스트가 갖는 김춘수의 시 텍스트인 「샤갈의 마을에 내리는 눈」과 박상우의 동명소설 간의 상호텍스트성, 그리고 김춘수와 박상우의 상호텍스트성에 대해서도 논의하고자 한다.

이미 샤갈의 회화 텍스트와 한국의 시 텍스트 간의 상호텍스트성에 대해서는 윤호병이 김춘수뿐만 아니라 김영태와 이승훈의 시를 통해 논의한 바 있고[4], 김효중은 이승훈의 시에 수용된 샤갈에 대해서 분석했다.[5] 이윤정은 김춘수 시에 나타난 이중섭, 샤갈, 달리의 회화작품의 수용에 대해 연구한 바 있다.[6] 박상우의 소설 텍스트에 수용된 샤갈에 대해서는 전홍남의 논문이 있다.[7] 그리고 샤갈과 김춘수와 박상우의 「샤갈의 마을에 내리는 눈」의 상호텍스트성에 대해서는 조용훈이 논의한 바 있다.[8]

하지만 선행연구들은 모두 샤갈의 <나와 마을>과 「샤갈의 마을에 내리는 눈」 간의 상호텍스트성에만 주목했다. 따라서 본고는 <나와 마을>뿐만 아니라 샤갈의 다른 회화작품들이 김춘수와 박상우의 「샤갈의 마을

---

4 윤호병, 「한국현대시에 수용된 마르크 샤갈 그림」, 『인문언어』 1, 국제언어인문학회, 2001, 141~157면.

5 김효중, 「한국현대시에 수용된 샤갈의 그림」, 『어문학』 66, 한국어문학회, 1999, 201~219면.

6 이윤정, 「김춘수 시에 나타난 회화의 수용양상」, 『인문과학연구』 24, 강원대학교 인문과학연구소, 2010, 165~182면.

7 전홍남, 「현대소설의 회화 수용과 시사」, 『현대문학이론연구』 49, 현대문학이론학회, 2012, 287~306면.

8 조용훈, 「회화 시 소설의 상호 텍스트성 연구-샤갈의 <나와 마을>의 문학적 해석을 중심으로」, 『한국문학이론과 비평』 29, 한국문학이론과비평학회, 2005, 101~127면.

에 내리는 눈」에 어떻게 수용되어 나타났는지를 규명하고자 한다.

샤갈의 회화가 매체적 조건과 대상, 예술적 법칙과 형식의 상이함에도 불구하고 한국의 문학작품들과 상호텍스트성을 갖게 된 것은 샤갈이 직접 시를 쓴 적도 있으며[9], 20C를 대표하는 화가들 가운데 가장 시적인 그림을 그린 화가이기 때문일 것이다.[10] 뿐만 아니라 그는 일찍이 상드라르(1887~1961), 아폴리네르(1880~1918), 앙드레 브르통(1896~1966) 등의 시인들과의 교류를 통해서 자신의 예술세계를 성장시킨 화가였다는[11] 사실이 복합적으로 작용했기 때문일 것이다. 즉 화가 샤갈이 지닌 시인적 기질과 그의 회화가 갖는 시적이고 몽환적인 분위기, 그리고 풍부한 서술적 요소와[12] 문학적 직관을 중시하는 표현주의적 요소 등은 그의 미술이 대중에게 친근하게 수용될 수 있는 대중성을 확보했을 뿐만 아니라 인접 예술인 문학과의 상호텍스트성을 갖도록 작용했다고 생각한다. 하지만 무엇보다도 샤갈이 한국인이 좋아하는 서양화가 중의 한 명이라는 사실이 한국의 문학작품에 다양한 샤갈의 수용을 가능하게 했다고 생각한다.

---

9 마르크 샤갈, 김동림 역, 『샤갈, 내 젊음의 자서전』, 책세상, 1989, 76면.

10 정문규, 『샤갈』, 서문당, 1989, 51면.

11 도기 편, 권희수 역, 『샤갈과 표현주의』, 교원, 2003, 5면.

12 서술적 미술(narrative art)은 이야기나 역사적 사건을 전달하는 것이 주목적인 미술로, '이야기 미술(story art)'이라고도 한다. 회화에서 서술적인 요소는 고대 이집트부터 주된 표현 내용이었으나 19C 말 모더니즘 이래로 미술에서 기피되어 왔다. 하지만 1960년대에 접어들면서 모더니즘에 대한 반동의 일환으로서 서술적 미술이 다시 관심을 끌기 시작했다.(월간미술, 『세계미술용어사전』, 월간미술사, 1999: <네이버 지식백과>의 '서술적 미술' 항목 참조)

2. 샤갈의 회화적 경향

마르크 샤갈(Marc Chagal, 1887~1985)은 러시아 비테프스크 태생의 유대계 프랑스 화가이다. 그는 러시아 페테르스부르크 황실미술학교에서 바쿠스트를 사사(事師)하다가 1910년에 파리에 와서 아카데미 쥘리앙에서 그림을 배웠다. 샤갈은 파리에서 입체파(cubism)의 영향에 의하여 환상을 주제로 한 작품에 몰두했는가 하면, 시인 아폴리네르와 로베르 들로네, 페르낭 레제와 같은 아방가르드 예술가들과도 친교를 가졌다. 그는 1914년에 독일 베를린에서 전시회를 가진 후 러시아로 돌아갔고, 러시아혁명 후에는 미술행정의 요직을 차지했으나, 1922년에 베를린을 거쳐 재차 파리에 온 후 프랑스에 귀화했다. 그리고 제2차 대전 중에 도미했으나 1947년에 프랑스로 돌아왔다.

처음 프랑스에 와서 그림을 그리던 1910년대 초기의 샤갈 작품에는 고향의 풍물이 추억처럼 나타난다. 그 시대를 대표하는 작품에는 <나와 마을>(1911, 뉴욕 현대미술관), <러시아, 암소, 그리고 다른 것들에 대하여>(1911~1912, 파리 국립현대미술관), <골고다 언덕>(1912, 뉴욕 현대미술관), <바이올린 연주자>(1913, 암스테르담 시립미술관) 등이 있다. 이 시기 샤갈의 회화는 입체파(cubism)의 영향을 받았지만 입체파가 대상을 해체하는 방법과는 근본적으로 다르다는 점에서 완전한 입체파로 분류되지는 않는다.[13] 다만 그는 입체파에서 즐겨 사용하는 원근법을 무시한 복수시점과 현실을 여러 각도에서 자유롭게 그리는 기법을 익히고 그것을 자기 작품에 소화했다.[14]

초기부터 샤갈의 미술에서 상상력을 자극한 원동력은 신비 유대교라

---

13 정숙자, 「20세기 미술의 동향과 마르크 샤갈에 관한 연구」, 『상지대학교 논문집』 12, 상지대학교, 1991, 173면.

14 이일, 『CHAGALL 세계미술문고 47』, 금성출판사, 1976, 78면.

불리는 하시디즘(Hasidism)이다. 18C 폴란드 남쪽에서 일어난 하시디즘은 신의 편재와 신과 인간과의 합일을 믿고 농작물과 식물, 인간, 심지어 무기체적 물체까지도 서로 통하는 바가 있다고 믿는 사상이다. 샤갈은 스스로 하시디즘의 신비주의는 그의 예술세계에 있어서 중요한 요소라고 언급할 정도로 중시했다. 그의 작품에 빈번하게 나타나는, 동물과 사람이 하나가 되어 교감하는 장면들은 바로 하시디즘의 세계를 표현한 것이다.[15]

또한 샤갈은 쉬르리얼리스트(surrealist)의 한 사람으로 분류되기도 한다. 왜냐하면 그는 <초현실주의 선언>(1924)을 한 앙드레 브르통과 절친했다. 뿐만 아니라 그의 회화 속에 등장하는 사람과 동물이 혼합된 모습이나 모순된 상황의 병치, 인간의 무의식 속에 내재된 비합리적인 감정이나 잠재의식, 환상, 공상 등을 새로운 기법으로 표현함으로써 현실을 초월하려는 경향이 초현실주의와 유사한 것으로 비춰졌기 때문이다.[16] '상상적인 도상들이 지배하고 있는 그의 그림들은 초현실주의로 분류되었지만 그의 그림은 초현실주의자들이 관심 갖는 무의식이 아니라 영적 세계를 지향한다는 점에서 차이를 나타낸다.'[17]

한편 샤갈의 회화는 표현주의로 분류되기도 하는데, 표현주의는 미술의 기본 목적을 자연의 재현으로 보는 것을 거부하며, 르네상스 이래 유럽 미술의 전통적 규범을 떨쳐버리려 했던 20C 미술 운동 중의 하나이다. 표현주의자들은 예술의 진정한 목적이 감정과 감각의 직접적인 표현이며 회화의 선, 형태, 색채 등은 그것의 표현 가능성만을 위해 이용되어야

---

15 김애경, 「마르크 샤갈 작품에 나타난 무의식의 내면세계연구」, 『커뮤니케이션디자인학회 학술대회발표집』, 커뮤니케이션디자인학회, 2009, 77면.

16 도기 편, 앞의 책, 48면.

17 이재언, 「현대미술의 거장 마르크 샤갈」, 『마르크 샤갈』, 선아트센터·선화랑, 2003, 3~4면.

한다고 주장했다. 따라서 구성(구도)의 균형과 아름다움에 대한 전통적 개념은 감정을 더욱 강력하게 전달하기 위해 무시되었으며, 왜곡은 주제나 내용을 강조하는 중요한 수단이 되었다.[18]

표현주의는 주로 인상파나 자연주의파 화가들에 대한 강한 반발을 나타내는 말로서 정확한 관찰만을 앞세우는 과학만능을 혐오하고, 니체나 쇼펜하우어 같은 독일 철학자들의 영향 하에서 내면의 진실을 표현하려는 새로운 운동이었다.[19] 형식적으로 보자면 표현주의는 인상주의, 신낭만주의, 상징주의, 자연주의에 대한 반동이었다. 표현주의자들에게 중요한 것은 피상적인 사실 묘사가 아니라 문학적인 직관이었으며 외부세계가 아니라, 이 세계가 반영되고 있는 개인의 영혼과 정신이었다.[20]

샤갈은 20C 유럽 화단의 입체파, 초현실주의, 표현주의 등의 진보적 흐름에 깊숙이 관여하면서도 동시에 그것들을 초월하여 자신만의 독창적이고 개성적인 미술세계로 발전시켰다. 그는 폭넓은 재료와 기법의 다양성을 통해 자유롭고 영감이 넘치는 표현을 추구했으며, 환상 속에서 과거와 현재를 연결하는 회상의 형식을 즐겨 사용하고, 공간을 떠다니는 인체, 현실의 비율을 무시한 크기, 시간과 공간에 구애되지 않는 자유로운 표현 등 현실을 초월한 세계, 시간과 공간을 초월한 세계, 인간의 무의식의 세계와 환상의 세계에서 갖가지의 요소를 취하였다.[21]

그의 회화는 자신의 내면에 있는 영감과 정서를 표현하기 위해 풍부한 색감, 상상과 꿈꾸기, 이야기 서술 등을 중요한 관건으로 고수하였다. 초자연적이며 신비주의적인 그의 그림은 중력의 초월, 상식의 초월, 대상의

18 박찬기, 「표현주의의 발생과 본질 및 문학사적 의의」, 박찬기 편, 『표현주의 문학론』, 민음사, 1990, 11~12면.

19 최승규, 『서양미술사 100장면』, 한명, 2001, 389면.

20 김숙희, 「표현주의의 현대적 시각」, 박찬기 편, 앞의 책, 50면.

21 정숙자, 앞의 논문, 172~175면.

초월을 시사하면서 그만의 독자적인 세계를 창조했다. 특히 만년에 이르러 그의 야수파적 색감은 더욱 강렬하고 풍부해지며, 소재 또한 폭넓게 등장한다. 성경, 천사, 고향 비테프스크, 파리, 연인들, 악사, 곡예사, 동물, 꽃 등의 소재들은 그의 화려한 색상과 분방한 필치들에 녹아들어 동심과 향수, 순수와 열정을 불러일으키는 작품세계를 창조하였다. 러시아적 정취와 유태교 전통 사이에서 그의 작품은 고도의 상징적 회화로 자리매김된다.'[22]

한편 샤갈은 성서를 주제로 한 그림, 판화, 모자이크, 태피스트리, 스테인드글라스 등의 작품들도 다수 제작했다. 그는 랭스 대성당의 스테인드글라스를 제작했고, 시카고 미술관과 영국의 치체스터 대성당의 스테인드글라스도 제작했다. 프랑스 니스의 <마르크 샤갈 국립 성서미술관>은 살아 있는 예술가에게 헌정한 첫 미술관이다.

3. 샤갈의 회화와 김춘수의 시 텍스트와의 상호텍스트성

본고가 분석하고자 하는 김춘수의 「샤갈의 마을에 내리는 눈」의 전문은 아래와 같다.

샤갈의 마을에는 삼월(三月)에 눈이 온다.
봄을 바라고 섰는 사나이의 관자놀이에
새로 돋는 정맥(靜脈)이
바르르 떤다.
바르르 떠는 사나이의 관자놀이에
새로 돋는 정맥(靜脈)을 어루만지며

22 이재언, 앞의 글.

눈은 수천수만(數千數萬)의 날개를 달고
하늘에서 내려와 샤갈의 마을의
지붕과 굴뚝을 덮는다.
삼월(三月)에 눈이 오면
샤갈의 마을의 쥐똥만한 겨울 열매들은
다시 올리브빛으로 물이 들고
밤에 아낙들은
그 해의 제일 아름다운 불을
아궁이에 지핀다.

- 김춘수의 「샤갈의 마을에 내리는 눈」 전문

김춘수의 시작품은 패러디를 주요기법으로 사용함으로써 "문학을 대상으로 할 때 시 장르와 소설, 설화 등이 원 텍스트로 수용되고, 비문학을 대상으로 하는 경우 회화와 음악, 영화 등이 차용"되어 왔다. 특히 회화의 경우, 이중섭, 샤갈, 고흐, 루오 등의 회화작품을 패러디하고 있다.[23]

윤호병은 김춘수의 「샤갈의 마을에 내리는 눈」이 샤갈의 <나와 마을>과 상호텍스트성을 갖는다는 관점하에 두 작품을 비교 검토하여 다음과 같은 결론을 내린 바 있다.

> 김춘수의 시 「샤갈의 마을에 내리는 눈」에서는 샤갈의 그림 <나와 마을>을 바탕으로 하여 그림의 언어를 시의 언어로 전이시키되, 러시아적인 여러 가지 분위기를 한국적인 분위기로 전이시켜 놓았다. 그러나 그것은 그림의 언어에 대한 치밀한 전이라기보다는 "나는 반쯤 졸임에 취한 기분으로 언젠가 본 샤갈의 「마을」이라는 화제를 생각하고 있었다. 그러자 머릿속을 한순간 「샤갈의 마을」이라고 하는 하나의 이미지가 스쳐갔다….

23 이형권, 「김춘수 시의 작품 패러디 연구」, 『한국언어문학』 41, 한국언어문학회, 1998, 148~149면.

이리하여 샤갈에 이끌리어 이 시는 씌어지고 완성되었다"는 그 자신의 말처럼 그림에 대한 기억 속의 잔상을 바탕으로 하였다고 볼 수 있다.[24]

김춘수의 시 「샤갈의 마을에 내리는 눈」은 제목에서 이미 샤갈과의 상호텍스트성이 드러날 뿐만 아니라 위의 인용문에서 보듯 시인은 자신의 시와 샤갈의 그림과의 상호텍스트성을 스스로 고백하고 있다. 그리고 윤호병은 그것을 <나와 마을>일 것으로 추정하고 논의를 진행시킨다.

조용훈 역시 샤갈의 그림 <나와 마을>과 김춘수의 시 사이의 상호텍스트성을 논의했다. 김춘수의 시는 "분할과 병치의 기법을 모순적 상황으로 설정하고, 이를 자연과 정서적 교감과 친화로 치유하여 유년의 근원에 도달했다. 이때 샤갈의 범신론적 경건주의는 김춘수의 우주적 차원이 성적 제의로 재해석"[25]된 것이라는 것이다.

그런데 김춘수의 시 「샤갈의 마을에 내리는 눈」에서 가장 중요한 모티프는 '눈'이다. 말하자면 김춘수가 시화한 '샤갈의 마을'은 3월에 눈이 내리는 이국적인 풍경을 연출한다. 하지만 샤갈의 그림 중에 정확히 '마을'이라는 제목의 그림은 없으며, 윤호병과 조용훈이 지목한 <나와 마을>에는 눈 풍경이 나오지 않는다. 그런데 윤호병은 <나와 마을>의 아래쪽 중앙부분에서 남자가 손에 쥐고 있는 올리브빛 나무 주위의 흰 점들을 눈으로 확대 해석하고 있다. 하지만 <나와 마을>에 나오는 나무는 눈과 연관되지 않은 채 꽃나무[26]나 떨기나무[27], 생명의 나무[28] 등으로 해석되어

---

24 윤호병, 앞의 논문, 150~151면.

25 조용훈, 앞의 논문, 123면.

26 "아래쪽에 꽃이 핀 한 그루의 나무가 서 있고" : 안혜영, 「미술감상교육에 대한 질문사례연구Ⅸ-'가축이 있는 그림' 편」, 『사향미술교육논총』 6, 한국미술교과교육학회, 1998, 124면.

27 "그림 속에서 또 한 부분을 차지하는 불타는 떨기나무의 이미지는 구약의 이야기에서 비롯된 것이다. 구약에 따르면, 하나님은 이스라엘에 대한 예언을 전달하기

왔다. 조용훈은 <나와 마을>에서 눈 풍경의 부재를 인정하면서도 시인이 눈을 연상한 것은 문학적 상상력과 낭만적 환상 때문으로 해석한다.[29]

본고는 김춘수의 「샤갈의 마을에 내리는 눈」은 <나와 마을> 한 편이 아니라 적어도 3편의 샤갈의 회화작품을 몽타주함으로써 새로운 이미지로 재구성되었다고 생각한다. 즉 <나와 마을>(1911)과 <비테프스크 위에서>(1915~1920), <오븐 앞의 어머니>(1914)란 작품이 그것이다.[30] 세 작품의 이미지는 다음과 같다.

〈나와 마을〉(1911, 뉴욕 현대미술관)

위해, 모세 앞에 불타는 떨기나무 형상으로 모습을 드러냈다고 한다." : 스티븐 파딩 외, 『죽기 전에 꼭 봐야 할 명화 1001점』, 마로니에북스, 2007.

28 "그림 아래쪽에 있는 생명의 나무와 달을 가리고 있는 태양 역시 부조화를 이루는 초자연적인 요소들로서 이 작품의 상징주의적인 특징을 잘 보여 준다."(<나와 마을>(I and the Village) : 네이버 지식백과- doopedia).

29 조용훈, 앞의 논문.

30 회화 이미지의 캡처를 위해서 인터넷을 서핑하다 필자명이 밝혀지지 않은 <cyworld.com/wavejoy62>에서 <나와 마을>, <비테프스크 위에서>, <오븐 앞의 어머니>, <흰 옷깃의 벨라>(1917) 등 여러 그림들과 김춘수의 시와의 상관성을 언급한 짧은 감상문이 있음을 발견했다.

〈비테프스크 위에서〉(1915-1920, 뉴욕 현대미술관)

〈오븐 앞의 어머니〉(1914, 파리 이다 샤갈 기록보관소)

세 작품의 배경이 된 곳은 샤갈이 태어난 고향 러시아의 비테프스크(Vitebsk)이다. 첫 번째 작품은 파리에서 고향인 비테프스크를 그리워하며 그렸고, 두 번째 작품은 러시아로 돌아간 후 상트테르부르크에서 그린 것이다. 그리고 세 번째 작품은 샤갈이 비테프스크에 돌아와 그린 그림 중의 하나이다. 따라서 김춘수가 말한 '마을'은 특정 작품의 제목이 아니라 바로 샤갈의 고향 비테프스크를 배경으로 그린 그림들을 지칭한 것이다. 그리고 김춘수는 샤갈이 그의 고향을 소재로 하여 그린 세 작품을 몽타주함으로써 '샤갈의 마을'을 새롭게 재창조한 것이다.

김춘수가 샤갈의 회화 <나와 마을>에서 차용한 것은 두 가지 모티프이다. 하나는 오른쪽에 위치한 초록색으로 그려진 남자의 얼굴(화가의 자화상)이다. 다른 하나는 아래쪽 중앙의 올리브색으로 그려진 나무이다. <나와 마을>에서 고향을 상징하는 왼쪽의 암소[31]와 대칭적인 위치에서 서로 눈을 응시하며 대화라도 나누는 듯한 남자의 초록빛 옆얼굴은 "봄을 바라고 섰는 사나이의 관자놀이에/새로 돋는 정맥이/바르르 떤다"로 시에서 전이되고 있다. 그림 속의 남자는 고향을 상징하는 암소의 눈을 응시하고 있지만 시 속의 사나이는 봄을 바라고 서 있다. 그리고 봄에 대한 간절함이 "새로 돋는 정맥이/바르르 떤다"로 감각적으로 표현되고 있다. 여기서 '바르르'란 부사는 추위 때문이 아니고 봄에 대한 갈망의 간절함을 나타내는 역동적 이미지이다. 샤갈의 <나와 마을>에서 남자는 고향 비테프스크에 대한 강렬한 향수에 사로잡혀 있고, 김춘수의 시에서 사나이는 봄을 기다리는 간절한 욕망에 사로잡혀 있다. 그리고 그림 속

31 해석하는 사람에 따라 암소, 염소, 당나귀 등의 다양한 해석이 존재하지만 암소가 상징하는 여성성은 남자의 얼굴과 대칭을 이룬다는 점에서 가장 의미를 확대시킨다. 그리고 <나와 마을>에 대해 샤갈 스스로 "파리에 와 있는 나에게 고향 마을이 암소의 얼굴이 되어 떠오른다. 사람이 그리운 듯한 암소의 눈과 나의 눈이 뚫어지게 마주보고, 눈동자와 눈동자를 잇는 가느다란 선이 종이로 만든 장남감 전화처럼 이야기를 나누고 있다"라고 말했다. : 안혜영, 앞의 논문, 125면에서 재인용.

의 올리브색 나무는 시에서는 "올리브빛으로 물이 들"어가는 열매로 전이되어 있다. 이 올리브빛은 남자 얼굴의 초록색, 그리고 정맥의 푸른빛과 호응을 이루는 봄의 빛깔이다. 초록색, 올리브빛이란 색채 이미지를 통해서 시인은 겨울에서 봄으로 변화해가는 징후를 예리하게 포착해낸다. 그리고 초록색은 단지 계절상의 봄만이 아니라 새로운 시작, 희망, 성장을 의미한다. 초록색의 색채이미지는 "성장이고 생장이며 희망"이다. "초록은 봄마다 새로운 시작을 하고 미래를 향해 활을 쏘아 보내는 생명체"이다.[32]

샤갈의 <나와 마을>에서 남자와 암소는 눈을 서로 응시하고 있을 뿐만 아니라 가는 선으로 연결되어 둘 사이의 교감을 구체적으로 표현하고 있다. 그리고 (십자가) 구슬 목걸이를 같이 걸고 있으며, 둥근 원 안에서 남자가 왼손에 쥐고 있는 (꽃)나무의 향기를 함께 맡고 있다. 그야말로 동물과 식물, 그리고 사람이 하나가 되어 교감하는 장면을 통해 샤갈은 고향에 대한 그리움과 하시디즘의 세계에 대한 갈망을 표현하고 있다. 그리고 꽃향기, 즉 후각을 통해서 이-푸 투안(Yi-Fu Tuan)이 말한 고향에 대한 인간의 "깊지만 잠재의식적인 애착은 단순히 친숙함과 편안함, 양육과 안전의 보장, 소리와 냄새에 대한 기억, 오랜 시간 동안 축적되어 온 공동의 활동과 편안한 즐거움에 대한 기억"[33] 들을 환기시킨다. "냄새에는 생생하면서도 정서적으로 충만한 과거의 사건과 장면들을 환기시키는 힘이 있"[34]기 때문이다. 그리고 원경에서 마을의 지붕과 교회당의 풍경이 그려지고, 여인이 염소의 젖을 짜고, 들판에 일하러 나가는 남녀의 모습들까지도 병치시킴으로써 인간과 동식물, 집과 같은 것들이 조화를 이룬 하시디즘의 세계 또는 고향을 입체파의 영향을 받은 '원, 삼각형,

---

32 마가레테 브룬스, 조정옥 역, 『색의 수수께끼』, 세종연구원, 2000, 116면.

33 이-푸 투안, 구동희·심승희 역, 『공간과 장소』, 대윤, 1995, 255면.

34 이-푸 투안, 이옥진 역, 『토포필리아』, 에코, 2011, 29면.

대각선, 이미지의 투명한 중첩, 파랑과 빨강, 초록의 대비 속에'[35] 환상적으로 구현하고 있다.

본고는 김춘수의 시에 등장하는 '샤갈의 마을'의 눈 풍경은 <나와 마을>이 아니라 <비테프스크 위에서>에서 차용한 것으로 생각한다. 이 그림은 지팡이를 들고 보퉁이를 맨 늙은 유대인이 하늘을 날고 있는 동화적인 분위기의 그림이다. 하늘을 날고 있는 노인의 눈 아래 비테프스크의 눈에 덮인 길, 교회, 울타리, 눈 덮인 지붕들과 같은 마을 풍경이 내려다 보인다. 이 작품은 하늘을 나는 노인을 통해 상상의 세계를, 그리고 눈에 덮인 길, 교회, 울타리, 지붕, 겨울나무 등을 통해서는 현실적 세계를 표현한다. 즉 현실과 상상의 세계를 병치시키는 초현실주의적인 이 그림에서 김춘수는 "지붕과 굴뚝을 덮는" 눈의 이미지를 차용한 것이다.

김춘수의 「샤갈의 마을에 내리는 눈」에는 '샤갈의 마을'이란 시어가 세 차례 등장한다. "샤갈의 마을에는 삼월(三月)에 눈이 온다", "눈은 수천수만(數千數萬)의 날개를 달고/하늘에서 내려와 샤갈의 마을의/지붕과 굴뚝을 덮는다", "샤갈의 마을의 쥐똥만한 겨울 열매들은/다시 올리브빛으로 물이 들고"가 그것이다.(밑줄은 필자) 시에서 그려진 샤갈의 마을은 3월인데도 아직 눈이 내리는 겨울풍경을 연출한다. 샤갈의 <비테프스크 위에서>는 이미 눈에 덮여 있는 마을풍경을 보여주지만 시에서는 보다 역동적인 이미지의 눈이 수천수만의 날개를 달고 지붕과 굴뚝을 덮고 있는 가운데 쥐똥만한 겨울열매들이 다시 올리브빛으로 물듦으로써 봄을 예감하는 환상적인 풍경이다. 눈 풍경이 연출하는 환상성은 "수천수만의 날개"라는 시어를 통해서, 그리고 가장 순수한 천상의 빛깔인 흰색의 색채이미지를 통해서 형상화되고 있다.

시인은 아직 겨울풍경의 샤갈의 마을에서 머지않아 봄이 올 것이라는

---

35 안혜영, 앞의 논문, 125면.

징후를 읽어내고 있다. 그 예감은 봄을 간절히 소망하는 사나이의 바르르 떠는 관자놀이의 새로 돋는 정맥과 겨울열매가 올리브빛으로 물들어가는 것에 대한 예리한 포착을 통해 표현되고 있다.

그리고 "밤에 아낙들은/그 해의 제일 아름다운 불을/아궁이에 지핀다." 라는 시구는 여성성(모성성)과 불의 따뜻한 이미지를 환기한다. 샤갈의 그림 <나와 마을>에는 두 명의 아낙이 나오는데, 한 명은 염소의 젖을 짜고 있고, 다른 한 명은 손에 농기구를 들고 들판으로 일하러 나가는 모습이다. 즉 아궁이에 불을 지피는 아낙과는 거리가 있는 모습이다. 따라서 아궁이에 불을 지피는 아낙은 샤갈의 그림 <오븐 앞의 어머니>에서 이미지를 차용한 것으로 생각한다. 그림 속의 아버지는 왜소화된 채 후경으로 축소되어 그려진 반면 어머니는 전경으로 클로즈업됨으로써 가족을 위해 음식을 만드는 모성의 위대함이 크기의 대조를 통해 강조되어 있다. 고향 비테프스크는 가족을 위해 음식을 만드는 어머니가 존재하는 따뜻한 공간이다. "오븐 앞의 어머니"는 김춘수의 시에서는 아궁이에서 불을 지피는 한국적인 아낙의 모습으로 전이되어 있다. 아낙은 누군가의 어머니요, 아내이다. 그림의 전면을 지배하는 붉은 톤의 따뜻한 색조는 시에서 "그 해의 제일 아름다운 불"의 이미지로 전이되었다. 즉 오븐 앞의 클로즈업된 어머니와 그해의 가장 아름다운 불을 지피는 아낙 사이에는 모성의 위대함과 따뜻함이라는 점에서는 상호텍스트성을 찾을 수 있다. 아직 눈이 내리는 겨울의 풍경 속에서 봄을 그토록 갈망하는 이유는 바로 모성적인 따뜻함에 대한 추구라고도 해석된다. 가장 아름다운 불은 봄의 생명, 따뜻함, 탄생을 불러오는 불이라고 할 수 있는 것이다.

샤갈의 <나와 마을>, <비테프스크 위에서>, <오븐 앞의 어머니>는 모두 샤갈의 고향을 배경으로 삼고 있으며, 세 작품을 관통하는 포괄적인 주제는 하시디즘의 세계, 또는 고향(어머니)에 대한 그리움과 향수라고 할 수 있다. 그런데 김춘수의 시는 이국적인 샤갈의 마을 풍경을 통해 겨울 속에서 봄을 기다리는 간절함을 표현했다는 새로움이 있다. 물론 그 봄을 어떻게 해석하느냐에 따라 의미가 달라질 것이다. 그것은 단순한 계절이 아니라 생명, 따뜻함, 희망, 탄생 등의 여러 의미로 해석할 수 있겠지만 「샤갈의 마을에 내리는 눈」은 1960년대부터 김춘수가 일관되게 주장한 '무의미 시론'에 입각하여 쓴 무의미시의 하나로 읽혀진다. 신범순은 「샤갈의 마을에 내리는 눈」과 같은 시들이 보여주는 세계를 "시간의 역사적인 흐름이 소멸된 것 같은 회화적 공간"[36]으로 명명했다. 김춘수의 시는 봄눈이 내리는 이국적이고 환상적인 이미지의 세계를 형상화하고 있다는 점에서 앞에서 언급한 샤갈의 세 편의 회화들과는 다른 주제의 새로움을 부각시켰다. 김춘수의 시는 샤갈의 세 작품의 발췌요, 혼합이라는 점에서 혼성모방적 패러디[37]로 볼 수 있으나 회화 장르를 시 장르로 변형시켰을 뿐만 아니라 주제 면에서 새로움을 창조했다는 점에서는 혼성모방을 넘어선 독창성을 지닌다.

김춘수의 시 「샤갈의 마을에 내리는 눈」은 차가운 눈과 따뜻한 불의 병치, 겨울과 봄의 병치, 하늘에서 내리는 눈과 타오르는 불을 통한 하강과 상승 이미지의 병치, 사나이와 아낙의 젠더 병치 등 이질적인 요소들의 병치를 통해서 이국적인 샤갈의 마을을 형상화했다. 따라서 샤갈의 회화 <나와 마을>에서 사용하고 있는 입체파적 병치는 김춘수의 시에서는 이질적 이미지들의 병치로 반복되는, 즉 기법적인 측면에서 상호텍스트성을 갖는다고 할 수 있다.

---

36 신범순, 「무화과나무의 언어」, 『작가세계-김춘수』 33, 세계사, 1997년 여름, 68~69면.

37 린다 허천은 패러디를 이전의 예술작품을 재편집하고 재구성하며, 전도시키고 초맥락화하는 통합된 구조적 모방의 과정으로 파악했다. : 린다 허천, 김상구 외 역, 『패러디 이론』, 문예출판사, 1992, 23면.

4. 박상우의 소설과 김춘수의 시, 그리고 샤갈의 회화와의 상호텍스트성

전흥남은 박상우의 「샤갈의 마을에 내리는 눈」(1990)은 샤갈의 그림과의 관련성이 보다 직접적이고 전경화되어 있다고 파악한다. 즉 샤갈의 그림 <나와 마을>이 작품의 모티프로 등장하면서 서사성에 개입하고 있으며, <나와 마을>의 구도와 작품에 담긴 의미 그리고 「샤갈의 마을에 내리는 눈」에서의 공간의 이동과 인물의 설정, 나아가 서사성의 구조적 상동성이 드러나며, 특히 결말 부분에서 회화적 요소의 수용을 통한 주제의 암시가 주목할 만하다는 결론을 내리고 있다.[38] 반면 조용훈은 "박상우의 소설 「샤갈의 마을에 내리는 눈」은, 샤갈의 화풍이 주는 환상적인 요소와 낭만적 동경을 기저에 깔고 김춘수의 「샤갈의 마을에 내리는 눈」을 현실 속에 구체화시켜 서사적으로 재해석한 것처럼 보인다. 그러니까 박상우의 원 텍스트는 샤갈이 아니라 이를 원 텍스트로 한 김춘수의 시로 인식된다."[39]라고 했다.

박상우의 소설에서 샤갈의 <나와 마을>과의 상호텍스트성은 찾을 수 없다. 왜냐하면 샤갈의 <나와 마을>에는 앞에서도 밝혔듯이 눈 풍경이라고 할만 것이 없고, 박상우의 소설에서 샤갈의 그림은 언급되어 있으나 그것이 <나와 마을>이라는 그림이라고 할 만한 개연성은 발견되지 않기 때문이다.

김춘수와 박상우는 그들의 시와 소설에서 '샤갈의 마을에 내리는 눈'이라는 제목을 동일하게 사용함으로써 샤갈과 자신들의 작품 간의 상호텍스트성을 명시적으로 드러냈다. 그리고 박상우는 김춘수의 시(1969)

38 전흥남, 앞의 논문, 302면.

39 조용훈, 앞의 논문, 116면.

제목을 자신의 소설(1990) 제목으로 그대로 패러디하고, 눈이 내리는 겨울을 소설의 배경으로 차용함으로써 샤갈뿐만 아니라 김춘수의 시와 상호텍스트성을 갖는다. 뿐만 아니라 소설집 『샤갈의 마을에 내리는 눈』(1991)에서 박상우는 <목차>의 앞장에다 김춘수의 시 「샤갈의 마을에 내리는 눈」의 제5행부터 제9행까지를 프롤로그로 직접 인용해 놓음으로써 이를 강력히 뒷받침하고 있다. 하지만 작품 속으로 들어가 보면 샤갈의 그림이 언급되는가 하면, 결말에서 샤갈풍의 그림을 통해 주제를 암시하는 등 샤갈의 그림과의 긴밀한 상호텍스트성이 드러난다.

김춘수의 시와 마찬가지로 박상우 소설에서 눈 내리는 풍경은 샤갈의 <비테프스크 위에서>와 관련되며, 그보다는 김춘수의 시와 상호텍스트성을 갖는다. 박상우의 소설 「샤갈의 마을에 내리는 눈」과 샤갈의 회화 <비테프스크 위에서> 사이의 상호텍스트성을 굳이 찾는다면, 눈이라는 소재적 동일성과 함께 환상과 현실의 병치에서 찾을 수 있다. 늙은 유대인이 날아가는 동화 같은 모습과 길, 교회, 울타리, 눈 덮인 지붕 등의 현실적 소재의 병치[40], 즉 환상과 현실의 병치를 통한 독특한 효과를 <비테프스크 위에서>에서 의도했듯이(샤갈의 회화에서 환상과 현실의 병치는 매우 흔한 모티프이다.) 박상우의 「샤갈의 마을에 내리는 눈」도 현실과 환상의 문제를 중요한 주제로 다루고 있다.

> 현실과 환상은 도대체 어떤 의미에서 다를 수 있는 것일까. 지난 연대 내내 우리는 형언할 수 없는 환상에 뜨겁게 사로잡혀 있었었고, 이제 그것은 빈틈없이 깨져버린 것이었다. 그 깨어진 환상 속에 우리들의 현실, 우리들의 새로운 연대라는 게 던져져 있을 뿐이었다. 그게 아니라면 새로운 연대라는 또 다른 환상 속에 우리 모두가 다시 한 번 던져져 있는 건지도 모를 일이었다.(후략)[41]

---

40 도기 편, 30면.

박상우의 「샤갈의 마을에 내리는 눈」은 1980년대가 추구했던 정치적 환상(변혁)이 파행적으로 끝난 데 대한 허무한 현실, 또한 '우리'라는 연대의식이 균열되고 개인주의화되어가는 1990년대의 변화에 대한 당혹감, 그리고 1990년대라는 새로운 현실에 대한 기대감과 환상을 동시적으로 표현함으로써 샤갈의 회화작품처럼 현실과 환상의 병치라는 동일성을 공유하고 있다.

이밖에도 주인공들이 신촌 카페에서 우연히 만난 여자가 한 잔 더 하자고 하여 찾아가는 '샤갈의 마을'(여자의 화실)로 가는 길목에서 만난 "눈발이 춤을 추듯 너울거리는 희붐한 허공에, 마치 떠 있는 것처럼 거대한 굴뚝 하나가 솟아올라 있었다."와 같은 풍경의 부분 묘사에서도 샤갈의 <비테프스크 위에서>와의 유사성을 찾아볼 수 있다. 그보다는 '샤갈의 마을'로 지칭된 그녀의 화실로 들어섰을 때, 벽에 걸린 샤갈의 여러 그림들은 박상우의 소설과 샤갈의 회화 사이의 상호텍스트성을 보다 직접적으로 드러낸다.

> 냉기가 가득한 실내로 들어섰을 때, 무엇보다도 먼저 우리 두 사람의 시선을 사로잡은 건 벽에 걸린 여러 개의 그림 액자들이었다. 어디선가 많이 본 듯한 그림들……. 모두 샤갈의 그것들이었다. 그제서야 우리는 그녀가 그림을 그리는 여자라는 얘기를 들었던 아주 희미한 기억을 되살려낼 수 있었다.[42]

하지만 여기서 샤갈의 그림은 "어디선가 많이 본 듯한"한 친숙한 그림이라는 내포밖에 지니지 못한다. 구체적으로 특정한 작품의 제목이나 그

---

41 박상우, 「샤갈의 마을에 내리는 눈」, 『샤갈의 마을에 내리는 눈』, 세계사, 1991, 11~12면.

42 박상우, 위의 책, 29면.

림의 모티프들, 또 그에 대한 인물들의 심경 같은 것은 전혀 언급되지 않았기 때문이다. 하지만 작품의 결말에서 샤갈의 그림은 다시 한 번 중요하게 제시된다.

> (전략)이따금 여자 혼자서 술을 마시는 소리, 그리고 공허롭게 중얼거리는 소리가 아주 먼 데서 오는 여음처럼 희미하게 귓전으로 밀려들었다. 그가 보고 싶어요. 누가 그에게 전화를 걸어줄 수 없나요? 내가 그를 기다리고 있다고……. 샤갈의 눈 내리는 마을에서 아직도 그를 기다리고 있다고……. 중얼거리는 소리가 잘게 부서져, 남겨진 우리 둘의 등판 위로 눈처럼 쏟아져 내리는 것 같았다. 그리고 아주 잠시 뒤에 우리는 여자가 마지막 신음처럼 이렇게 중얼거리는 소리를 들을 수 있었다. 춥고 배고파. 그리고 남자와 자고 싶어…….
>
> 붉은 태양과 흰 염소, 그리고 한 다발의 꽃과 두 여인, 올망졸망하게 눈 덮인 마을과 헐벗은 겨울나무의 풍경들이 아득하게 떠오르기 시작했다. 아주 오래 전부터 우리의 기억 속에서 잠자고 있던 그런 풍경인 것 같았다. 그리고 오래지 않아 여자가 어깨를 두드리는 소리, 머리를 떨군 채 의식을 잃어가는 둘 중 하나를 조심스럽게 깨우는 소리가 꿈속에서인 것처럼 아득하게 들려오기 시작했다. 몽중에 그러는 것처럼, 그때 우리 중 하나가 탁자 밑으로 손을 뻗어 나머지 하나의 손을 필사적으로 거머쥐었다.[43]

눈이 내리는 날 밤에, 샤갈의 그림이 걸린 화실의 주인인 여자는 떠나간 연인을 그리워하고 있다. 그녀가 21년 만의 폭설이 내린 날 밤에 난방도 제대로 안 된 지하의 화실을 찾은 이유도 떠나간 연인에 대한 그리움 때문이라고 할 수 있다. "춥고 배고파. 그리고 남자와 자고 싶어"라는

---

43 위의 책, 33면.

그녀의 독백은 떠난 연인에 대한 그리움과 그 연인과 합일되고 싶은 현실적이고 개인적인 욕망을 표현한 것이다. 따라서 그녀에게 '샤갈의 눈 내리는 마을'은 식욕과 성욕과 같은 개인의 기본적 욕망을 실현하고 싶은 장소라고 할 수 있다. 그녀의 이 독백에 대해 하응백이 "개인 욕망의 직접적 분출이 '우리'의 80년대적 전망을 압도하는 대목이다. 그녀의 이 발언은 80년대를 마감하는 소설 속의 폭설처럼 압도적이다"[44]라고 한 것은 흥미롭다. 그렇다면 그녀야말로 폭설 속에서 맞은 1990년대라는 새로운 연대를 상징하는 인물이다. 공동체적 관심과 정치 과잉의 1980년대를 통과해서 개인적 욕망을 실천하는 1990년대를 암시하는 인물이 바로 이 여성인 셈이다. 사실 그녀는 '우리'라는 공동체와 '우리'들의 담론에 대해서 혐오감을 표명하며 거기에 무슨 의미가 있느냐고 우리를 향해 공격한다.[45]

작품의 결말에서 우리(남자)들이 떠올린 풍경은 "붉은 태양과 흰 염소, 그리고 한 다발의 꽃과 두 여인"[46]과 같은 환상적인 세계와, "올망졸망하게 눈 덮인 마을과 헐벗은 겨울나무의 풍경들[47]"과 같은 현실적인 세계, 즉 환상과 현실의 이질적인 세계의 동시적 재현이다. 이것들은 물론 샤갈의 <나와 마을>의 이미지나 특정한 어떤 그림이 아니라 샤갈의 수많은 그림 속에 반복적으로 등장하는 주요 모티프들로서, '태양과 염소'는 강한 남성성을 나타나내고, 붉은 색은 '샤갈이 추구한 환상적 세계를 표현'

---

44 하응백, 「샤갈의 마을에서 옥탑방에 이르는 길」, 박상우 외, 『내 마음의 옥탑방』, 문학사상사, 1999, 383면.

45 박상우의 소설 「샤갈의 마을에 내리는 눈」은 시종일관 '우리'라는 1인칭 복수화자를 사용함으로써 공동체적 연대의식을 필사적으로 강조하고 있다.

46 사실 샤갈의 그림은 두 여인이 아니라 연인이나 부부 사이인 남녀가 빈번하게 등장한다. 꽃다발과 여인의 이미지를 그린 그림들은 <붉은 배경 속의 흰 꽃다발>, <바바의 초상>, <여인과 장미> 등 무수하다.

47 이 모티프는 <비테프스크 위에서>와 비교적 일치한다.

한다.[48] '한 다발의 꽃과 두 여인'은 여성성과 순수함을 상징한다. 그리고 '눈 덮인 마을과 헐벗은 겨울나무의 풍경들'은 샤갈의 고향 비테프스크의 겨울풍경과 유사하다. 따라서 위의 이미지는 샤갈의 어떤 특정한 그림이 아니라 샤갈 그림의 주요 모티프들을 모자이크한 풍경이라고 할 수 있다. 마치 김춘수가 세 편의 샤갈의 회화에서 모티프들을 자의적으로 발췌하고 편집하여 새로운 시를 만들어냈듯이, 박상우의 소설 속의 주인공들 역시 샤갈풍의 그림을 재구성하여 떠올린 것이다. 그리고 그 세계는 인간과 동물, 그리고 무생물까지도 조화를 이룬 하시디즘의 세계를 보여준다.

이 풍경은 "아주 오래 전부터 우리의 기억 속에서 잠자고 있던 그런 풍경"이라고 작품 속에 언급되어 있는데, 이것은 작품 속에 등장하는 남자들의 내면에 잠재된 원형적인 풍경, 아름답고 이상적인 풍경이라고 할 수 있다. 이 아름답고 이상적인 풍경은 21년만의 폭설을 핑계로 만난 6명의 친구들과 함께 되돌아가고 싶은 지난 연대일지도 모른다. 아직 젊음의 패기가 있고, 정치적인 열정과 환상에 사로잡혀 있던 시절, 그립지만 다시는 돌아갈 수 없는 1980년대의 풍경, 이런저런 핑계를 대고 술자리를 일찍 떠나버린 친구들처럼 개인주의적 성향에 점차 물들어가는 중년이 아니라 '우리'라는 연대의식으로 똘똘 뭉쳐 있던 지난 연대에 대한 그리움을 담은 풍경일 수 있다. "우리 중 하나가 탁자 밑으로 손을 뻗어 나머지 하나의 손을 필사적으로 거머쥐었다"와 같은 작품의 결말처럼 아직 공동체적 연대에의 꿈을 완전히 버리지는 않은, 작중의 남자주인공들이 꿈꾸는 세계인 것이다. 현실은 이미 1990년대로 넘어가 지난 연대에 대한 허무주의에 지배되어 있을지언정 1980년대는 여전히 되돌아가고 싶은 환상적이고 아름다운 세계이다.

---

48 권용준, 「아폴리네르와 샤갈 : 색채이미지 연구」, 『한국프랑스학논집』 63, 한국프랑스학회, 2008, 101면.

박상우는 "90년대의 시공에 몸담고 있으면서도 철저하게 80년대의 주제의식에 복무하고 있었"[49]다고 1980년대적 의식에 사로잡힌 채 1990년대에 작품을 써야 하는 작가적 갈등을 토로한 바 있다. 그는 "포스트모더니즘 논쟁과 표절 시비와 무라카미 하루키 열풍이 휩쓸고 가는" 1990년대의 변화 속에서 첫 소설집 『샤갈의 마을에 내리는 눈』(1991)을 비롯하여 1990년대에 그가 발표한 소설들은[50] 급변하는 1990년대의 풍조 속에서 외롭고 쓰디 쓴 인내의 시간을 보내며 1980년대적 소재와 주제의식을 마치 통과의례처럼 정리한 것이었다고 고백한 바 있다.[51]

권성우는 "'통통 속의 넝마주의'로 표현되는 지난 연대의 정치 과잉의 문화와 환상적인 '샤갈의 마을'로 상징되는 새로운 연대의 허무주의가 대비되고"[52] 있다고 박상우의 소설을 평했지만 샤갈의 마을은 지난 연대와 새로운 연대 모두에 열려 있다고 생각한다. 실제로 샤갈의 회화들은 허무주의를 표현하고 있지 않으며, 소설 속의 다가올 새로운 1990년대는 지금 시작의 시점에 서 있으므로 이미 환상이 파괴된 지난 1980년대처럼 허무주의로 결론이 난 것이 아니라 새로운 기대와 환상으로 전망되는 시점이다. 어쨌든 환상과 현실의 이질적인 요소들이 뒤섞여 있는 회화 속의 몽환적인 세계는 새로운 연대 즉 작중의 남성들이 그리는 1990년대의 새로운 이상을 품은 또 다른 환상적 세계일 수도 있는 것이다.

미하일 바흐친(Mikhail Bakhtin)은 소설이 시나 희곡 같은 여타의 문학 장르를 흡수하고 병합시키는가 하면 편지나 일기 같은 비문학적인 장르

---

49 박상우, 「작가는 노란 잠수함에서 산다」, 『작가세계』 40, 세계사, 1999, 272~273면.

50 『샤갈의 마을에 내리는 눈』, 『지구인의 늦은 하오』, 『시인 마태오』, 『나는 인산의 빙하기로 간다』, 『독산동 천사의 시』, 『호텔 캘리포니아』, 『청춘의 동쪽』과 같은 소설집이 바로 그것이다.

51 박상우, 앞의 글, 273~274면.

52 권상우, 「80년대의 마지막 겨울에 내리는 눈을 위하여」, 박상우, 『샤갈의 마을에 내리는 눈』, 383면.

마저 흡수하고 병합시키는, 즉 소설화시키는 특성이 있다고 했다. 크리스테바가 상호텍스성이란 용어를 사용한 계기도 바흐친에 관한 논문을 쓸 때였다.[53] 소설은 다양한 담론 양식들을 표현수단으로 사용할 뿐만 아니라 대상으로 다룬다는 의미에서 상호텍스트적이라고 할 수 있다. 하지만 바흐친은 상호텍스트성이란 용어 대신 대화이론이란 용어를 사용했으며, 본질적으로 언술은 다른 언술들과의 연관성 없이는 존재하지 않는다고 보았다.[54]

바흐친이 말한 다성적 소설의 작중인물들은 작가의 의도에 따라 움직이는 자동인형이 아니라 작가의 의도를 비판하거나 배반하기도 하는, 한 시대의 다양한 욕망의 목소리들을 들려주는 살아 있는 주체들로 등장한다. 주인공의 의식은 타인의 의식으로 나타나 있으나, 동시에 그 의식은 대상화되어 있지 않고, 닫혀져 있지 않고, 작가의식의 단순한 객체가 되어 있지 않다.

바흐친적인 의미에서 박상우의 소설은 샤갈의 회화 텍스트와 이를 원텍스트로 삼은 김춘수의 시 텍스트를 흡수하고 병합시킴으로써 소설작품의 대화성을 풍부하게 만들고 있다. 그리고 바흐친적인 의미에서 볼 때에 작품의 결말에서 떠올린 샤갈풍의 몽환적인 풍경은 굳이 지난 연대인 1980년대나 앞으로 다가올 1990년대 어느 한쪽으로 그 의미를 한정할 필요가 없을 것이다. 바흐친은 다성성 이론과 관련하여 의미의 비결정성과 개방성을 무엇보다도 중시했는데, 작가 박상우는 대상을 다루는 방식에 있어서도 다성적이고 대화적인 방식을 취했다고 할 수 있다. 한 연대가 저물고 새로운 연대가 시작되는 터닝 포인트, 즉 지난 연대에 대한 허무주의와 새로운 연대에 대한 기대와 환상이 교차하는 시점에서 인간

---

53 김욱동, 『대화적 상상력』, 문학과지성사, 1988, 199~201면.

54 츠베탕 토도로프, 최현무 역, 『바흐찐 : 문학사회학과 대화이론』, 까치글방, 1987, 93면.

의 다양한 욕망과 목소리를 들려주는 일이야말로 작가의 진정한 임무라고 생각했을 법하다. 따라서 박상우의 「샤갈의 마을에 내리는 눈」은 김춘수의 시, 그리고 샤갈의 회화 텍스트와의 상호텍스트성을 적절히 활용한 대화주의적이고 다성적인 작품이라고 할 수 있다.

또한 박상우는 패러디 등 1990년대의 새로운 문예사조인 포스트모더니즘 기법을 적절히 활용한, 그 자신은 1990년대에 살면서도 1980년대에 복무해왔다고 말했지만 뜻밖에도 그의 소설이 보여준 기법들은 1990년대의 새로운 경향인 포스트모더니즘의 특징을 나타내고 있다. 그의 「샤갈의 마을에 내리는 눈」은 뚜렷한 서사가 부재한다는 점에서도 1990년대적이다.

김춘수의 「샤갈의 마을에 내리는 눈」이 눈이 내리는 겨울풍경 속에서 봄을 예감하고 그에 대한 간절한 욕망을 예리하게 표현하였다면, 박상우의 소설은 1980년대를 마감하고 1990년대라는 새로운 연대가 시작되는 시점에서 지난 연대에 대한 그리움과 새로운 연대에 대한 환상과 기대 등을 동시적으로 표현하며, 이를 샤갈의 몽환적인 그림과 이를 원 텍스트로 삼은 김춘수의 시를 통해서 암시적으로 표현하였다. 박상우에게 샤갈은 현실과 환상이 동시적으로 공존하는 세계, 현실 너머에 존재하는 꿈과 몽환을 표현한 화가로 수용되었다고 할 수 있다.

5. 결론

본고는 시공을 뛰어넘어 한국의 시인과 작가들에게 예술적 영감을 크게 불러일으킨 마르크 샤갈의 회화 텍스트가 김춘수의 시 텍스트인 「샤갈의 마을에 내리는 눈」과 박상우의 동명소설 간의 상호텍스트성, 그리고 김춘수와 박상우의 두 작품 간의 상호텍스트성에 대해서도 살펴보았다.

김춘수의 「샤갈의 마을에 내리는 눈」은 샤갈이 그의 고향 비테프스크를 배경으로 삼은 <나와 마을>, <비테프스크 위에서>, <오븐 앞의 어머니>라는 세 편의 회화를 몽타주함으로써 재탄생된 시이다. 샤갈의 세 작품을 관통하는 포괄적인 주제는 하시디즘의 세계에 대한 갈망과 고향(어머니)에 대한 그리움이라고 할 수 있다. 그런데 김춘수의 시는 3월에도 눈이 내리는 이국적인 샤갈의 마을 풍경을 통해 봄을 기다리는 간절함을 표현하고 있다. 그러니까 주제적인 면에서 두 작품은 상이함을 나타내고 있다.

김춘수의 시 「샤갈의 마을에 내리는 눈」은 「처용단장」(1969) 이후의 무의미시 계열의 작품으로서, 차가운 눈과 따뜻한 불의 병치, 겨울과 봄의 병치, 하늘에서 내리는 눈과 타오르는 불을 통한 하강과 상승 이미지의 병치, 사나이와 아낙이라는 젠더의 병치 등 이질적인 요소들의 병치를 통해서 3월에도 눈이 내리는 이국적이고 환상적인 샤갈의 마을을 형상화했다. 샤갈의 <나와 마을> 등에서 사용하고 있는 입체파적 요소인 병치는 김춘수의 시에서는 이질적 이미지의 병치가 반복되는, 즉 기법적인 측면에서 상호텍스트성을 갖는다고 할 수 있다.

박상우의 단편소설 「샤갈의 마을에 내리는 눈」은 김춘수의 시에서 제목을 그대로 패러디하고, 눈 내리는 샤갈의 마을을 배경으로 차용했으며, 샤갈의 회화를 소설에 인용하는 등 1990년대의 새로운 문예사조인 포스트모더니즘의 핵심적 요소의 하나인 패러디를 주요기법으로 사용했다. 핵심기법으로서의 패러디, 뚜렷한 서사의 부재 등 박상우는 1990년대의 새로운 경향인 포스트모더니즘의 맥락에 서서 작품을 창작했다고 할 수 있다.

박상우의 소설은 1980년대를 마감하고 1990년대라는 새로운 연대가 시작되는 시점에서 지난 연대에 대한 그리움과 새로운 연대에 대한 환상과 기대 등을 동시적으로 표현하며, 이를 현실과 환상을 병치시킨 샤갈의 환상적인 그림을 통해서 암시적으로 드러냈다. 박상우에게 샤갈은 현실과 환상이 동시적으로 공존하는 세계, 현실 너머에 존재하는 꿈과 몽환을 표현한 화가로 수용되었다고 할 수 있다.

참고문헌

기초자료

김춘수, 『김춘수시전집』, 현대문학, 2004.

박상우, 『샤갈의 마을에 내리는 눈』, 세계사, 1991.

단행본

김욱동, 『대화적 상상력』, 문학과지성사, 1988.

김준오 편, 『한국현대시와 패러디』, 현대미학사, 1996.

박덕규·이은정 편, 『김춘수의 무의미시』, 푸른사상, 2012.

박상우 외, 『내 마음의 옥탑방』, 문학사상사, 1999.

박찬기 편, 『표현주의 문학론』, 민음사, 1990.

월간미술, 『세계미술용어사전』, 월간미술사, 1999.

이일, 『CHAGALL 세계미술문고 47』, 금성출판사, 1976.

『작가세계-김춘수』 33, 세계사, 1997년 여름.

정문규, 『샤갈』, 서문당, 1989.

최승규, 『서양미술사 100장면』, 한명, 2001.

한용환, 『소설학사전』, 고려원, 1992.

도기 편, 권희수 역, 『샤갈과 표현주의』, 교원, 2003.

린다 허천, 김상구 외 역, 『패러디 이론』, 문예출판사, 1992.

마가레테 브룬스, 조정옥 역, 『색의 수수께끼』, 세종연구원, 2000.

마르크 샤갈, 김동림 역, 『샤갈, 내 젊음의 자서전』, 책세상, 1989.

스티븐 파딩 외, 『죽기 전에 꼭 봐야 할 명화 1001점』, 마로니에북스, 2007.
이-푸 투안, 구동회·심승희 역, 『공간과 장소』, 대윤, 1995.
이-푸 투안, 이옥진 역, 『토포필리아』, 에코, 2011.
츠베탕 토도로프, 최현무 역, 『바흐찐 : 문학사회학과 대화이론』, 까치글방, 1987.
Kristeva, Julia. *The Revolution in Poetic Language*, New York: Colombia University Press, 1984.

논문

곽동훈, 「1980-90년대 박상우 소설의 변화와 방향성」, 『전농어문논집』 17, 서울시립대학교 국어국문학과, 2005, 153~175면.
권성우, 「80년대의 마지막 겨울에 내리는 눈을 위하여」, 박상우, 『샤갈의 마을에 내리는 눈』, 세계사, 1991, 380~398면.
권오욱, 「마르크 샤갈 회화의 시적 이미지 연구」, 『새국어교육』 54, 한국국어교육학회, 1997, 485-512면.
권용준, 「아폴리네르와 샤갈 : 색채이미지 연구」, 『한국프랑스학논집』 63, 한국프랑스학회, 2008, 93~120면.
김애경, 「마르크 샤갈 작품에 나타난 무의식의 내면세계연구」, 『커뮤니케이션디자인학회 학술대회발표집』, 커뮤니케이션디자인학회, 2009, 74~82면.
김효중, 「한국현대시에 수용된 샤갈의 그림」, 『어문학』 66, 한국어문학회, 1999, 291~219면.
박상우, 「작가는 노란 잠수함에서 산다」, 『작가세계』 40, 세계사, 1999, 1~5면.
신혜경, 「문학과 조형예술 간의 상호텍스트성에 관한 연구」, 『미학예술학연구』 1, 한국미학예술학회, 2007, 415~442면.
안혜영, 「미술감상교육에 대한 질문사례연구Ⅸ-'가축이 있는 그림' 편」, 『사향미술교육논총』 6, 한국미술교과교육학회, 1998, 85~143면.
윤호병, 「한국현대시에 수용된 마르크 샤갈 그림」, 『인문언어』 1, 국제언어인문학회, 2001, 141~157면.
이윤정, 「김춘수 시에 나타난 회화의 수용양상」, 『인문과학연구』 24, 강원대학교 인문과학연구소, 2010, 165~182면.
이재언, 「현대미술의 거장 마르크 샤갈」, 『마르크 샤갈』, 선아트센터·선화랑, 2003, 1~4면.

이형권, 「김춘수 시의 작품 패러디 연구」, 『한국언어문학』 41, 한국언어문학회, 1998, 131~151면.
전흥남, 「현대소설의 회화 수용과 서사」, 『현대문학이론연구』 49, 현대문학이론학회, 2012, 287~306면.
정숙자, 「20세기 미술의 동향과 마르크 샤갈에 관한 연구」, 『상지대학교 논문집』 12, 상지대학교, 1991, 159~175면.
조용훈, 「회화 시 소설의 상호 텍스트성 연구-샤갈의 <나와 마을>의 문학적 해석을 중심으로」, 『한국문학이론과 비평』 29, 한국문학이론과비평학회, 2005, 101~127면.
하응백, 「샤갈의 마을에서 옥탑방에 이르는 길」, 박상우 외, 『내 마음의 옥탑방』, 문학사상사, 1999, 381~391면.

(『한국문학이론과비평』 60, 한국문학이론과비평학회, 2013)

제3부

치유 코드로 읽기

문학과 치유

1. 힐링이 필요한 시대

요즘 우리 사회의 핵심적 키워드의 하나는 '힐링(healing)'이다. 그저 바라보고만 있어도 치유가 될 것 같은 순진무구한 얼굴을 한 혜민 스님이 쓴 책『멈추면, 비로소 보이는 것들』이 1년 만에 200만 부를 돌파했다는 소식이 전해진다. 우리나라 독자들은 돌아가신 법정 스님을 비롯하여 이해인 수녀님 등 종교인이 쓴 책을 선호하는 취향을 가지고 있다는 것을『멈추면, 비로소 보이는 것들』이 다시 한 번 확인시켜 준 것이다.

혜민의 글은 시도 수필도 아닌 트위터 등에서 사용하는 짧은 잠언 형식을 취하고 있다. 그는 가장 인기 있는 트위터리안으로 자리 잡고 있고, 그의 글은 불교적 냄새를 풍기지도 않는다. 산속으로 들어간 불교가 대중들로부터 외면을 받고 있는 사이 법륜 스님은 '즉문즉설'을 통하여 대중들과 수시로 만나고 있고, 혜민 스님은 트위터와 책으로 독자들과 끊임없이 소통하고 있다. 종교인의 권위가 필요한 시대가 아니라 대중과의 소통이 필요한 시대라는 것을 그들은 정확하게 꿰뚫고 있는 것이다. 그래서 그들은 새로운 방식으로 포교를 하고 있는 셈이다. 그렇다고 하여 법륜이나 혜민이 대중들을 향해 불교를 강요하는 것은 결코 아니다. 그래서 수많은 대중들이 더욱 열광하고 있는 것이리라. 그들에게 열광하는 수많은 사람들을 보면서 우리 시대에는 왜 이처럼 힐링이 필요한 사람이 많아진 것인지 생각해 보지 않을 수 없다.

최근 한국의 국력은 세계 10위권을 상회하고 있다. 우리는 그 어느 때보다도 경제적 물질적으로 풍요로운 시대를 살아가고 있는 것이다. 이러한 역사상 유래 없는 풍요에도 불구하고 한국인의 영혼은 병들고, 삶이 결코 행복하지 않다는 것을 OECD 국가 중 한국의 자살률이 8년째 1위를 차지하고 있는 것이나, 우리나라 음주율이 성별과 연령을 막론하고 전 세계에서 3배가량 높다는 사실에서, 또한 한국인의 행복지수가 OECD 국가 중에서 꼴찌를 차지하고 있는 데서 인정하지 않을 수 없다.

누가 그들을 자살로부터, 알콜중독으로부터, 불행으로부터 구출할 것인가? 학생들의 입시경쟁을 완화하고, 청년실업을 해소하고, 늘어난 노년을 의식주 걱정 없이 건강하게 살아갈 수 있도록 해줄 임무는 정치인들에게 있다. 개인이 건강해지기 위해서는 당연히 그가 살고 있는 사회가 건강해야 한다. 건강한 사회란 무엇일까? 기본적으로 의식주의 걱정이 없고, 일하고 싶은 사람에게 일자리가 주어지고, 과도한 경쟁만능과 빈부격차 같은 것이 없는 사회일 것이다. 푸코(Michel Foucault)는 인간의 내면에 잠재되어 있는 병리적 현상이 사회의 억압적인 권력구조와 연관이 되어 있다고 보았다. 즉 개인이 건강하기 위해서는 사회가 건강하지 않으면 안 되는 것이다. 국민들을 각종 불안과 스트레스로부터 해방시켜 편안하게 살아갈 수 있도록 건강한 사회시스템을 만드는 임무는 당연히 정치인들의 몫이다.

하지만 의사가 인간의 신체를 치료하여 건강하게 만들 의무가 있듯이 종교인은 종교인대로 인간 내면의 갈등을 치유하고 안정과 성숙으로 이

끌 임무를 지니고 있다. 혜민 식의 힐링을 값싼 힐링이라고 비난하는 사람들이 있지만 안심입명(安心立命)을 주는 종교 본래의 역할을 종교인은 포기하지 말아야 할 것이다.

2. 문학의 치유적 기능

문학작품을 읽는 목적이 혜민 스님의 책을 읽는 것과 같을 수는 없지만 문학에도 교훈과 쾌락이라는 기능을 넘어서서 치유의 기능을 본래적으로 가지고 있다.

아리스토텔레스(Aristoteles)는 비극이 관객에게 불러일으키는 효과를 공포와 연민을 통한 카타르시스(catharsis)라고 언급함으로써 문학의 치유적 기능을 최초로 논하였다. 아리스토텔레스 이후에도 여러 이론가들이 문학의 치유적 효과를 논한 바 있다. 시가 종교와 철학을 대신해서 인류를 구원해주리라고 믿었던 인생비평가 아놀드(Matthew Arnold)는 문학이 인간완성과 사회정의를 실현할 수 있다고 보았다. 프랑스의 비평가 알베레스(René-Marill Albérès)는 시가 목표로 하는 것은 하나의 진실이며, 하나의 현실이고, 또한 하나의 계시라고 했다. 시인과 예술가의 역할은 우리를 각성시키고 좁은 양식으로부터 우리를 끄집어내는 데 있다고 했던 것이다. 독일의 대문호 괴테(Johann Wolfgang von Goethe)가 "위대한 작품들은 우리를 가르치지 않고 우리를 변화시킬 뿐이다"라고 했을 때의 변화란 협의의 교육적 효과와는 다른 것으로서, 편협한 아만에 사로잡힌 인간을 보다 성숙하고 확대된 자아의 세계로 확충시키고 실현시킨다는 의미일 것이다. 영국의 비평가 리처즈(I.A. Richards)는 문학의 효용이 즐거움에 있지 않고 상황의 실제를 확실히 파악하는 데 있다고 보았다. 그리하여 시는 갈등이나 혼란을 화해와 조화의 세계로 정제시켜준다고 보았다. 정제된 시적 경험은 새로운 질서와 자유를 제시하며, 여기서 독자는 참다운 평정(equilibrium)을 느끼게 된다고 보았다.

아놀드가 말한 인류에 대한 구원, 알베레스가 말한 계시와 각성, 괴테가 말한 변화, 리처즈가 말한 화해와 조화, 새로운 질서와 자유의 제시, 그리고 평정은 광범위한 의미에서 치유 효과로서의 문학적 기능이라고 해석할 수 있을 것이다.

이처럼 문학의 본래적 기능 속에 내포된 치유 효과에 대해서 여러 문학이론가들이 일찍부터 설파해 왔음에도 '문학치료(literary therapy)'라는 용어가 생긴 것은 최근의 일이다. 문학치료를 비롯하여 음악치료, 미술치료, 무용치료, 연극치료 등 다양한 장르의 예술치료(art therapy)를 넘어서서 철학치료, 역사치료, 인문치료까지 등장한 것이 최근의 현실이다. 예술과 인문학의 실용적 가치와 융복합에 대한 관심이 예술치료와 인문치료를 탄생시켰다고 고상하게 포장할 수도 있지만 모든 것이 돈으로 환산되어야만 가치를 인정받는 황금만능주의와 실용주의에 지배된 시대 분위기가 예술치료와 인문치료를 만들어냈다고 말하는 것이 보다 솔직할 수도 있을 것이다.

즉 배고픈 예술가와 인문학자들이 고유의 예술활동과 인문학 활동만으로는 먹고 살 수가 없기 때문에 돈이 될 수 있는 것을 찾다보니, '치료'라는 것을 접목시킨 것이 소위 예술치료요, 인문치료이다. 그런데 정작 예술치료와 인문치료에 종사하는 사람들은 예술가나 인문학자들이 아닌 경우가 많다. 즉 상담치료를 하는 사람들이 상담의 도구로 예술을 활용하는 경우가 많다는 것이다. 돈벌이에는 영 밝지 못한 예술가나 인문학자들은 정작 예술치료나 인문치료에서도 소외되어 있다는 뜻이다. 문학치료사로 활동하고 있는 사람들의 면면을 살펴보면 문학을 전공한 사람들이 아닌 경우가 많은 것이다. 따라서 문학치료학이 학문적으로 제대로 정립되지 않은 가운데 임상만이 활발하게 진행되고 있는 상황이다.

하지만 문학치료를 누가 하든 보다 중요한 것은 이미 문학은 인간을 치유하는 역할을 문학이 생긴 이래 담당해 왔으며, 이러한 문학의 본래적 기능이 없다면 문학치료라고 하는 것은 성립할 수 없었다는 것이다. 문학치료사가 치료에 도움을 줄 수는 있지만 결국 인간을 치료하는 것은 문학 그 자체이다.

3. 심리적 카타르시스와 인문학적 통찰

문학치료(literary therapy)는 문학 작품을 매개로 치료자와 내담자가 1대 1이나 집단으로 토론, 글쓰기 등의 방법으로 당면한 문제를 해결하는 치료법이다. 문학치료는 통합적 치료방법으로서 신체와 정신의 건강을 돌보기 위하여 여러 수단을 사용한다. 이때 문학이 주도적, 또는 부수적으로 사용된다. 독서치료(bibliotherapy)가 문학 이외에도 다른 텍스트를 사용할 수 있고, 읽기와 듣기 등의 수동적 방법에 의존한다면 문학치료는 문학작품을 텍스트로 사용하며, 읽기와 듣기뿐만 아니라 말하기와 쓰기의 능동적 방법까지 통합한 치료방법을 사용한다.

상담사(치료사)는 참여자(내담자)에게 글쓰기 작업을 통해 자신의 문제를 인지하고 감정을 표현하게 하여 자신의 삶을 변화시킬 수 있도록 도와준다. 문학은 참여자들에게 그들의 느낌을 드러내고 깊이 느끼도록 하며, 그들의 정서적 이해의 폭을 넓게 하도록 동기를 유발한다.

문학치료는 심리적 카타르시스(배설, 순화, 정화 등)만이 아니라 무의식이나 억압된 감정에 접근하게 하고, 그와 관련된 감정을 드러내어 의미의 형상화가 가능하게 만든다는 점에서 정신분석적이다. 문학치료는 수용적이고 수동적 입장의 독서치료(bibliotherapy)를 넘어서서 능동적 글쓰기를 통해 이미지와 상징을 만들어내고, 상징의 형상화를 통해 자신의 상처를 드러내는 적극적인 치료다. 뿐만 아니라 문학치료는 심리적 카타르시스만을 추구하지 않는다.

즉 다른 예술 장르가 갖지 못한 인지적 통찰을 통한 치유라는 강한 강점을 문학치료는 가지고 있다. 이것은 깨달음을 통한 지성적 카타르시스와도 맞닿은 견해로서 인지적 통찰 내지 지성적 깨달음은 문학이 예술인 동시에 인문학이라는 성격에서 기인한다. 예술로서의 문학이 감성적 치유를 담당한다면, 인문학으로서의 문학은 인지적 깨달음, 그것이 윤리적인 것이든 지성적인 것이든 삶에 대한 사유와 통찰을 통하여 인간을 치유하고 변화시킨다고 생각되는 것이다. 인간에게는 신체적, 감정적 고통만이 아니라 인식론적 고통, 존재론적 고통, 가치론적 고통도 있다. 이런 고통은 의학이나 정신분석학, 심리학적 치유방식에 의존해서는 결코 해결될 수 없다.

인문학적 치유는 김석수 교수가 말했듯이 "인식론적, 존재론적, 가치론적 문제 전반과 관련하여 내담자가 겪고 있는 문제에 대해서 스스로 논쟁점과 갈등점을 찾아내고 거기에 대해서 해답을 찾아가도록 도와주는 소통의 역할을 적극적으로 수행"한다. 한마디로 인문학적 치유는 인간 전체에 대한 반성적 접근과 철학적 사유를 통한 치유를 지향한다. 문학은 예술의 일종이지만 동시에 인문학의 한 분야이기도 하다. 더욱이 문학은 인간의 삶을 언어를 통해 구체적으로 보여주고 있기 때문에 반성적 접근과 철학적 사유에 구체성을 부여할 수 있는 장점이 있다. 이것은 같은 인문학이지만 구체성을 갖지 못한 철학보다 문학이 치료에 더 효과적일 수 있는 강점으로 작용한다.

4. 누구를, 어떻게 치료할 것인가

세계보건기구(WHO)는 "인간이 건강하다는 것은 질병과 허약으로부터 벗어난 상태만을 일컫는 것이 아니라, 신체적 정신적 사회적으로 온전히 만족스러운 상태에 있음을 가리킨다"라고 했다. 즉 신체적으로 질병과 허약으로부터 벗어날 뿐만 아니라 정신적 사회적으로도 만족스러운 상태가 되어야 건강하다고 본 것이다. 인간이 건강한 삶을 영위하기 위해서는 질병으로부터 벗어나야 할 뿐만 아니라 신체적 정신적 사회적으로 충분히 만족스럽고 행복한 상태가 되어야 하는 것이다.

페촐트(Petzold)는 인간이 정체성을 위한 5가지 기둥을 가지고 있을 때 건강한데, 두 가지 이상이 미약할 때 심리적 문제가 발생한다고 보았다. 그가 말한 다섯 가지 기둥이란 1) 육체성-건강, 외모, 역동성, 성적 정체성, 2) 사회적 네트워크-공존, 친구, 친척 등, 3) 일, 능력, 여가, 4) 물질적 상황-경제적 상황, 집, 미래에 대한 전망, 5) 가치-삶, 규범, 이상, 신뢰 등이다. 문학치료는 이 가운데 미약한 부분을 정신적으로 채워주는 역할을 한다.

문학치료는 신체적 건강, 정신적 건강, 사회적 건강 가운데서 어느 것에 가장 잘 관여할 수 있을까? 인간의 정신적 건강이 신체적 건강에도 영향을 미칠 수 있지만 대체로 문학치료는 신체적 질병을 치료한다기보다 정신적 건강을 치료한다고 보는 것이 옳을 것이다. 정서불안이나 우울증, 알코올이나 인터넷 등 각종 중독에 빠진 환자들, 이 경우에도 약물치료로 확실한 치료 효과를 기대할 수 있는 사람은 약물치료를 받게 되지만 그 경계에 놓인 사람들의 경우에 문학치료가 관여할 수 있다. 특히 중독과 같은 경우는 무엇보다 인지적 통찰이 중요하므로 문학치료의 효과를 기대할 수 있는 분야이다. 뿐만 아니라 정상적으로 발달해 가면서 겪는 갈등이나 문제를 가지고 있는 사람, 예술을 개인의 성장과 발전의 수단으로 생각하는 건강한 사람들에게도 문학은 치료 효과를 줄 수 있다고 본다.

프로이트(Sigmund Freud)는 인간의 정신적 상처는 모두 어린 시절의 체험이나 정서장애에서 온 것이라고 보았다. 하지만 인간의 정신적 트라우마(trauma)는 반드시 과거의 어린 시절로부터만 온 것이 아니다. 게슈탈트 심리학(Gestalt psychology)에서는 '지금 여기'의 문제에서 원인을 찾는다. '지금 여기'의 자아가 직면한 실존적 문제들이 과거의 상처보다 더 갈등의 원인이 된다고 보는 것이다.

게슈탈트 심리학은 다양한 삶의 문제들을 하나씩 따로 떼어보지 않고, 그것들이 서로 전체적이고 유기적으로 관련된 것으로 이해하는 새롭고 독특한 접근방법을 제시한다. 게슈탈트 심리학의 창시자 퍼얼스(Fritz Perls)는 즉 신체와 감각, 감정, 욕구, 사고 그리고 행동 등을 서로 분리된 현상이 아니라 하나의 의미 있는 전체로 보았다. 또한 인간을 신체와 정신, 그리고 환경을 서로 불가분의 관계에 있는 통합적이고 유기적인 존재로 이해함으로써 기존 심리치료의 이원적 세계관을 극복했으며, 내담자로 하여금 자신의 문제를 새로운 시각에서 바라보고, 독창적인 방법으로 해결하도록 도와줌으로써 그들의 삶을 창조적이고 신선한 것으로 바꾸어준다.

퍼얼스는 개체는 게슈탈트(전체) 형성에 실패하면 심리적·신체적 장애를 겪게 된다고 보았다. 따라서 건강한 삶이란 바로 분명하고 강한 게슈탈트를 형성할 수 있는 능력과 같다고 하였다. 건강한 개체는 매순간 자신에게 중요한 게슈탈트를 선명하고 강하게 형성하여 전경으로 떠올릴 수 있는 데 반해, 그렇지 못한 개체는 전경을 배경으로부터 명확히 구분하지 못한다. 즉 특정한 욕구나 감정을 다른 것과 구분하여 강하게 게슈탈트를 형성하지 못한다. 이런 사람들은 흔히 자신이 하고 싶은 일이 무엇인지 잘 모르며, 따라서 행동목표가 불분명하고 매사에 의사결정을 잘 하지 못하고 혼란스러워한다.

게슈탈트 심리학의 관점에서 볼 때에 문학치료의 글쓰기의 과정은 내담자가 자신의 몸과 마음이 진정으로 원하는 것이 무엇인지 알아차리게 도와주고 그것을 스스로 해결할 수 있게 해주는 역할을 한다. 작품을 읽거나 쓰는 행위는 참여자가 자신의 삶과 관련된 주제를 발견하거나 삶의 본원적인 문제에 대해 사유할 수 있게 하는 과정이다. 문학의 감성적인 언어는 보이지 않는 존재의 세계를 열어 보여줄 수 있고, 언어와의 접촉으로 진정한 존재체험을 할 수 있게 만든다. 언어 스스로 자기를 드러내도록 내맡김으로써 존재체험을 할 수 있게 하는 것이다. 언어에 내맡기면 언어 자체가 유희를 하며 우리에게 그 존재를 드러내주고, 그렇게 하여 쓴 글은 내담자가 자신도 모르고 있던 세계를 새롭게 발견해나갈 수 있는 계기를 제공한다. 문학치료는 참여자들로 하여금 일상적 언어, 이성적 언어에 오염된 세계로부터 잠시 벗어나 좀 더 본원적인 감성언어의 세계에 귀 기울임으로써 존재 상실의 위기를 극복하게 하고 실존적 체험의 세계로 나아가는 기회를 제공해준다. 따라서 문학치료에서의 글쓰기는 작품으로서의 완성도가 중요한 것이 아니라 얼마만큼 솔직하게 자신의 내면적 감정을 잘 드러내는냐 하는 것이 관건이다.

지금 문학치료학은 각 장르 별로 문학의 어떤 요소가 어떻게 치료를 가능하게 하는지를 밝혀내야 하는 것이 당면과제이다. 이 과제가 잘 해결될 때에만 문학치료에 대한 신뢰도 높아질 것이다.

(『문학도시』 2013년 3월호, 부산문인협회)

문학의 치유적 기능에 대한 고찰

1. 서론

세계보건기구(WHO)는 "인간이 건강하다는 것은 질병과 허약으로부터 벗어난 상태만을 일컫는 것이 아니라, 신체적 정신적 사회적으로 온전히 만족스러운 상태에 있음을 가리킨다"라고 했다. 세계보건기구의 말대로 인간이 건강하다는 것은 반드시 질병에 걸린 와병상태가 아닌 것만을 의미하는 것이 아니다. 즉 질병에까지 이르지 않았다고 해서 건강하다고는 결코 말할 수 없다는 뜻이다. 건강하다는 것은 신체적 정신적 사회적으로 활기차고 조화로우며 쾌적한 상태에 놓인 것이라고 할 수 있다.

특히 인간은 정신적 측면에서 생로병사와 같은 존재론적인 고통으로부터 일상생활 속에서 겪는 크고 작은 갈등, 대인관계가 원활하지 못한 데서 오는 인간관계의 갈등, 경쟁만능의 현대사회가 개인들을 압박하고 있는 스트레스 등 다양한 불안과 고통에 노출된 삶으로부터 자유롭지 못하다.

노년은 노년대로, 중년은 중년대로, 청소년은 청소년대로, 아동은 아동대로 수많은 불안과 스트레스에 시달리고 있다는 것은 OECD 국가

중 한국의 자살률이 8년째 1위를 차지하고 있는 것이나 우리나라 음주율이 성별과 연령을 막론하고 전 세계에서 3배가량 높은 것으로 나타난 데서, 또한 한국인의 행복지수가 OECD 국가 중에서 꼴찌를 차지하는 현실에서 극명하게 확인되고 있다.

한국의 국력이 세계 10위권을 상회하는 요즈음 우리는 그 어느 때보다도 경제적 물질적으로 풍요로운 시대를 살아가고 있다. 그러나 역사상 유래 없는 풍요에도 불구하고 한국인의 영혼은 병들고, 삶이 결코 행복하지 않다는 것을 객관적 수치들은 입증하고 있다.

요즘 우리 사회의 핵심적 키워드의 하나가 '힐링(healing)'이라는 것을 부정할 사람은 없다. 심지어 어느 텔레비전 방송국에서는 '힐링 캠프'라는 연예프로그램을 통하여 전 국민이 치유가 필요한 상태임을 웅변하고 있지 않은가. 어떤 의미에서 과도한 생존경쟁의 격랑 속에서 숨 가쁘게 앞만 보며 내달려야 하는 현대인들은 누구라고 할 것 없이 집단적으로 치유가 필요한, 즉 심신이 지친 상태라고 말할 수 있을 것이다. 현대인이 치유가 필요한 시대를 살아가고 있다는 것은 음악치료, 미술치료, 문학치료, 무용치료, 연극치료 등 다양한 장르의 예술치료(art therapy)가 유행하고 있는 현실에서도 찾아볼 수 있다.

음악치료, 미술치료, 독서치료에 비해 우리나라에서 한발 늦게 출발한 문학치료는 아직 학문적으로 이론적 토대나 임상적 경험이 충분히 체계화되지 않은 분야이다. 학문적으로 볼 때에 문학치료학이 아직 체계적으로 정립되지 않은 가운데 임상 관련의 논문들이 우후죽순으로 쏟아져 나오고 있는 실정인 것이다. 2000년대 이후 대학원에서 문학치료학과가 개설되고[1], 문학치료학회[2] 등이 구성되었으나 문학치료학은 지금부터 체

1 경북대학교 대학원에 문학치료학과, 대구예술대학교에 예술치료학과, 건국대학교 서사학과의 문학치료사업팀(BK사업팀) 등에서 문학치료 연구가 활발히 이루어지고 있다.

계적 연구가 필요한 신생학문이라고 할 수 있다.

본고는 문학의 치유적 기능을 논의함에 있어 먼저 문학의 본질적 기능을 살펴보고, 플라톤과 아리스토텔레스 등의 이론을 검토한 후 문학의 치유적 가능성을 논의함으로써 문학치료학의 이론 정립에 기여하고자 한다.

2. 문학의 기능에 대한 플라톤과 아리스토텔레스의 이론

문학의 기능을 무엇으로 보느냐는 학자에 따라 견해를 달리해왔다. 플라톤(Platon)은 『국가론』에서 인간을 감정에 빠뜨리고 교육적 기능을 갖지 못하였다는 이유에서 시인추방설을 주장했고, 아리스토텔레스(Aristoteles)는 『시학』에서 교훈설 대신 시의 쾌락적 기능을 인정하며 시인옹호론을 내세웠다. 로마의 대시인 호라티우스(Horatius)는 『작시법』에서 "시인의 소원은 가르치는 일, 또는 쾌락을 주는 일, 또는 둘을 겸하는 일"이라고 하여 교육적 기능과 쾌락적 기능 모두를 인정했다. 교훈은 윤리적 차원의 교훈이 아니라 인간과 사회의 보편적이고 영원한 진리로, 쾌락은 감성의 쾌락을 넘어서서 미학적 쾌락으로 그 개념이 확대되어가며 이후 문학이론가들 사이에서는 문학의 기능에 대한 열띤 논쟁이 수없이 전개되어 왔다.

문학이 독자를 가르치고 교화시킨다는 교육적 관점과 문학이 독자에게 즐거움을 주어 기쁘게 한다는 쾌락적 관점은 늘 대립되어 왔지만 교훈과 쾌락은 무엇이 주가 되고 무엇이 부가 되느냐 하는 논자들 간의 관점의 차이일 뿐 둘 다 문학의 본질적인 기능이라는 것은 두말할 여지가 없다.

---

2 건국대학교 중심의 한국문학치료학회, 경북대학교 중심의 <한국통합문학치료학회>와 <대한통합문학치료학회> 등이 있다.

루크레티우스(Lucretius)는 문학당의설을 주장했는데, 그의 주장은 교훈이라는 알맹이가 아무리 중요하다고 하더라도 그것은 쾌락이라는 포장을 거쳐야만 전달될 수 있다는 점에서 교훈과 쾌락은 서로 분리할 수 없는 표리의 관계에 놓였다는 사실을 확인시켜준다. 시드니(P. Sidney) 역시 시는 정서라는 껍질로 싸서 독자가 즐겁게 수용할 수 있게 만들어야 한다고 했다. 이때 정서라는 것은 교훈이라는 알맹이를 감동적으로 전달하기 위한 도구이다. 물론 교훈과 쾌락 사이에는 본질과 전달 수단이라는 문제가 개재되어 있다. 그리고 르네 웰렉(René Wellek)과 오스틴 워렌(Austin Warren) 역시 교훈과 쾌락이라는 두 기능은 공존하고 합체해 있어야 한다고 했다. 교훈설, 쾌락설 또는 종합설의 어느 관점에 서 있든 문학에서 교훈과 쾌락이라는 본질적 기능과 효용을 부정하는 사람은 없다.

하지만 영국의 낭만파 시인이자 비평가인 코울리지(S. T. Coleridge)에 의하면 모든 예술의 공통적인 본질은 미를 매개로 해서 쾌락이라는 직접적 목적을 위하여 정서를 자극함에 있다고 했다. 그에 따르면 쾌락은 교훈을 전달하는 수단이 아니라 모든 예술의 직접 목적이자 본질이다. 그리고 쾌락은 정서를 자극함으로써 이루어지는데, 이때 정서는 미를 매개로 해서만 자극된다고 했다. 워즈워드(W. Wordsworth)나 셸리(Percy B. Shelly) 역시 낭만주의적 입장에서 미학적 쾌락을 문학의 궁극적 목적으로 파악했다.[3]

영국의 시인이자 비평가인 엘리엇(T.S. Eliot)은 뉴크리티시즘(new criticism)의 입장에서 시 자체의 미학적 쾌락을 강조했지만 역사정신에 입각한 정서의 객관적 순화라는 점에서 낭만주의자들과는 차이가 있다.[4]

---

3 최명규, 「문학의 기능과 효용성에 관한 역사적 고찰」, 『인문과학연구』 1, 국제대학 인문과학연구소, 1982, 113~114면.

4 위의 논문, 117면.

그런데 현대에 올수록 문학의 쾌락적 오락적 기능은 강조되고 있으며, 교육적 기능을 강조한 문학과 예술은 소위 설교조의 목적문학으로 배척당하고 있다. 그리고 오락적 기능이 더 강화된 다른 장르의 예술, 즉 영화와 같은 장르로 문학의 독자가 급속하게 이동하고 있다는 것은 주지의 사실이다. 이른바 문학의 죽음을 말할 정도로 오락적 기능에 있어서 열세인 문학의 위기의식은 현재 매우 광범위하게 퍼져 있다.

1) 플라톤의 이론

서양의 문학사에서 문학의 기능과 효용을 논의할 때 가장 먼저 언급되는 철학자는 플라톤이다. 플라톤(BC 427-347)은『국가론』에서 '시인추방설'을 주장함으로써 문학인들의 입장에서는 그야말로 추방해야 할 적이 되었다. 그는 단지 펜을 들었을 뿐인 시인을 왜 이상국가인 공화국에서 추방해야 할 위협적인 존재로 취급하게 된 것일까? 플라톤이 이상국가에 대한 비전을 제시한『국가론』에서 시인추방설과 직접 관련하여 언급한 것은 제2, 3, 10권이다.

『국가론』의 제2, 3권에서 플라톤이 시(시인)를 비판한 이유는 호메로스나 헤시오도스 같은 시인들이 신들을 비도덕적인 존재로 그렸으며, 맹세를 저버리는 신의 없는 존재로 묘사했다고 파악했기 때문이다. 또한 시인들은 인간을 가치 없는 하찮은 존재로 제시했으며, 조국을 위해서 죽는 것을 영광스럽게 여기지도 않는 인물들을 그렸기 때문이다.[5] 어디 그뿐인가? 문학에는 절제와 일상 법도에 어긋나는 묘사가 많다는 이유 때문에 시와 시인은 부정되었던 것이다. 즉 국가지도자가 될 수호자의 양육과 교육이라는 관점에서 시는 부정적 기능만을 가질 뿐이기 때문에

---

5 김성곤,『사유의 열쇠』, 산처럼, 2006, 17면.

시인은 추방해야만 하는 존재가 되었던 것이다

플라톤이 구상한 이상국가의 국민은 3등급으로 나누어진다. 일반평민, 군인, 그리고 나라의 내적 외적 안전을 지키는 소임을 맡은 수호자가 그것이다. 플라톤은 특수한 교육과 훈련을 통해서 평민 위로 부상한 선택된 지배 엘리트, 즉 수호자에 대해서 큰 관심을 기울였다. 나라의 실질적 지도자들은 나이 쉰 살에 이른 수호자들 가운데서 뽑게 되는데, 이들은 최고의 선이자 나라의 목적인 정의와 공정을 이해하는 철학자들이어야 한다. 플라톤은 이들 최고 지도자들에게 수많은 자질을 요구했다. 시인추방설은 수호자들의 교육과 관련하여 시가 그들의 교육에 유해하다는 판단에서 나온 것이다.[6]

플라톤은 『국가론』의 제10권에서 생산자의 세 가지 유형을 '본질 형상자'와 '제작자', '모방자'로 구분했다. '본질 형상자'는 원형적(原型的) 지성, 즉 원형상(原型象) 혹은 이념(idea)의 신적 제조자이다. '제작자'는 물질적 생산자이다. '본질 형상자'에는 철학가가, '제작자'에는 목수가 예가 될 수 있다. 그리고 '모방자'에 해당하는 것이 예술가, 곧 시인이다. '모방자'는 원형적 이념, 즉 이데아의 구체적이고 물질적인 현실계의 사물을 다시 본뜨는 사람이다. 따라서 그의 복제(미메시스)는 본질인 이데아로부터는 두 단계나 멀어질 뿐더러 이러한 가상(假象), 즉 '그림자'는 본질의 파악을 방해할 뿐이다. 그러니 그의 이상국가에서 이데아의 모방자에 불과한 시인은 추방할 수밖에 없는 것이다.

플라톤이 시인추방설의 근거로 제시한 것은 첫째 모방의 관점에서이다. 시인(예술가)은 자기가 모방하고 있는 것에 관하여 이야기할 만한 가치가 있는 것이라고는 아무것도 알지 못할 뿐만 아니라 모방(예술)은

6 유종호, 「미메시스와 카타르시스」, 『문학이란 무엇인가』, 민음사, 1991, 252~253면.

일종의 유희에 불과하므로 진지하게 다룰 것이 못 된다고 플라톤은 생각했다. 이는 모든 비극시인에게 해당된다. 둘째, 시가 이성이 아니라 인간의 감정에 호소한다는 점에서이다. 왜냐하면 감정은 이성보다 열등한 것으로서 (비극)시인은 인간의 과도한 감정을 억제하기는커녕 부추기기 때문이다. 셋째, 시는 비극이건 희극이건 공감적 감정 탐닉을 조장함으로써 사람됨의 품성을 손상시키기 때문이다. 플라톤은 오로지 신에 대한 찬가와 훌륭한 사람을 기리는 송가를 공화국에서 받아들여도 좋은 시로 결론 내린다.[7]

> 애욕과 분노 그리고 기타 모든 감정들, 모든 행동과 떼어놓을 수 없는 욕망과 고통과 쾌락들에 관해서도 같은 말을 할 수 있네. 이 모든 것들에 있어 시는 이것들을 건조시키지는 않고 정열에다 물을 뿌리네. 행복과 덕을 더하기 위해서는 이것들은 제어되어야 하는데, 시는 이것들이 지배하도록 내버려 두는 것이네.[8]

플라톤이 신의 질서를 본 딴, 즉 지혜와 정의와 덕성에 의해 관장되는 이상국가에 관한 구상을 펼친 『국가론』에서 시인을 추방하여야 한다고 주장한 이유는 한마디로 신과 훌륭한 사람에 대해 고상한 거짓말을 하지 않는 시는 시민교육에 도움이 되지 않으며, 이데아(진리)를 모방하고 왜곡할 뿐만 아니라 진리로부터 멀어지게 하고, 특히 인간의 감정에 호소하는 비이성적인 감정 탐닉을 조장하고 사람됨의 품성을 손상하기 때문이다.

플라톤은 인간의 영혼을 세 가지 부분으로 구분했다. 첫째는 선한 사람들 속에서 그들을 지배하고 있는 이성적인 부분, 둘째는 야심가들 속

---

7 위의 책, 258~260면.

8 플라톤, 이병길 역, 『국가론』, 박영사, 2007, 422~423면.

에서 그들을 다스리고 있는 기개, 셋째는 기아와 기갈, 성 등과 같이 인간의 욕망이 깃들어 있는 가장 저급한 단계인 감정적인 부분이 그것이다.[9] 즉 그는 감정을 이성은 물론이며, 기개보다 열등한 것으로 취급했다. 더욱이 그가 보다 심각하게 여긴 문제는 시가 인간의 감정에 영합함으로써 지적 사고에 혼란을 초래하는 것이다. 그의 철학에서 감정은 이성보다 저급할 뿐만 아니라 영혼의 고귀한 부분인 이성을 해칠 수 있는[10] 유해한 것이다.

당위론의 관점에서 시는 교육적 가치가 있어야 하는데, 결과론적으로 시는 인간을 감정에 빠뜨리는 비교육적 결과를 초래하므로 플라톤은 시인추방설을 주장한 것이다. 하지만 시는 인간의 감정을 환기하는 바로 그 이유 때문에 오늘날까지도 존속되고 있으며, 오히려 시는 "인간의 심성을 개발하는 가장 강력하고 힘 있는"[11] 예술 장르로 인정받고 있다. 부정적인 의미에서 "시의 위력을 가장 철저하게 인식하고 있던"[12] 플라톤이야말로 역설적이게도 시가 인간의 감정에 작용한다는 기능을 인정한 최초의 시론가라고 할 수 있다. 역설적인 의미에서 플라톤은 자신의 의도와는 달리 문학의 교육적 기능과 쾌락적 기능을 모두 인정한 셈이다.[13]

---

9 김은애, 「아리스토텔레스의 『시학』에 나타난 '카타르시스' 이해」, 『인문학연구』 32, 한양대학교 수행인문학연구소, 2002, 148면.

10 김용수, 「플라톤과 아리스토텔레스의 논쟁을 중심으로 살펴본 연극이론의 양면성」, 『한국연극학』 17, 한국연극학회, 2001, 81면.

11 황필호, 「플라톤은 왜 시인을 추방했는가 : '국가론'을 중심으로」, 『교육철학』 12-1, 한국교육철학연구회, 1994, 277면.

12 위의 논문, 291면.

13 최명규, 앞의 논문, 105면.

2) 아리스토텔레스의 이론

플라톤의 제자였던 아리스토텔레스(BC 384~322)는 스승과는 달리 결코 감정을 이성보다 열등한 것이나 유해한 것으로 취급하지 않았다. 뿐만 아니라 플라톤과는 다른 입장에서 시가 환기하는 감정적 효과를 새롭게 조명하였다. 『시학(Poetica)』에서 언급한 '카타르시스(catharsis)'라는 개념이 그것이다.

> 비극은 진지하고 일정한 크기를 가진 완결된 행동을 모방하며, 여러 부분에서 여러 형식으로 아름답게 꾸민 언어를 사용한다. 또한 비극은 희곡의 형식을 취하고 서술적인 형식을 취하지 않으며, 연민과 공포를 일으키는 사건에 의해 감정의 카타르시스를 낳는다.[14]

아리스토텔레스가 "비극은 희곡의 형식을 취하고 서술적인 형식을 취하지 않으며, 연민과 공포를 일으키는 사건"에 의해 "감정의 카타르시스를 낳는다"라고 말한 이후 '카타르시스'에 대하여 수많은 학자들이 해석상의 논란에 휩싸였다. 왜냐하면 원래 두 권으로 되어 있던 『시학』 중 희극과 카타르시스를 상세히 다룬 두 번째 권이 소실되었기 때문이다. 따라서 현존하는 『시학』에서는 더 이상 카타르시스에 대해서 자세한 설명을 찾을 수 없기 때문에 혼란은 더욱 가중되었다. 오죽하면 골드스타인이 "그리 의미심장하지 않게", 단 한 번 사용된 카타르시스라는 "귀찮은 단어"라고[15] 그 어려움을 표현했겠는가?

카타르시스에 관한 전통적 해석은 크게 두 개의 관점으로 분류할 수

---

14 아리스토텔레스, 손명현 역, 「시학」, 『니코마스 윤리학/정치학/시학』, 동서문화사, 2007, 553면.

15 김은애, 앞의 논문, 145면.

있다. 그 하나는 의학적 관점의 '배설'이란 의미로 해석하는 것이다. 다른 하나는 윤리적 관점에서 '순화'로 해석하는 것이다. 전자를 유종호는 '정화이론'으로, 후자를 '조정이론'으로 구별하였으며, 제3의 이론으로 비극 자체의 명료화와 통찰경험으로서의 명징이론이 있다고 했다.[16]

정화이론은 카타르시스를 비극이 연민과 공포를 불러일으킨 뒤에 이들 감정을 다시 몰아내는 재귀적 과정으로 파악한다. 즉 몰아내고 정화하기 위해서 격정을 불러일으킨다는 것이다. 마치 이열치열과 같은 동종요법에 의한 것으로, 이러한 관점은 20C에 와서 프로이트(Sigmund Freud)의 정신분석요법에 수용되며 널리 받아들여졌다.[17]

의학적인 배설의 관점에서 카타르시스를 이해하는 논자들은 아리스토텔레스의 『정치학』 제8권 <청소년의 교육>의 제7장에서 음악의 카타르시스(정화)를 다룬 대목을 인용하여 이론을 전개시킨다. 그는 음악의 선율을 성격을 표현하는 것, 행동을 자극하는 것, 영감을 자극하는 것들로 나누어진다고 한 후 영감을 자극하는 선율에 대해서 다음과 같이 말하고 있다.

> 몇몇 사람의 영혼을 강하게 자극할 수 있는 감정은 모든 사람의 영혼을 움직일 것이며, 사람에 따라 정도의 차이밖에는 없을 것이다. 연민, 공포, 영감이 그런 감정이다. 많은 사람들이 특히 경험하기 쉬운 것은 어떤 종류의 영감에 사로잡혀 있다는 느낌이다. 우리가 관찰할 수 있는 것과 마찬가지로, 이런 사람들은 종교적인 선율에 영향을 받는다. 그들이 영혼을 종교적인 흥분으로 채우는 선율들의 영향 아래 있을 때는 마치 의사의 치료를 받거나 종교적으로 정화된 것처럼 조용해지며 평정을 회복한다. 공포나 연민의 감정 또는 어떤 감정에 특히 지배받기 쉬운 사람

16 유종호, 앞의 책, 272~276면.

17 위의 책, 273~274면.

> 들에게도 마찬가지 효과가 일어난다. 그렇지 않은 사람이라 할지라도 저마다 어느 감정에 흐르기 쉬운 정도에 비례하여 일어날 것이다. 그 결과 모든 사람이 어떤 감정의 정화와 쾌락이 뒤따르는 감정의 표출을 경험하게 될 것이다. 특별히 감정을 정화하도록 하는 의도를 갖고 만들어진 선율들은 우리 모두에게 기쁨의 근원이 된다고 말해도 좋을 것이다.[18]

영감에 사로잡혀 있는 사람들은 영혼을 종교적인 흥분으로 채우는 선율들의 영향 아래 있을 때, 마치 "의사의 치료를 받거나 종교적으로 정화"된 것처럼 "조용해지며 평정을 회복"하게 된다. 마찬가지로 공포와 연민 그리고 여타의 감정에 지배받기 쉬운 사람들도 "감정의 정화와 쾌락이 뒤따르는 감정의 표출"을 경험하게 된다는 것이다. 즉 "의사의 치료를 받거나 종교적으로 정화"된 것처럼 "조용해지며 평정을 회복"하게 된다. 따라서 공포, 연민, 영감처럼 인간의 영혼을 강하게 자극할 수 있는, 특별히 감정을 정화하도록 하는 의도를 갖고 만들어진 선율들은 우리 모두에게 기쁨의 근원이 된다고 아리스토텔레스는 말하고 있다.[19] 이 대목을 학자들은 비극에 확대 적용하는데, 그 이유는 아리스토텔레스가 『시학』에서 비극은 "연민과 공포를 일으키는 사건에 의해 감정의 카타르시스를 낳는다"라고 말했기 때문이다. 즉 선율이 환기하는 카타르시스의 효과와 비극과 같은 사건이 환기하는 카타르시스의 효과를 동일시함으로써 정화이론은 가능했던 것이다.[20]

아리스토텔레스가 『정치학』에서 개진한 내용을 비극(문학)에 확대 적용할 수 있다면, 공포와 연민의 감정을 환기하는 사건, 즉 비극을 감상할

---

18 아리스토텔레스, 손명현 역, 「정치학」, 앞의 책, 541면.

19 이에 대해서 공포와 연민 같은 감정을 자극하여 이를 몰아낸다는 점에서 동종요법으로 해석하는 논자들이 있고, 이에 반대하는 논자들 역시 존재한다.

20 특히 아리스토텔레스의 아버지가 의사였다는 실증적 사실에 의해서 이 이론은 더욱 널리 수용되었다.

때 인간은 종교적인 선율에 자극받았을 때와 똑같이 의사의 치료를 받거나 종교적으로 정화된 것처럼 조용해지는 평정을 회복하게 된다. 즉 감정의 정화와 쾌락이 뒤따르게 된다.

이처럼 아리스토텔레스는 비극이 인간의 감정에 작용한다고 해서 결코 해로운 것이 아니라 오히려 감정을 정화하는 유익한 가능을 한다고 보았던 것이다. 즉 비극이 관객으로 하여금 연민과 공포라는 감정을 일으키는 것은 사실이나 이는 플라톤의 주장처럼 이성을 해치는 것은 아니다. 이로써 플라톤의 감정 유해론은 반박된 셈이다. 하지만 이런 관점은 (선율에 의한) 음악적 카타르시스를 (사건에 의한) 문학적 카타르시스로 동일하게 확장시킬 수 있을 것인가라고 하는 문제를 여전히 남긴다고 하겠다.

그런데 이보다 아리스토텔레스의 『정치학』에서 주목해야 할 대목은 음악이 줄 수 있는 혜택, 즉 효용이라고 생각한다. 아리스토텔레스는 "음악이 줄 수 있는 혜택에는 세 가지가 있다. 첫째는 교육이며, 둘째는 감정의 표출이고(이 말의 의미는 우리가 『시학』에서 자세히 설명할 것이므로 여기에는 생략한다.), 셋째는 계발의 혜택인데, 여기에는 휴식과 긴장 해소가 연관되어 있다"라고 했다.[21] 이를 문학이 줄 수 있는 혜택, 즉 효용으로 그대로 확대 적용할 수 있지 않을까?

즉 문학은 교육, 감정의 표출, 계발의 혜택을 줄 수 있는데, 여기에는 휴식과 긴장 해소가 연관되어 있다는 의미로 파악해도 무방할 것이며, 이는 문학의 본질적 기능으로 여러 학자들에 의해서 이미 정립되어 왔다. 따라서 '카타르시스'의 효과에 너무 집착할 것이 아니라는 것이다. 문학은 감정의 표출에 의한 카타르시스 이상의 더 많은 효과, 즉 교육과 계발의 혜택까지 기대할 수 있는 예술장르이다. 이 점에 대해서는 뒤에 다시 논의하겠다.

---

21 아리스토텔레스, 「정치학」, 앞의 책, 540면.

두 번째 카타르시스를 윤리적 관점의 '순화'로 해석하는 '조정이론'을 지지하는 논자들은 카타르시스를 도덕적인 교훈이나 정신적인 가르침이란 측면에서 이해한다. 이들은 아리스토텔레스가 플라톤과 달리 감정을 이성 못지않게 인간에게 중요한 일부라고 생각했다고 주장했으며, 감정이란 그 자체로서 해로운 것이 아니라 다만 이를 적절히 제어되지 못한 채 일상생활에서 적절하게 사용되지 못했을 때에 해로울 수 있는 것이라고 주장했다. 감정이나 격정은 적절히 통제되고 조정되어야 할 것으로, 조정이론의 장점은 감정의 몰아내기라는 개념을 동반하지 않는다는 것이다. 즉 연민은 좋은 감정이며, 적절한 공포 역시 건강한 것이라는 데에서 아리스토텔레스의 『니코마스 윤리학』의 논거를 원용하며, 감정의 중용을 이야기한다. 즉 비극을 보는 관객들은 무대의 상황을 통하여 연민이나 공포와 같은 감정의 적절한 조정에 대해 배우게 된다는 것이다.[22]

윤리적 정화는 다시 바그너(Ch. Wagner)에 의해서 재강조된 '윤리적 개화'와 골든(L. Golden)에 의해서 주장된 '지성적 정화'로 갈라져 이론을 발전시켜왔다. 윤리적 개화란 감정의 도덕적 정화, 순화를 의미하는 것이고, 지성적 정화는 심리학적 개념을 배제한 '깨달음'을 통한 지성적 정화를 의미한다.[23] 골든의 이론은 유종호가 말한 명징이론으로 분류할 수 있다.

골든이 말한 '지성적 정화(intellectual clarification)'는 『시학』의 제1장과 제4장에서 언급한 모방의 목표인 배우는 과정과 제9장에서 비극의 특수한 즐거움이 모방을 통한 연민과 공포로부터 유래한다는 것을 중시하여 이론을 개진한다.[24] 제1장에서 아리스토텔레스는 비극을 비롯한 예술을 모방의 형식으로 규정하고 있으며,[25] 제4장에서는 인간을 모방본능

22 유종호, 앞의 책, 275~276면.

23 김은애, 앞의 논문, 146~149면.

24 김용수, 앞의 논문, 84면.

을 내재한 존재로서 모방에 능할 뿐만 아니라 모방에 쾌감을 느끼는 존재라고 파악했다. 그리고 예술을 보고 쾌감을 느끼는 이유는 그것을 봄으로써 배우기 때문이라고 했다.[26]

> 인간이 다른 동물과 다른 점은, 모방을 잘하며 모방을 통하여 지식을 얻는다는 점에 있다. 또한 모든 인간은 날 때부터 어떤 모방된 모습을 보면 즐거움을 느낀다.[27]

또한 제9장에서 아리스토텔레스는 비극을 "완결된 행동의 모방일 뿐만 아니라 공포와 연민을 불러일으키는 사건의 모방"으로 규정하며, "이러한 사건은 불의에, 그리고 서로 인과관계 속에서 일어날 때 가장 효과가 크다"라고 했다. 그리고 인과관계에 의한 플롯을 다른 플롯보다 훌륭하다고 평가했다.[28]

결론적으로 모방의 양식인 비극은 완결된 행동의 모방일 뿐만 아니라 공포와 연민을 불러일으키는 사건의 모방으로서 사건이 인과관계 속에서 일어날 때 최대의 효과를 거둔다. 그리고 비극을 보고 관객이 쾌감을 느끼는 것은 그것을 봄으로써 배우기 때문이라는 것이다. 즉 비극의 목표는 연민과 공포의 현상과 관련된, 지적으로 즐거운 배움의 경험이라는 것, 다시 말해 감정적 쾌감과 지적인 즐거움이라는 것이 분리된 것이 아니라 결합된 것임을 아리스토텔레스는 이미 『시학』에서 설파해 놓았던 것이다.

로티(A. O. Roty) 역시 비극은 그 자체로 완벽한 스토리를 재현하기

---

25 아리스토텔레스, 손명현 역, 「시학」, 앞의 책, 547면.

26 위의 책, 550면.

27 위의 책, 550면.

28 위의 책, 559면.

때문에 종결감의 즐거움과 잘 구성된 이야기를 인지하는 즐거움이 있으며, 이와 같은 인지의 즐거움은 감정적 배출과 함께한다는 주장을 폈다.[29] 즉 비극이 가진 인과관계에 의한 스토리의 종결감, 완벽한 플롯을 인지하는 즐거움은 감정적 배출과 결합되어 있다는 견해이다. 그런데 로티가 말한 '인지의 즐거움'이란 정신적 깨달음에 기반한 인지적 즐거움이 아니라 미적 구조를 인지하는 미학적 즐거움에 해당된다.

아무튼 '지성적인 정화'를 주장하는 논자들에 의하면, 공포와 연민이라는 감정이 매개(비극)를 통해 인간에게 작용하고자 하는 것은 다름 아닌 감정 속에 내재되어 있는 이성적인 면의 활성화이다. 따라서 감정의 카타르시스란 감정의 억제도 방출도 훈련도 아닌, 감정의 이성적인 면의 활성화를 통한 적절한 상황에서 적절한 감정의 유발을 의미하는 것이다. 그리고 그를 통해 인간의 지각이 착각이 아닌 제대로 된 판단력을 통해 올바른 행위로 이어질 수 있도록 유도하는 것이다. 그리고 감정의 개화도 가르침이나 교훈을 통해서가 아니라 바로 감정 그 자체를 이용해서 이루어진다. 즉 감정 안에 이미 내포되어진 이성적 요소의 일깨움과 고양을 통해서 이루어진다는 것이다.[30]

최근에 슈미트(A. Schmitt) 교수와 그 학파는 감성적인 부분과 지성적인 부분 사이의 구분을 하지 않고 그 둘을 하나로 파악한다. 이 견해는 아리스토텔레스의 『영혼론』에 의거하고 있는데, 인간은 어떤 대상, 또는 상황을 지각하고 그에 상응하는 행위를 하는 과정에서 맨 먼저 어떤 상상의 과정을 거치게 된다. 즉 그가 접한 상황이나 대상에 대해 그것이 '마음에 든다, 혹은 들지 않는다'라는 감정 작용이 일어나고, 동시에 욕구에 의한 판단을 하게 되며, 그 판단에 따라 행동을 하게 된다. 그런데

29 김용수, 앞의 논문, 84면.

30 김은애, 앞의 논문, 149~153면.

이때 지각한 바에 따라 행동을 하게 되는 과정에서 판단의 근거로 작용하는 감정에는 이미 이성적이고 논리적인 요소가 내재되어 있다는 것이다. 왜냐하면 대상을 지각하고 그에 따른 행동을 결심할 때 작용하는 감정에는 이미 판단이라는 이성적 요소가 반드시 함께 작용하기 때문이다. 이렇듯 인간의 감정은 그 자체가 무조건적으로 비이성적인 것이 아니라 그 안에는 이미 행동을 위한 사고와 판단의 성향을 가진 이성적인 부분도 함께 내포되어 있고, 이 감정의 이성적인 부분은 인간의 지각의 단계에서 이미 동시작용을 하게 되는 것이다. 따라서 아리스토텔레스는 인간의 감정과 이성적 행동 사이에는 이성적임과 비이성적임을 확실히 구분할 그 무엇도 존재하지 않는다고 보았다.[31]

3. 문학의 치유적 효과

문학치료학에서는 아리스토텔레스가 비극이 관객에게 불러일으키는 효과를 공포와 연민을 통한 카타르시스라고 언급한 것에 주목하여 문학의 치유적 효과를 논하여 왔다.[32] 아리스토텔레스 이후에도 여러 이론가들이 문학의 치유적 효과를 논한 바 있다. 시가 종교와 철학을 대신해서 인류를 구원해주리라고 믿었던 인생비평가 아놀드(Matthew Arnold)는 문학이 인간완성과 사회정의를 실현할 수 있다고 보았다.[33] 프랑스의 비평가 알베레스(René-Marill Albérès)는 시가 목표로 하는 것은 하나의 진실이며, 하나의 현실이고, 또한 하나의 계시라고 했다. 시인과 예술가의 역할은 우리를 각성시키고 좁은 양식으로부터 우리를 끄집어내는 데 있

31 위의 논문, 149~151면.

32 변학수, 『문학치료』, 학지사, 2009, 245~249면.

33 최명규, 앞의 논문, 114~115면.

다고 했다.[34] 독일의 대문호 괴테(Johann Wolfgang von Goethe)가 "위대한 작품들은 우리를 가르치지 않고 우리를 변화시킬 뿐이다"[35]라고 했을 때의 변화란 협의의 교육적 효과와는 다른 것으로서, 편협한 아만에 사로잡힌 인간을 보다 성숙하고 확대된 자아의 세계로 확충하고 실현시킨다는 의미이다. 영국의 비평가 리처즈(I.A. Richards)는 문학의 효용이 즐거움에 있지 않고 상황의 실제를 확실히 파악하는 데 있다고 보았다. 그리하여 시는 갈등이나 혼란을 화해와 조화의 세계로 정제시켜준다고 했다. 정제된 시적 경험은 새로운 질서와 자유를 제시하며, 여기서 독자는 참다운 평정(equilibrium)을 느끼게 된다고 보았다.[36]

아놀드가 말한 인류에 대한 구원, 알베레스가 말한 계시와 각성 기능, 괴테가 말한 변화, 리처즈가 말한 화해와 조화, 새로운 질서와 자유의 제시, 그리고 평정은 광범위한 의미에서 치유 효과로서의 문학적 기능이라고 해석할 수 있을 것이다.

앞에서 살펴보았듯이 아리스토텔레스가 말한 카타르시스에 대해 의학적 배설, 윤리적 순화, 지성적 정화, 감정 안에 내포된 이성적 측면의 활성화 등 논자들은 다양한 이론들을 개진하여 왔다. 어쩌면 문학을 통하여 인간이 얻게 되는 효용은 의학적 배설, 윤리적 순화, 지성적 정화, 이성의 활성화 그 가운데 하나가 아니라 모두의 총화라고 하겠다. 즉 감정의 카타르시스와 함께 윤리적으로 순화되고, 지성적 깨달음과 인지적 통찰을 통한 변화가 문학을 통해 이루어진다고 볼 때, 문학치료는 폭넓은 의미에서 교육적 기능과 쾌락적 기능의 통합에 의한 치료효과를 기대할 수 있을 것이다.

특히 문학치료는 감정의 카타르시스(배설, 순화, 정화 등) 이외에 특히

---

34 알베레스, 이진구·박이문 역, 『20세기 문학의 결산』, 신양사, 1960, 179~185면.
35 구인환·구창환, 『문학개론』, 삼영사, 2002, 63면.
36 최명규, 앞의 논문, 118면.

다른 예술 장르가 갖지 못한 인지적 통찰을 통한 치유라는 강한 강점을 가지고 있다고 생각한다. 이것은 깨달음을 통한 지성적 정화와도 맞닿은 견해이다. 인지적 통찰 내지 지성적 깨달음은 문학이 예술인 동시에 인문학이라는 성격에서 기인한다고 생각한다. 예술로서의 문학이 감정적 치유를 담당한다면, 인문학으로서의 문학은 인지적 깨달음, 그것이 윤리적인 것이든 지성적인 것이든 삶에 대한 사유와 통찰을 통하여 인간을 치유하고 변화시킨다고 생각되는 것이다.

인간에게는 신체적, 감정적 고통만이 아니라 인식론적 고통, 존재론적 고통, 가치론적 고통도 있다. 이런 고통은 의학이나 정신분석학, 심리학적 치유방식에 의해서는 해결될 수 없다. 인문학적 치유는 "인식론적, 존재론적, 가치론적 문제 전반과 관련하여 내담자가 겪고 있는 문제에 대해서 스스로 논쟁점과 갈등점을 찾아내고 거기에 대해서 해답을 찾아가도록 도와주는 소통의 역할을 적극적으로 수행"한다.[37] 인문학적 치유는 인간 전체에 대한 반성적 접근과 철학적 사유를 통한 치유를 지향하는데,[38] 인문학의 하나인 문학은 인간의 삶을 언어를 통해 구체적으로 보여주고 있기 때문에 반성적 접근과 철학적 사유에 구체성을 부여하는 장점이 있다.

비극을 포함하여 이야기(서사)를 가진 문학 장르를 통해서 얻게 되는 즐거움이라는 것이 단지 로티가 말한 '스토리의 종결감, 완벽한 플롯을 인지하는 즐거움'과 같은 미학적 즐거움만은 아니라고 생각한다. 아리스토텔레스는『시학』의 제7장에서 플롯의 원칙을 다음과 같이 밝히고 있다.

---

37 김석수,「심리치료와 철학상담의 발전적 관계에 대한 모색」,『사회와 철학』 17, 사회와철학연구회, 2009, 90면.

38 엄찬호,「인문학의 치유적 의미에 대하여」,『인문과학연구』 25, 강원대학교 인문과학연구소, 2010, 425~426면.

> 우리는 비극이, 완결된 일정한 크기를 가진 전체적인 행동의 모방이라고 규정했다. 전체 중에는 너무 작은 전체도 있기 때문이다.
>
> 전체는 처음과 중간과 마지막으로 이루어진다.[39]

즉 "완결된 일정한 크기를 가진 전체적인 행동의 모방"인 비극의 플롯은 "처음과 중간과 마지막"의 구조를 가지고 있다는 것이다. 이는 비단 비극뿐만 아니라 현대의 소설을 비롯하여 이야기를 가진 모든 장르의 특징이기도 하다. 플롯이 사건의 인과적 배열과 상황 설정을 위한 배열이라고 할 때, 여기에는 일정한 과정이 있게 마련이다. 즉 처음이 있고, 중간이 있고, 마지막이 있어야 한다. 이때 말하는 "처음과 중간과 마지막"은 이야기의 순서를 뜻하는 것이 아니며, 작품의 질서, 즉 플롯을 의미한다.[40]

"처음과 중간과 마지막"이라는 플롯의 구조는 문학치료에 어떤 인지적 효과, 즉 깨달음의 효과를 줄 수 있는가? 한 강연회에서 소설가 신경숙은 한 청중으로부터 "소설을 쓴다는 것이 왜 좋은가"라는 질문을 받았다. 그녀는 망설이지 않고 "우리가 살아가는 인생과 달리 소설은 끝까지 가볼 수 있기 때문입니다"라고 대답했다. 그렇다. 비극을 비롯하여 무릇 이야기를 가진 모든 예술 장르를 읽거나 보게 될 때에 독자(관객)는 플롯의 전체를 알 수 있다. 다시 말해 작품 속에 일정한 질서와 인과관계에 의해 창조된 삶의 전체를 구체적으로 파악할 수 있다. 즉 끝까지 가볼 수 있다는 것, 다시 말해 어떻게 결말이 된다는 것을 알게 된다. 즉 언어적 서사물은 읽음으로써, 비언어적 서사물은 봄으로써 알게 된다. 하지만 우리의 인생은 지금 여기의 과정 속에 있어 과정의 전체나 결말을 알지

---

39 아리스토텔레스, 손명현 역, 앞의 책, 556면.

40 송명희, 『현대소설의 이론과 분석』, 푸른사상, 2006, 108면.

못한다. 그래서 혼란에 빠지고 실수를 범하게 된다. 하지만 책을 읽는 독자나 비극을 보는 관객은 작품 속에 펼쳐진 주인공의 운명이 "행복에서 불행으로 바뀌"는 결말을 지켜보며, 그것이 "잘못된 행위 때문이 아니고 중대한 실수"[41] 때문에 일어난 사실을 깨닫게 된다.[42]

소설과 같은 이야기를 가진 문학작품을 읽는 독자, 또는 연극이나 영화를 보는 관객은 처음에서 중간과 마지막에 이르는 플롯의 전 과정을 지켜봄으로써 주인공과 같은 중대한 실수를 반복하지 않을 수 있는 깨달음과 혼란에서 벗어날 수 있는 지혜를 얻을 수 있다. 또한 어떤 실수가 주인공을 곤경(갈등)에 빠뜨렸는지를 직시하고 분석하고 해석할 수 있다. 나아가 어떻게 함으로써 주인공이 곤경(갈등)을 벗어나게 되는가(벗어나지 못하는가) 하는 과정을 지켜봄으로써, 또는 주인공이 어떻게 하면 곤경(갈등)을 벗어날 수 있는가를 사유함으로써 궁극적으로 자기 자신의 삶의 문제를 해결할 수 있는 지혜와 통찰을 얻을 수 있는 것이다.

필자는 이와 같은 인지적 깨달음이야말로 읽기로서의 문학치료(독서치료)나 영화(연극)치료, 그리고 다른 장르의 예술치료가 가질 수 없는 최대의 강점이라고 생각한다. 가령 미술치료나 음악치료, 그리고 무용치료는 감성적 해방과 카타르시스는 줄 수 있지만 인지적 통찰을 기대할 수는 없다는 점에서 문학치료만이 유일하게 감성적 카타르시스와 더불어서 인지적 통찰이 가능한 것이다. 이것은 문학이 언어예술이라는 특징에서 나오는 것이다. 문학은 언어를 통해 인간과 세계를 구체적으로 묘사하고 재현하며, 그것이 인간의 감성뿐만 아니라 이성을 활성화시킬 수 있기 때문에 가능한 것이다.

정운채는 "문학치료란 결국 문학작품의 작품서사를 통하여 환자의 자

---

41 아리스토텔레스, 손명현 역, 앞의 책, 562면.

42 아리스토텔레스는 '중대한 실수'를 중시했지만 그것은 성격 때문일 수도 있고, 또 다른 이유 때문일 수도 있다.

기서사를 온전하고 건강하게 변화시키는 일이다"라는[43] 말로 문학의 치료효과를 표현한 바 있다. 이때 작품서사는 자기서사를 보충하기도 하고 강화하고 통합시킨다. 여기서 작품서사란 사람들과 공유할 수 있도록 작품으로 형상화된 서사이며, 자기서사란 자기 인생을 지배하고 있는 서사를 뜻하는 문학치료의 용어이다.[44] 정운채는 문학작품을 향유할 때 결국은 서사에 의지함으로써 이해와 공감이 가능하다고 말했지만 그것은 단지 이해와 공감이 아니라 그것을 넘어선 깨달음과 통찰이다.

문제는 서사, 즉 이야기 자체가 아니라 결말을 포함하여 서사(이야기)의 플롯 전체를 다 알 수 있다는 것이 중요한 것이다. 즉 중대한 실수에 의한 불행한 결말을 통하여 독자(관객)가 얻은 통찰은 독자(관객)로 하여금 삶을 변화시킬 수 있는 힘을 부여한다. 즉 작품의 주인공의 삶을 바라봤던 시선, 즉 타자를 향했던 시선으로 자기 자신(자기서사)을 객관적으로 바라봤을 때 자기 자신(자기서사)을 변화시킬 수 있으며, 치유할 수 있는 힘이 생기는 것이다. 이는 소설 읽기를 통한 치료(독서치료)뿐만 아니라 소설 쓰기에 의한 문학치료에서도 가능하다. 즉 소설 쓰기에서 허구적 인물이 창조되고, 플롯이 구성되면 그것을 쓴 내담자는 쓰는 과정을 통해서 이미 감성적 카타르시스의 효과를 느낄 뿐만 아니라 자신이 쓴 허구화된 소설을 일종의 작품서사로서 객관적 거리를 갖고 읽으면서 자기서사를 변화시킬 수 있는 힘이 생기게 된다. 즉 치유가 일어나게 된다.

문학치료는 미해결의 고통스런 갈등의 문제들을 문학작품을 읽음으로써 또는 씀으로써 새로운 관점에서 스스로 자아를 성찰하고 이해할 수

---

43 정운채, 「서사의 힘과 문학치료방법론의 밑그림」, 『고전문학과 교육』 8, 한국고전문학교육학회, 2004, 167면.

44 정운채, 「질투에 대한 영화창작치료의 실제」, 『고전문학과 교육』 13, 한국고전문학교육학회, 2007, 236~237면.

있도록 도와줌으로써 독자(내담자) 스스로 자신의 어리석음을 깨닫고 삶의 활기를 회복하고 변화할 수 있도록 도와주는 데 있다고 할 수 있다. 이러한 깨달음과 통찰에 기반한 문학치료의 인지적 치료효과는 다른 예술치료, 즉 음악치료 미술치료 무용치료에서는 결코 기대할 수 없는 오직 문학만이 가진 치료효과라고 할 수 있을 것이다. 궁극적으로 문학은 예술이자 인문학의 이중적 성격을 지니고 있기 때문에 인문학의 일종인 철학치유가 결여한 감성적 치료, 다른 예술치료가 결여한 인지적 치료 모두가 가능하다는 점에서 치료효과를 극대화시킬 수 있다.

"처음과 중간과 마지막"이라는 플롯의 구조를 통해서 인생에 대한 깨달음과 통찰을 통한 변화라는 치유적 효과 이외에도 문학작품은 그 허구적 성격 때문에 독자나 관객에게 또 다른 치유적 효과를 줄 수 있다. 즉 "인간이 부딪히게 되는 재앙과 불행의 극한적인 상황을 간접 경험한 독자나 관객은 적어도 이러한 극한적 경험을 변제받고 있다는 사실에서 순간적인 안도감을 느끼게도 된다."[45] 다시 말해 무대 위에서 보여주는 삶, 또는 소설 속의 삶이 나의 삶이 아니라 타자의 인생, 즉 허구라는 데서 발생하는 거리, 객관화와 안도감이 그것이다. 이 거리는 가까울 수도 있고, 멀 수도 있다. 이 거리가 가까우면 동일시의 효과, 멀면 이화(소격, 소외 효과)의 효과를 기대할 수 있다.

동일시의 효과는 주인공에게 적극적으로 감정을 이입한다. 가령 비극의 경우, 비극적 사건에 공감하며 연민의 감정이 발생할 수 있다. 지금까지 문학치료학에서는 공감과 동일시가 주는 치료효과에만 주목해왔다.[46] 하지만 공감을 기반으로 한 동일시의 효과 이외에도 이화에 의한 객관화의 효과에 대해서도 주목하지 않을 수 없다. 작품이나 주인공과 독자나

45 유종호, 앞의 책, 277면.

46 변학수, 앞의 책, 49~52면.

관객과의 거리가 멀면 독자와 관객은 흥분되지 않은, 즉 객관적이고 차분한 자세로 작품과 주인공을 관찰하고 분석하는 이성적인 활동을 하게 된다. 그리고 이를 통해 깨달음과 통찰이라고 하는 인지적 효과를 기대할 수 있다. 문학치료에서 동일시가 바람직할지 이화가 바람직할지에 대해서는 문학 텍스트에 따라, 그리고 내담자에 따라 다른 효과를 기대할 수 있을 것이다. 이 문제에 대해서는 별도의 논의가 필요하다고 보는데, 이에 대해서는 별도의 논문에서 자세하게 논의할 예정이다.

4. 결론

본고는 문학의 치유적 기능을 말함에 있어 먼저 문학의 본질적 기능을 살펴보고, 플라톤과 아리스토텔레스의 이론을 검토하였다. 그리고 문학의 치유적 효과에서 감정적 카타르시스 이외에 인지적 깨달음을 통한 치유의 가능성을 말해 보았다.

특히 문학치료는 다른 예술치료에서 기대할 수 없는 인지적 통찰을 통한 치유라는 강한 장점을 가지고 있다고 생각한다. 이것은 깨달음을 통한 지성적 정화와도 맞닿은 견해로서 문학이 예술인 동시에 인문학이라는 성격에서 기인한다고 보았다. 예술로서의 문학이 감정적 치유를 담당한다면, 인문학으로서의 문학은 인지적 깨달음, 그것이 윤리적인 것이든 지성적인 것이든 간에 인간과 세계에 대한 통찰을 통하여 인간을 치유하고 변화시킨다고 생각된다.

문학치료학은 아직 출발점에 서 있다. 아직 문학의 치료적 효과에 대해서조차 학문적 해명이 제대로 이루어지지 않았다. 본고는 문학치료학의 정립에 작은 보탬이라도 되기 위한 목적으로 작성되었다.

문학의 치유적 기능에 대해서는 그것이 읽기 치료인가 쓰기 치료인가에 따라 달리 논의해야 하고, 또한 장르에 따라서도 각기 달리 논의해야 한다. 수많은 학문적 과제들이 문학치료학 앞에 산적해 있고, 그것이 학문적으로 명쾌하게 해명될 때에만 문학치료학은 하나의 학문으로서 제대로 자리 잡을 수 있으며, 문학치료의 효과에 대한 신뢰도 커진다고 할 수 있다. 앞으로도 필자는 문학의 치유 효과에 대한 사유를 거듭함으로써 문학치료학의 학문적 정립에 기여하고자 한다.

참고문헌

단행본

구인환·구창환, 『문학개론』, 심영사, 2002.
김성곤, 『사유의 열쇠』, 산처럼, 2006.
변학수, 『문학치료』 (2판), 학지사, 2009.
송명희, 『현대소설의 이론과 분석』, 푸른사상, 2006.
유종호, 『문학이란 무엇인가』, 민음사, 1991.
정운채, 『문학치료의 이론적 기초』, 문학과 치료, 2007.

아리스토텔레스, 손명현 역, 『니코마스 윤리학/정치학/시학』, 동서문화사, 2007.
아리스토텔레스, 유원기 역, 『영혼에 대하여』, 궁리, 2001.
알베레스, 이진구·박이문 역, 『20세기 문학의 결산』, 신양사, 1960.
플라톤, 이병길 역, 『국가론』, 박영사, 2007.

논문

권혁성, 「아리스토텔레스와 레씽에서의 카타르시스」, 『미학』 59, 한국미학회, 2009, 51~98면
김동우, 「시적 카타르시스의 이중적 개념과 문학치료」, 『문학치료연구』 21, 한국문학치료학회, 2011, 65~91면.
김석수, 「심리치료와 철학상담의 발전적 관계에 대한 모색」, 『사회와 철학』

17, 사회와철학연구회, 2009, 65~96면.
김용수, 「플라톤과 아리스토텔레스의 논쟁을 중심으로 살펴본 연극이론의 양면성」, 『한국연극학』 17, 한국연극학회, 2001, 57~96면.
김은애, 「아리스토텔레스의 『시학』에 나타난 '카타르시스' 이해」, 『인문학연구』 32, 한양대학교 수행인문학연구소, 2002, 141~170면.
김은애, 「레싱의 아리스토텔레스 수용」, 『독일문학』 79, 한국독어독문학회, 2001, 5~26면.
김효, 「아리스토텔레스의 카타르시스」, 『연극교육연구』 18, 한국연극교육학회, 2011, 69~118면.
범효춘, 「'작품서사' 개념의 분화, 확대와 오용 양상」, 『문학치료연구』 13, 한국문학치료학회, 2009, 83~107면.
변상영, 「미적경험으로서의 라사-아리스토텔레스의 카타르시스와 비교를 중심으로」, 『동서철학연구』 24, 동서철학회, 2002, 257~282면.
서정혁, 「플라톤의 '예술가 추방론'에 대한 헤겔의 해석」, 『헤겔연구』 28, 한국헤겔학회, 2010, 207~230면.
엄찬호, 「인문학의 치유적 의미에 대하여」, 『인문과학연구』 25, 강원대학교 인문과학연구소, 2010, 421~441면.
이국환, 「소설의 치유 기능과 카타르시스」, 『석당논총』 50, 동아대학교 석당학술원, 2011, 497~536면.
정운채, 「서사의 힘과 문학치료방법론의 밑그림」, 『고전문학과 교육』 8, 한국고전문학교육학회, 2004, 159~176면.
정운채, 「질투에 대한 영화창작치료의 실제」, 『고전문학과 교육』 13, 한국고전문학교육학회, 2007, 233~257면.
최명규, 「문학의 기능과 효용성에 관한 역사적 고찰」, 『인문과학연구』 1, 국제대학 인문과학연구소, 1982, 103~119면.
황필호, 「플라톤은 왜 시인을 추방했는가 : '국가론'을 중심으로」, 『교육철학』 12-1, 한국교육철학학회, 1994, 277~291면.

(『한어문교육』 27, 한국언어문학교육학회, 2012)

상처 치유에 이르는 길

신경숙의 「부석사」를 중심으로

1. 서론

신경숙(1963~)의 소설은 최근 『엄마를 부탁해』가 영어, 네덜란드어, 일본어 등으로 번역되고 아마존닷컴의 베스트셀러 10위에 오르는 성과를 기록하는 등 해외에서도 큰 호평을 받고 있다. 그간 국내 굴지의 문학상을 석권해온 신경숙은 외적 서사보다는 인물들의 내면심리를 섬세하고 서정적으로 묘사하는 특징을 드러내며, 특히 묘사적 문체의 아름다움이 빛나는 작가이다.

그녀의 소설은 1980년대 우리 문학의 지배적 담론이던 거대서사가 종언을 고하고 이질성과 차이, 그리고 미시서사에 주목하는 포스트모더니즘의 새로운 사조가 형성됨으로써 그 가치를 인정받기 시작했다. 그녀의 문학세계가 보여주는 일상적인 경험, 인간내면에 대한 탐구, 인간의 상처에 대한 깊은 연민, 작고 보잘것없는 것들에 대한 관심은 그대로 포스트모더니즘 문학이 추구하는 미시서사의 세계에 다름 아니다.

따라서 그녀의 소설은 작품의 외적 서사를 중심으로 의미를 해석하기

보다는 작품 속의 비유, 은유, 상징 등에 내포된 의미를 시를 해석하듯 파악하고, 인물의 내면심리, 그리고 분위기와 문체 등을 분석함으로써 그 의미를 더 적확히 해석해낼 수 있다.

신경숙의 소설은 새로운 작품이 발표될 때마다 여러 평론가들에 의해서 주목되어 왔고,[1] 2000년대부터는 연구자들의 관심도 커지고 있다. 글쓰기의 방식과 문체에 주목하는 논문[2], 정신분석과 내면심리를 다룬 논문[3], 서정성에 주목한 논문[4], 페미니즘[5], 생태주의[6], 그리고 최근 『엄마를

---

1 이상경, 「'말해질 수 있는 것들'을 넘어서-신경숙론」, 『소설과 사상』 6-1(1997년 봄호), 고려원, 264~285면.
황도경, 「생존의 말, 교신의 꿈-여성적 글쓰기의 양상」, 『이화어문논집』 14, 이화여자대학교 국어국문학과, 1996, 181~208면.
김미현, 「소설 쓰기, 삶이 지고 가는 업」, 『창작과 비평』 94(1996년 겨울호), 창작과비평사, 356~367면.
김화영, 「태생지에서 빈 집으로 가는 흰 새-신경숙론」, 『문학동네』 14(1988년 봄호), 문학동네, 1998, 354~394면.
신승엽, 「성찰의 깊이와 기억의 섬세함, 민족문학을 넘어서」, 『창작과 비평』 82(1993년 가을호), 창작과비평사, 1993, 92~109면.

2 김영찬, 「글쓰기와 타자 : 신경숙의 『외딴방』론」, 『한국문학이론과 비평』 15, 한국문학이론과비평학회, 2002, 166~186면.
황도경, 「매장하기와 글쓰기 : 문체로 읽는 신경숙의 <배드민턴 치는 女子>」, 『현대소설연구』 33, 한국현대소설학회, 2007, 60~75면.
박현이, 「기억과 연대를 생성하는 고백적 글쓰기 : 신경숙의 『외딴방』론」, 『어문연구』 48, 어문연구학회, 2005, 379~401면.
김동식, 「글쓰기·목소리·여백(餘白) : 신경숙의 『바이올렛』」, 『문학과 사회』 56(2001년 겨울호), 문학과지성사, 2001, 178~188면.
이윤정, 「여성의 언어로 외딴방에서 걸어나오기-신경숙 소설의 문체적 특성」, 『여성학연구』 16-1, 부산대학교 여성연구소, 2006, 133~147면.
박청호, 「신경숙 소설의 편지 서사 연구」, 『현대문학의 연구』 35, 한국문학연구학회, 2008, 119~170면.

3 박상영, 「신경숙의 <풍금이 있던 자리>의 정신분석학적 접근 : 반복 구조와 그 원인으로서 주체형성과정을 중심으로」, 『한국언어문학』 62, 한국언어문학회, 2007, 399~425면.
이주미, 「신경숙 소설에 나타난 자기파멸의 심리적 메커니즘 : 『바이올렛』을 중심으로」, 『한민족문화연구』 28, 한민족문화학회, 2009, 227~251면.
루스 바락라프, 「소녀들의 사랑과 자살 : 신경숙의 『외딴방』」, 『비교한국학』 19-3,

부탁해』가 해외에서 인기를 끌자 '한류'의 가능성이나 번역에 관한 논문[7]까지도 나오고 있는 상황이다. 그리고 공간[8]과 치유[9]에 관한 논문도 본고의 관점과 대상작품은 다르지만 나오고 있다. 본고에서 다룰 중편소설 「부석사」와 관련해서는 조동길 등의 논문이 있다.[10]

국제비교한국학회, 2011, 307~338면.
신언혁, 「관계적 인간으로서 만남을 통한 자아인식과 분별력 : 신경숙의 "풍금이 있던 자리"를 중심으로」, 『한국문예비평연구』 35, 한국현대문예비평학회, 2011, 49~71면.

4 송준호, 「서정성, 서사파괴와 작가의식 : 신경숙의 <그는 언제 오는가>의 경우」, 『국어문학』 33, 국어문학회, 1998, 233~249면.
김정진, 「서정소설의 인식에 관한 서론-신경숙의 「풍금이 있던 자리」를 중심으로」, 『한국문예비평연구』 5, 한국현대문예비평학회, 1999, 257~271면.

5 김정진, 「페미니즘 소설의 양상」, 『한국어문학연구』 9, 한국외국어대학교 한국어문학연구회, 1998, 71~86면.
송지현, 「여성소설로서 신경숙 소설 읽기」, 『여성문학연구』 4, 한국여성문학학회, 2000, 267~289면.

6 김미영, 「신경숙 단편소설에 나타난 생태적 사유와 글쓰기」, 『한국문예비평연구』 36, 한국현대문예비평학회, 2011, 311~344면.

7 음영철, 「한국 소설의 한류 가능성 모색-신경숙의 <엄마를 부탁해>를 중심으로」, 『겨레어문학』 49, 겨레어문학회, 2012, 93~116면.
박옥수, 「한국 단편소설의 번역에서 드러난 가독성의 규범-신경숙의 <그 여자의 이미지> 영역에 근거해서」, 『겨레어문학』 48, 겨레어문학회, 2012, 165~190면.

8 이정희, 「'빈 집'으로 가는 먼 길」, 『경희어문학』 21, 경희대학교 국어국문학과, 2001, 81~88면.
김화영, 「태생지에서 빈 집으로 가는 흰 새-신경숙론」, 『문학동네』 14(1988년 봄호), 문학동네, 1998, 354~394면.

9 오주리, 「신경숙의 『깊은 슬픔』에 나타난 사랑과 슬픔의 의미 연구」, 『한국문예비평연구』 34, 한국현대문예비평학회, 2011, 279~308면.

10 「부석사」를 분석한 논문과 평론에는 다음과 같은 것들이 있다.
조동길, 「신경숙의 "부석사" : 접이불저의 인간관계 읽기」, 『한어문교육』 8, 한국언어문학교육학회, 2000, 337~354면.
손정수, 「신경숙의 「부석사」와 그 작품 세계」, 신경숙 외, 『2001년도 이상문학상 수상작품집-신경숙 부석사』, 문학사상사, 2001, 343~350면.
류보선, 「모성의 지위와 탈낭만화」, 『종소리』, 문학동네, 2003, 275~291면.
송명희, 「부석사 가는 길」, 송명희, 『현대소설의 이론과 분석』, 푸른사상, 2006, 347~350면.

2001년도 이상문학상 수상작인 「부석사」는 인간관계에서 상처받은 두 남녀가 정월 초하룻날 부석사를 찾아가는 이야기이다. 이 작품에서 겉으로 드러나는 지도상의 여정은 서울에서 국도와 지방도로를 통해 부석사를 찾아가는 길이다. 그런데 이 작품의 심층구조가 함축하고 있는 또 다른 여정은 두 남녀가 그들이 믿고 사랑했던 사람들로부터 받은 배신의 상처를 극복하고 마음을 치유해나가는 내면의 여정이다.

본고는 외적 여정을 분석하는 데 현상학적이고 경험적인 관점을 도입한 이-푸 투안, 에드워드 렐프, 바슐라르 등의 현상학적 공간이론으로부터 분석의 통찰력을 얻고자 한다. 왜냐하면 신경숙의 소설에서 공간은 물리적 배경만이 아니라 작중인물들이 구체적으로 체험하는 공간이며, 인물의 내적 세계에 대한 은유이자 상징이다. 그리고 이것이 심화·상승되어 분위기를 형성하고 주제를 암시하는 복합적 기능을 띠고 있기 때문이다. 그녀의 소설은 제목에서부터 '외딴 방', '빈 방', '딸기밭', '황성옛터', '밤길', '풍금이 있던 자리', '부석사', '산이 있는 집 우물이 있는 집', '오래 전 집을 떠날 때' 등 많은 작품들이 공간과 유기적으로 관련되고 중요한 의미기능을 띠고 있다.

그리고 내적 여정은 치유(healing)의 관점에서 접근하고자 한다. 그렇다고 하여 독자를 치료의 대상으로 여기며 어떻게 독자를 치료할 것인가에 초점을 맞추는 비블리오테라피(bibliotherapy)[11]의 관점이 아니라 작중인물들이 어떻게 자신의 내면적 상처를 극복하고 치유에 도달하는가에

---

11 독서치료 또는 문학치료로 번역되는 비블리오테라피(bibliotherapy)의 치료단계는 첫째, 정서적 장애를 겪고 있는 내담자가 독서를 통해서 자기와 동일한 문제를 안고 있는 주인공을 만나게 되면서 자기와 다른 주인공을 동일하게 지각하는 동일화(identification)의 과정이다. 둘째, 카타르시스(catharsis)의 과정으로 환자의 내면에 쌓인 불만이나 갈등을 언어로 표출시켜 충동적 정서나 부정적 감정을 발산시키는 것이다. 셋째, 통찰(insight)의 과정으로, 이것은 환자가 자기 자신에 대해 객관적 인식에 도달하는 과정을 의미한다. : 양재한 외, 『독서치료와 어린이 글쓰기 지도』, 태일사, 2003, 107면.

초점을 맞추어 분석하고자 한다. 물론 「부석사」를 읽은, 즉 작중인물들이 겪은 것과 같은 내면의 상처를 지닌 독자는 작품을 읽음으로써 동일시와 카타르시스를 얻을 수도 있고, 나아가 자신의 상처에 대한 인지적 통찰을 통해 새로운 방향을 모색할 수도 있을 것이다. 즉 치유의 효과를 기대할 수도 있을 것이다. 하지만 그 과정을 살펴보는 것이 본고의 목적은 아니다.

2. 「부석사」의 외적 여정과 내적 여정

1) 「부석사」의 여정과 공간

「부석사」는 인간관계에서 상처받은 두 남녀가 버림받은 전력을 가진 개와 함께 정월 초하룻날 부석사를 찾아가는 이야기이다. 이 작품에서 겉으로 드러나는 지도상의 여정은 서울에서 국도와 지방도로를 통해 부석사를 찾아가는 길이다. 같은 오피스텔 위아래 층에 사는 남녀는 인사동 입구의 카페에서 만나 한남대교를 지나 국도로 곤지암→이천 휴게소→장호원→제천→매포→죽령휴게소→단양→풍기를 거쳐 지방도로로 접어든 후 부석사 부근 비포장도로의 낭떠러지에서 길을 잃는다.

결론부터 말하자면 이 작품의 남녀는 부석사에 도달하지 못한다. 하지만 그들에게 부석사라는 장소에 도달한다는 것은 큰 의미가 없다. 그들에게 중요한 것은 일단 서울을 떠나는 일이었기 때문이다. 그들이 부석사를 향해 서울을 떠난 이유는 그들에게 치명적 상처를 입힌, 즉 그들을 배신했던 사람들의 방문을 피하기 위해서였다.

이 소설에는 몇 개의 중요한 공간이 등장한다. 그들이 떠나온 '서울', 부석사까지 가는 '국도', 길을 잃은 부석사 인근의 지방도로, 낭떠러지의 자동차 안, 그리고 남자가 예닐곱 살까지 살았던 '옛집(집터)' 등이다. 서울은 떠나온 출발지이고, 부석사는 찾아가야 할 목적지이다. 그 과정에 놓인 것이 국도이며, 그들은 지방도로에서 길을 잃는다. 그리고 옛집은 남자에게 사랑하는 여자가 생기면 함께 가보고 싶은 곳이다. 「부석사」는 부제가 '국도에서'로 되어 있어 이미 제목에서부터 출발지나 목적지보다도 '국도'라는 과정이 훨씬 더 중요하다는 것이 드러나고 있다.

2) 배신의 상처로 얼룩진 서울

이 소설에서 출발지인 '서울'은 배신의 상처로 얼룩진 공간이다. 배신의 상처로 인해 패닉상태에 빠진 그녀의 행동은 다음의 인용문에서 잘 드러난다.

> 불면이 시작되면 그녀는 주차장으로 내려가 차를 끌고 여기저기를 쏘다녔다. 과속을 하고 싶으면 고속도로로 나갔고, 천천히 달리고 싶으면 파주 쪽으로 방향을 잡았다. 고속도로를 주행할 때면 그녀는 차 안에서 실컷 소리를 질렀다. P를 향해서인지 세상을 향해서인지 그녀 자신도 정확히 모른 채. 어느 날은 실컷 욕을 퍼붓는 날도 있었다. 자신이 알고 있는 육두문자가 그렇게 많다는 사실에 그녀 자신도 놀랄 지경이었다. 소리를 지르거나 실컷 욕을 퍼부으며 평택쯤 다다르면 그만 허탈해졌다. 뭔가에 격렬하게 치받쳐 있을 때는 느낄 수 없는 껍데기만 남은 기분으로 밤의 휴게소에 정차해 있으면 입은 바짝바짝 타는데 메말랐던 눈가는 이내 축축해지곤 했다.[12]

그녀는 당연히 자신과 미래를 같이하리라고 믿었으며, "주변 사람들로

---

[12] 신경숙, 「부석사」, 신경숙 외, 앞의 책, 32면.

부터 공인받은 커플"이었던 P로부터 한 마디 통보도 없이 배신을 당한다. 그로 인한 배신감 때문에 패닉상태에 빠져 나타나는 불면증과 과속운전, 소리 지름과 욕설로 표출되는 분노, 그리고 허탈감과 슬픔을 인용문은 잘 보여주고 있다. 그녀는 둘 사이에는 속물적인 것과는 다른 무엇이 있다고 믿었던 데 대한 모멸감 때문에 "선뜩하게 누군가에게 날카로운 것으로 뒤통수를 얻어맞을 때처럼" 억제할 수 없는 분노에 사로잡혀 질서정연한 것들을 모조리 어깃장 놓아버리고 싶은 충동에 시달린다.

> 이후 그녀는 질서정연하게 잘 맞추어져 있는 것이면 모조리 어깃장을 놓아버리고 싶은 충동에 시달렸다. 신발장의 신발을 아무렇게나 놓았고, 식당에 가면 나란히 놓여 있는 젓가락을 흩뜨려[13] 놓아야 직성이 풀렸다. 길가에 나란히 서 있는 가로수가 참을 수 없어 도끼로 나무둥치를 찍어내는 상상을 하기도 했다. 바둑을 두는 사람들을 보면 바둑판을 뒤엎어 버리고 싶었고, 넥타이를 단정하게 맨 정장차림의 남자들을 보면 다가가서 목을 조여 버리고 싶어 손가락이 굼질거렸다. 예의를 지키느라 망설이며 한 번도 해보지 못한 일을 확 저질러 버리고 싶은 충동에 좌충우돌하던 나날이었다.[14]

그러면 왜 여자는 연인 P로부터 배신을 당하게 된 것일까? 그것은 P의 이기적이고 실리적인 성격 때문이다. P와 결혼한 여자는 그녀처럼 가난하지 않을 뿐만 아니라 그녀의 아버지가 P의 전공인 영문학계의 원로였으므로 P가 대학교수로 자리 잡는 데 영향력을 미칠 수 있는 인물이었던 것이다. 그럼에도 불구하고 P는 그것이 모두 독한 그녀의 성격 탓이라고 헛소문을 내며 더 많은 부, 더 나은 사회적 신분을 얻기 위해 사랑이 신의

---

13 원문에는 "흐트러뜨려"로 되어 있음.

14 신경숙 외, 앞의 책, 66~67면.

를 헌신짝 버리듯이 내버린 자신의 추악한 이기심을 합리화하려 했다.

그런 P가 그녀의 생일에 맞춰 1월 1일에 그녀를 만나러 오겠다니, 더구나 P가 보낸 꽃바구니와 생일카드를 받고 잠시나마 마음이 흔들렸던 우유부단한 성격의 그녀는 다시는 P라는 낭떠러지에 스스로 떨어지는 일, 즉 유부남이 된 P와 다시 시작하는 어리석음을 범해서는 안 되겠다는 생각으로 '그'에게 불쑥 부석사 행을 제안한 것이다.

'그'가 그녀의 제의를 받아들인 것은 그 역시 회사동료인 박PD의 방문을 회피하기 위해서였다. 그는 깊은 밤중 도로에서 차에 부딪혀 다친, 멸종 위기의 천연기념물 수리부엉이를 사설조류협회 회장이 인계받아 여덟 달 동안 정성을 다해 살려낸 과정을 필름에 담았다. 그런데 이 필름이 방송국의 자연 다큐멘터리 전파를 탄 후 수리부엉이를 발견해 살려낸 것이 아니고 방송프로그램 촬영을 위해 잡아들였다는 거짓 제보가 그를 곤경에 빠뜨리게 된다. 결국 증인들을 찾아 곤경에서 벗어났지만 이 과정에서 거짓 제보자가 바로 박PD라는 사실을 알게 된다. 서로의 작업에 호감을 가지고 지켜보며 마음이 통한다고 믿었고, 점차 유대관계가 깊어지는 중이라고 신뢰했던 박PD였기에 그의 배신이 그는 믿기지도 않았고, 납득할 수도 없었다. 회사가 경영난으로 구조조정을 한다는 소문 때문에 박PD가 그를 배신하리라고는 꿈에도 상상하지 못했던 것이다.

여자 친구 K도 그에게 지워지지 않는 상처를 입혔다. 군대에 가기 전 친구들과 조촐한 약혼식(언약식)을 하고 반지까지 나누어 끼었으며, 을왕리로 여행까지 같이 갔다 온 연인 K는 연락하겠다는 약속을 한 번도 지키지 않았다. 그가 군대 간 사이 소위 고무신을 거꾸로 신은 것이다. 갑자기 어머니가 위암으로 돌아가셨다는 통보를 받고 휴가를 나와 장례식을 치른 뒤 연민의 감정에라도 호소하여 사랑을 되찾고 싶은 절박한 심정으로 K의 집을 찾아갔을 때, 그녀는 그와 함께했던 연애의 습관을 다른 남자를 상대로 반복하고 있었다. 그녀의 집 앞 치킨 집에서 밤 12시를 넘겨가면서 미루적거리고, 대문 앞에서 손을 흔든 뒤 길 쪽으로 접한 자기 방 창문을 열고 입맞춤을 나누는 등….

K에 이어 박PD의 배신은 K로부터 배신을 당했을 때와 똑같은 무기력 상태에 그를 빠뜨린다. 회사에조차 나가지 않은 채 칩거상태에서 오직 나무뿌리가 점령해버린 옛집(집터)에 찾아가보는 것 이외에 아무것도 하지 않는 무기력 상태, 즉 우울증에 빠지게 된 것이다. '인간에게 내재된 가장 큰 상처가 결핍이나 상실감이라고 할 때에 그것은 실연으로 빚어진 경우가 가장 흔하다. 그리고 그 실연은 애도로 연결되지 않으면 우울증이 될 가능성이 크다'고 프로이트는 말했다.[15]

그녀와 그에게 서울은 한마디로 배신으로 얼룩지고, 그로 인한 분노가 해소되지 않은 공간이자 만나고 싶지 않은 인물들을 피하여 떠나고 싶은 공간이다. 즉 서울은 자기중심주의와 물질중심의 가치관과 생존경쟁의 원리에 지배된, 에드워드 렐프(Edward Relph)의 표현을 빌자면 진정한 장소감을 느낄 수 없는 장소상실의 공간, 소외된 공간이다.[16]

에드워드 렐프는 진정한 장소경험과 비진정한 장소경험을 대립적 구도로 개념화한 바 있다. 진정한 장소감은 개인 또는 공동체의 일원으로서 내가 장소에 속해 있다는 느낌을 말한다. 이 소속감은 집이나 고향, 혹은 지역이나 국가에 대해서 느끼는 감정이다. 진정하고 무의식적인 장소감은 개인의 정체성에 중요한 원천을 제공하고, 이를 통해 공동체에 대해서도 정체감의 원천이 된다.[17] 반면 비진정한 장소감을 불러일으키는 것을 렐프는 '장소상실(무장소성)'로 규정했다. 장소상실은 장소에 대한 진정

---

15 프로이트, 윤희기 역, 『무의식에 관하여·프로이드 전집 13』, 열린책들, 1997, 248~249면.

16 에드워드 렐프, 김덕현 외 역, 『장소와 장소상실』, 논형, 2005, 177~179면.

17 위의 책, 150면.

하지 못한 태도를 의미한다. 그것은 본질적으로 장소감이 아니다. 또한 장소의 심오하고도 상징적인 의미들을 인식하지 못하고, 장소의 정체성에 대한 이해도 없다. 장소로부터 인간이 소외되어 있는 상태를 렐프는 장소상실이라 불렀던 것이다.[18]

서울은 믿었던 연인과 동료의 친밀한 관계마저 적자생존과 약육강식의 정글의 법칙으로 변질시켜버리는 추악한 공간이며, 배신으로 얼룩진 장소상실의 소외된 공간이다. 주인공이 살고 있는 공간을 대도시인 서울로 설정한 것은 들뢰즈(Gilles Deleuze)의 표현대로 "현대도시의 사회·공간은 어떠한 삶의 준거나 소속감도 제공할 수 없을 정도로 탈장소화되었고, 그 속에서 살아가는 현대인은 무장소적으로 '정신분열적인' 개인주의 또는 방황하는 '유목민'으로 특징지어"[19]지기 때문이다. 따라서 그녀와 그가 서울을 떠난다는 것은 단지 그들을 배신한 인물들과의 만남을 회피하기 위한 목적만이 아니라 자기중심주의와 물질중심주의, 약육강식과 생존경쟁의 공간을 벗어나겠다는 의미를 함축하고 있다. 그들은 더 이상 서울이라는 공간에서는 삶의 정체성을 찾을 수 없었기 때문에 서울을 떠난 것이다.

> 도시는 거대한 생활영역, '거대한 사회'임으로 그 거주자 모두를 타향인으로 가지고 있는 불행한 공간이다. 이 속에서는 시민 모두가 타향의식을 가질 뿐이다. 개별자는 누구든 타향의식을 지니고 있으므로 서로 간에 소외되어 있음은 물론, 이 개별자들이 모인 영역은 더 이상 '공동체'라고 할 수 없는 것이다.
>
> 본래적 의미에서의 공동체란 관심과 사랑, 그리고 인격적 책임을 지닌 공존과 공생의 영역인데, 도시는 폐쇄적인 개별자가 있을 뿐 아니라, 나아

18 위의 책, 177~179면.

19 최병두, 『근대적 공간의 한계』, 삼인, 2002, 78면.

가 홉스(Hobbes)가 읊조린 대로 '인간은 인간에게 늑대임(homo homini lupus)'이 주재하는 곳이다.[20]

사람에 의해서 사람이 시달리는 거대한 도시, 즉 서울이란 공간을 벗어남으로써 그녀는 질서정연한 것들을 모조리 어깃장 놓아버리고 싶은 충동과 분노로부터 벗어날 수 있을 것이다. 그 역시 아무 일도 하고 싶지 않은 무기력 상태에서, 즉 자기소외와 우울증에서 벗어나 진정한 자아를 찾을 수 있을 것이다. 그들의 부석사 행은 바로 그 힘을 회복하기 위한 내면치유의 여행이다. '자기 자신에 대한 새로운 깨달음, 새로운 성장 가능성을 깨닫는다는 것, 즉 의식화는 일상적인 사회생활의 와중에서는 이루어지기 어렵다. 그래서 그러한 인식이 가능해지도록 능동적으로나 피동적으로나 세속에서 잠깐 떠날 필요가 있는 것이다.'[21] 부석사로의 여행은 서울을 잠시 떠남으로써 배신의 상처를 극복하고 진정한 자아를 찾고 성장을 이루는 의식화의 여로가 될 것이다.

3) 배신의 상처에서 벗어나는 국도

부석사까지 가는 국도 내내 그녀와 그는 배신으로 얼룩진 서울에서의 지배적 감정, 즉 황폐하고 소외된 감정에서 벗어나지 못한다. 그것은 주로 국도변의 스산하고 황량한 풍경에 대한 묘사를 통해서 간접적으로 드러난다.

가) 남자는 자동차가 곤지암을 지난 이천휴게소를 지나도록 망연히 차창 바낕을 처다보고 있다. 무슨 생각을 하는지 이따금 깊은 숨을 내쉬기

20 전광식, 『고향』, 문학과지성사, 1999, 90면.

21 이부영, 『분석심리학』, 일조각, 1978, 283면.

도 한다. 국도를 사이에 두고 펼쳐져 있는 텅 빈 들녘, 메마른 갈대숲이 흔들리더니 왜가리떼들이 잿빛 허공을 차고 솟아오른다. 까마귀인가. 군데군데 녹지 않은 흰 눈 위엔 검은 새가 앉아 있다. 매서운 바람이 일렁일 때마다 자신들의 존재를 알리며 허공을 선회한다.[22] (그)

나) 플라타너스일까. 갑자기 국도 양변에 가로수들의 가지가 툭툭 잘려져 있다. 그렇지 않아도 황량한 겨울 국도변이 목 잘린 가로수로 인해 더욱 황량해진다. 저렇게 잘린 자리에서도 새잎이 돋나. 잘린 가로수들이 고통스럽게 팔을 벌리고 있는 것 같다.[23] (그녀)

다) 국도는 곧 단조로워진다.

드문드문 눈에 띄던 식당들과 슬레이트집들도 보이지 않는다. 구불거리지 않고 직선으로 뻗어 있는 국도 양변에 드문드문 송신탑들이 서 있다. 송신탑 뒤로는 황량한 논이다. 그녀는 찬바람이 일렁이는 겨울 국도를 눈을 가느스름하게 뜨고 내다본다. 이따금 만나곤 하던 강물은 이제 아예 시야에 들어오지 않는다. 물은 사라지고 겨울 논들이 펼쳐져 있다. 논의 이곳저곳엔 추수를 마치고 걷어가지 않은 낟가리들이 모양새 없이 세워져 있다. 그 어느쯤에 기다랗게 서 있는 전신주에 참새들이 열 지어 내려앉아 있기도 하다. 무엇에 놀란 것일까. 조용한 겨울하늘처럼 전선주에 별 기척 없이 조용히 앉아 있던 새들이 전신주를 탁 차고 허공으로 포르르 날아오른다. 말똥가리도 섞여 있다. P는 정말 왔을까.[24] (그녀)

라) 운전석에 앉은 그는 조용히 스쳐가는 차창 밖을 응시하고 있는 여자를 잠시 훔쳐본다. 바람이 얼마나 부는지 텅 빈 벌판에 흩어져 있던 지푸라기나 비닐 같은 것이 허공에서 춤을 추고 있다. 어디에나 새떼들이

---

22 신경숙 외, 앞의 책, 37면.

23 위의 책, 39~40면.

24 위의 책, 43면.

다. 검은 새떼가 겨울 시린 하늘에 곡선을 그리거나 그림자를 드리우고 있다. 국도에서 만나는 차가운 전신주 위에도 겨울새떼들이 날아가지 않으려고 안간힘을 쓰며 앉아 있다.

바람을 타면 되련마는……. 그는 생각한다.[25] (그)

마) 이후로 그들은 이정표를 보며 풍기까지 제대로 길을 들었다. 단양에서 풍기까지 오는 겨울 국도는 아름다웠다. 울울한 산자락이 단조롭게 이어지던 국도가 단양을 지나자 시퍼런 물길을 만나 눈을 틔워 주었다. 소백산 골짜기와 함께 어우러진 단양 팔경의 한 자락이 그들의 시야에 쑤욱 들어올 때마다 그와 그녀는 간간이 주고받던 대화를 멈추고는 차창 안으로 쳐들어올 듯한 시퍼런 물길을 내다보곤 했다.[26] (그와 그녀)

그와 그녀의 시점이 번갈아 교차되면서 묘사된 국도변은 텅 빈 겨울 들녘의 황량함, 왜가리 까마귀 참새 떼와 같은 겨울새들의 날아오름, 송신탑과 전신주만이 늘어선 스산함, 메마른 갈대숲과 가지가 툭툭 잘린 가로수, 매서운 겨울바람에 지푸라기나 비닐이 흩날리는 것처럼 따뜻한 온기나 정서적 풍요로움이라고는 전혀 느낄 수 없는 무미건조하고 황량함에 지배된 메마른 풍경들이다. 특히 P로 인해 받은 '그녀'의 마음의 고통은 인용문 나)의 목 잘린 가로수의 묘사에서 잘 드러나고 있다. 목이 잘린 채 팔을 벌리고 선 가로수는 바로 P로 인해 치명적 상처를 받은 그녀 자신에 다름 아니라고 할 수 있다. 그녀는 "저렇게 잘린 자리에서도 새잎이 돋나"라는 독백을 하는데, 그것은 바로 치명적 상처를 입은 자신에게서도 새잎이 돋는 것처럼, 상처를 치유하고 새롭게 누군가를 사랑할 수 있는 마음이 새로 생겨날 수 있을지에 대한 회의라고 할 수 있다.

---

25 위의 책, 49면.

26 위의 책, 61면.

그리고 '그'의 평상심을 유지하려고 애쓰는 마음은 라)의 차가운 전신주 위에 날아가지 않으려고 안간힘을 쓰며 앉아 있는 겨울 새떼의 모습에 간접화되어 표현되고 있다. 그는 그 새떼들을 향해서 "바람을 타면 되련마는……"이라는 생각을 품지만 정작 그 자신은 유연성 있게 현실에 적응하는 태도를 보여주지 못한다. 즉 모처럼 마음이 잘 맞는 파트너라고 생각했던 박PD와 연인이었던 K, 두 사람으로부터 받은 배신의 상처에서 쉽게 벗어나지 못한다.

그러나 인용문 마)에서는 그와 그녀의 시선이 처음으로 합쳐지면서 소백산과 단양팔경의 아름다움이 눈에 들어오기 시작한다. 이 시점은 P가 그녀를 찾아오기로 했던 오후 3시, 박PD가 그를 찾아오기로 했던 5시를 넘기고 나서부터다. 그녀와 그의 시선이 하나로 합쳐지기 시작하면서 끊겼던 강물은 시퍼런 물길이 흐르는 모습으로 바뀌고, 메마른 논 대신 주변 풍경의 아름다움이 눈에 들어오기 시작한다. 즉 차창 밖의 아름다운 풍경을 같이 내다볼 마음의 여유가 비로소 생긴 것이다.

작가는 이처럼 국도변의 풍경에 대한 묘사와 인물들의 풍경에 대한 장소감[27]의 변화를 통해서 인물들의 내면을 간접적으로 드러내고 있다. 시간이 지나고 서울에서 멀어질수록 그들은 조금씩 마음의 황폐함으로부터 벗어나 평상심을 회복해 간다. 그것은 국도를 거쳐 오는 동안 일어난 변화지만 단순한 물리적 공간 이동에 의해서 일어난 변화가 아니다. 즉 국도를 거쳐 오는 동안 그들에게 상처를 입혔던 인물들과의 억압된 기억을 떠올려봄으로써, 즉 의식화가 이루어졌기에 가능했던 것이다.

소설은 전체적으로 현재와 과거가 교차하며 진행되는 구조로 짜여 있다. 소설의 시간은 부석사를 찾아가는 현재(하루 동안)의 시간 사이사이

---

27 렐프는 인간이 장소를 어떻게 자각하고 경험하고 의미화하는가를 장소감이란 용어로 개념화했다. : 렐프, 앞의 책, 310면, 「역자서문」.

에 과거 시간의 회상이 빈번하게 끼어들며 교차한다. 과거시간에 대한 소급제시(회상)를 통해 두 사람의 과거, 즉 그들을 지배해온 상처가 드러나며, 왜 그들이 정월 초하룻날 부석사를 향해 떠날 수밖에 없었는지가 밝혀진다.

그리고 제1장의 초점화자는 '그녀'로서 초점화의 대상은 '그'이다. 제2장의 초점화자는 '그'로서 초점화의 대상은 '그녀'이다. 제3장에서는 '그녀'와 '그' 두 사람이 한 단락 내에서조차 초점화자이자 초점화의 대상으로 교차되는 이동하는 3인칭의 서술전략을 취하고 있다.[28] 즉 그녀는 그의, 그는 그녀의 외적 초점화의 대상이다. 동시에 그녀와 그는 텍스트 밖에 있는 서술자의 초점화의 대상으로 내·외부의 조망이 이루어지고 있다. 이처럼 「부석사」는 이중초점화가 이루어진 소설이다. 이러한 서술상의 전략은 그녀와 그의 상처에 대한 독자의 동일시를 이끌어내는 한편 그녀와 그에 대해 객관적 거리를 갖도록 유도한다. 즉 초점인물들의 경험 속으로 독자를 끌고 들어가 몰입시키는 동시에 허구적 세계로부터 독자를 분리시켜 미적 거리를 유지하도록 서술상의 테크닉을 발휘한다. 이처럼 화자를 이동시키는 서술전략을 통해 독자는 더 많은 감정을 전달받게 되며, 두 사람의 인격적 상호작용에서 더 큰 감동을 받게 된다.

그녀와 P의 관계는 오랫동안 마치 두 사람이 하나의 개체인 것처럼 착각하게 만드는 밀접한 관계였다. 사랑은 이처럼 둘 사이의 경계를 없애고 일심동체의 관계인 것처럼 착각하게 만들지만 게슈탈트 이론에 의하면 그녀와 P의 관계는 접촉경계혼란[29]에 빠진 의존적 관계, 즉 융합

---

28 송명희, 앞의 책, 270면.

29 인간과 인간의 만남에는 경계가 중요하다. 각사 자신의 영역이 타인의 영역과 구분되는 경계가 있어야 건강하게 기능할 수 있다. 만일 접촉경계혼란에 의해 서로 간의 경계가 불분명해지면 서로 간에 제대로 접촉할 수 없고 그 결과 성장에 장애가 생긴다. 따라서 개체의 경계는 매우 중요하다. : 김정규, 『게슈탈트 심리치료』, 학지사, 2012, 33면.

(confluence)의 관계이다. 융합관계에 있는 사람들은 겉보기에는 지극히 위해주고 보살펴주는 관계처럼 보이지만 내면적으로는 서로 독립적으로 행동하지 못하고 의존관계에 빠져 있는 경우가 허다하다.[30]

더구나 지금 그녀는 융합관계를 깨버린 P에 대해 내적으로 분노에 사로잡혀 있다. 하지만 분노의 감정마저 P를 향해 직접 표출하지 못한 채 억압함으로써, 자기파괴적 충동에 시달려왔다. 즉 'P를 향해 표출되어야 할 분노감이 자기 자신에게 향하게 됨으로써 우울감과 죄책감을 일으키며, 마침내 자기파괴적인 결과를 초래했던"[31] 것이다.

마찬가지로 그 역시 서로 마음이 통하는 파트너라 믿었던 박PD였기에, 그리고 만나면 언제나 살갑게 굴었던 연인 K였기에 더욱 배신감이 클 수밖에 없었다. 그가 직장에도 나가지 않고 무기력과 우울증에 빠져 집안에만 칩거해온 것도 게슈탈트 이론의 관점으로 보면 일종의 반전(retroflection)이다. 반전이란 타인에게 화를 내는 대신에 자기 자신에게 화를 내거나, 타인으로부터 위로받는 대신에 자위하는 것을 말한다. 게슈탈트 심리치료의 창시자인 퍼얼스(Fritz Perls)에 의하면 대부분의 반전은 분노감정 때문에 일어난다. 우울증도 반전된 분노감으로부터 나타나는 증상이다. 즉 타인에 대한 분노나 불만감을 표현하지 못하고 그것을 자기 자신에게 반전시킴으로써 죄책감에 빠지고 우울하게 되는 것이다.[32]

더욱이 그는 유년기에 고향집을 떠나 남의 집 문간방으로 이사했을 때, 고향집으로 가자고 보채다가 어머니에게 혼이 났던 기억을 갖고 있다. 그때 그의 고향집에 대한 애착이 어머니에게 제대로 수용되지 못함으로써 평생의 트라우마로 남아 유사한 상황을 만날 때마다 그는 울며 보채다 혼이 나는 꿈을 반복적으로 꾸게 된다. 그리고 이 '상처는 유사한

---

30 김정규, 위의 책, 48~55면.

31 위의 책, 86면.

32 위의 책, 55~63면.

조건을 만날 때마다 공격성장애나 결핍, 우울증, 불안장애, 갈등과 같은 증상이 반복되어 나타난다.'[33] 즉 그는 유년기의 트라우마로 인해 분노를 제대로 표출하는 데 장애를 겪고 있다. 따라서 연인 K나 박PD의 배신에 제대로 따져 묻거나 분노의 감정마저 표출하지 못하고, 동일한 꿈을 반복하고 두통과 우울증에 시달려온 것이다.

따라서 부석사로의 여행은 억압되고 소외된 유기체 에너지를 다시 찾아서 자각하고 통합함으로써, 개체가 전체로서 유기적으로 기능할 수 있도록 회복시켜주는 내적 기능을 띠고 있다고 하겠다.

4) 지방도로 자동차 안에서의 상처 치유

서울을 떠날 당시 그들에게 부석사는 931번 지방도로로 10.4킬로미터, 935번 지방도로로 3.2킬로미터와 같은 숫자의 도로들을 통과해 도달할 수 있는 경북 영주시 부석면 북지리에 위치한 지도상의 한 점에 불과하며, 무량수전 뒤에 부석이 있다는 정보로서만 존재하는 낯설고 추상적인 미지의 한 공간일 뿐이었다. 부석사는 아직 그들의 경험이 미치지 못하였으므로 구체적인 느낌이나 장소감을 갖지 못했다는 의미에서 이-푸 투안이 말한 추상적인 '공간(space)'이다. 그런데 어떻게 부석사가 그들 여행의 목적지로 선택되었는가?

누군가 그녀에게 "부석사의 당간지주 앞에서 무량수전까지 걸어 보라고 했던 사람이 있었다. 우리나라 절집이 대개 산 속에 있게 마련인데 부석사는 산등성이에 있다고 했다. 개울을 건너 일주문에 들어서면 양쪽으로 사과나무들이 펼쳐져 있다고. 문득 뒤돌아보면 능선 뒤의 능선 또 능선 뒤의 능선이 펼쳐져 그 의젓한 아름다움을 보고 오면 한 계절은

---

33 변학수, 『문학치료』(2판), 학지사, 2009, 18면.

사람들 속에서 시달릴 힘이 생긴다고 했"[34]던 기억이 문득 떠올랐기 때문에 부석사가 선택되었던 것이다. 부석사는 "사람들 속에서 시달릴 힘", 즉 치유의 힘을 가진 아름다운 공간으로서 그녀는 부석사로의 여행에서 마음의 상처를 치유할 수 있기를 기대하는 무의식적인 욕망을 갖고 있었다. 이 작품에서 '부석사'라는 공간의 상징적인 의미는 바로 치유이다.

그러나 그들은 부석사에 도달하지 못한다. 승용차가 국도를 벗어나 지방도로로 접어들면서 길을 잃어버렸기 때문이다. 길을 헤매던 그들은 차를 돌리다 진창에 빠지는데 알고 보니 그곳은 깎아지른 낭떠러지이다. P가 인간관계의 낭떠러지라면 부석사 부근에서 마주친 것은 지리적 공간의 낭떠러지이다. 지리적 낭떠러지는 그녀의 신체상의 안전을 위협하지만 인간관계의 낭떠러지(위기)는 '그녀'를 분노와 일중독의 황폐함, 즉 정신적인 건강을 위협하며 자기소외에 빠뜨렸다. '그' 역시 박PD라는 낭떠러지(위기) 때문에 무력감과 우울증에 빠져 있었다.

통신수단은 없고, 밤은 깊어 사위가 모두 깜깜한데 설상가상으로 눈까지 내린다. 시간이 경과할수록 소백산에는 달이 떠오르고 어디선가 희미하게 범종소리가 들려오는데 둘은 잠에 빠져든다. 그리고 차창은 눈에 덮여 바깥이 내다보이지 않는다. 그녀는 그에게 담요를 덮어주며 그와 자신이 닿지 않고 떠 있는 부석처럼 느껴지고, 남자는 여자와 함께 옛집에 가볼 수 있을는지 생각한다. 즉 낭떠러지의 위기 속에서 서로에게 사랑과 소통의 가능성을 찾게 된다.

만약 그들이 서울을 떠나오지 않고 그들에게 상처를 입힌 사람들을 만났더라면 그들은 결코 상처로부터 빠져 나오지 못했을 것이다. 아니 더 깊은 낭떠러지에 떨어져 진창에서 허우적거리게 되었을지도 모른다. 실로 부석사 가는 길은 그들이 자신의 상처를 돌이켜봄으로써 상처로부

---

34 신경숙 외, 앞의 책, 35면.

터 벗어나게 되는 상처 치유의 길, 의식화의 여로였다.[35] 그녀는 P와 헤어진 후 일중독자처럼 일에 몰두해서 지내던 것, 소리를 지르거나 욕을 퍼부으며 고속도로를 질주하던 것, 어떤 일을 하든 자신을 들들 볶고 있는 자신을 "그녀는 지금 그 여자가 가엽기조차 하다"라고 현재의 '그녀'는 서울에서의 '그 여자'에 대해 객관적 거리를 갖고 통찰하며, 연민의 감정을 처음으로 갖게 된다. 한편 그는 그녀와 심리적 애착을 느끼는 특별한 장소인 옛집으로 귀환할 수 있을는지 생각한다.

그래서 그들은 실재하는 부석사에는 가닿지 못했음에도, 더욱이 길을 잃은 낭떠러지의 위기에서 비로소 인간관계의 낭떠러지를 벗어나게 된다. 인생은 어쩌면 낭떠러지의 끝자락까지 가봐야 되돌아 나오는 출구를 찾을 수 있는 것인지도 모른다.

그들이 부석사에 도착하지 못했다는 사실은 의미심장하다. 처음부터 그들은 부석사에 도달하는 것이 목표가 아니라 서울을 떠나는 것이 목적이었다. 만약 그들이 보다 빨리 부석사에 도착하고 싶었다면 느린 속력으로 가야 하는 국도가 아니라 고속도로를 선택했을 것이다.[36] 그랬더라면 저물녘에 길을 잃지도 않았을 것이다. 하지만 느린 속력의 국도를 통과해 오는 동안 그들은 자신들의 내면을 돌이켜볼 내적 여유를 갖게 되었으며, 부석사라는 지리적 공간에 도달하지 못함으로써 오히려 내적인 치유에 도달하게 된다.

어쨌거나 그들이 부석사에 도착해서 실재하는 부석을 본다는 것이 무슨 의미가 있겠는가. 오히려 길을 잃고 낭떠러지의 승용차 안에서 같이 밤을 보냈기에 그녀는 둘 사이를 부석처럼 가까이 느낄 수 있었고, 그는 그녀와 함께 옛집에 가볼 수 있을는지 생각해 볼 마음의 여유를 되찾게

---

35 송명희, 앞의 책, 349면.

36 국도를 선택한 그들은 효율성과 목표지향적인 가치관을 중시하지 않는 성격, 자본주의적인 경쟁원리로부터 멀리 떨어진 인물들임이 드러난다.

되었다. 즉 상처받아 울고 있는 자기소외에서 벗어나 진정한 자아를 회복하게 된 것이다. 즉 그녀가 서울에서 P로부터 받은 상처 때문에 자신을 들들 볶던 모습이 투명하게 보이면서 자신을 가엾다고 느낄 수 있는 객관적 거리와 마음의 여유를 회복한 것, 그가 박PD와 K로부터 받은 마음의 상처를 극복하고 그녀와 함께 옛집에 가볼 수 있을지도 모르겠다고 생각하게 된 것이 그 증거이다. 그들은 부석사 여행에서 얻고자 한 것, 즉 새롭게 살아갈 힘을 얻게 된 것이다. 그것은 목적지인 부석사에 도달하지 못했기에 오히려 가능한 일이었다.

길을 잃은 지방도로 낭떠러지에서의 장소감은 장소와 인간, 그리고 동물이 완벽하게 일체화된 느낌으로 묘사된다. 이-푸 투안의 개념을 빌어 표현하자면 어디인지도 알지 못하는 낯선 공간(space)이 친밀감을 주는 완벽한 장소(place)로 바뀐 것이다. 낭떠러지는 객관적으로는 더 이상 움직이면 위험해지는 정지된 공간이지만 주관적으로는 개인들이 부여하는 가치들의 안식처이며, 안전과 애정을 느낄 수 있는 고요의 중심이다. 소백산은 자동차 안의 "그녀와 그를 알처럼 품고", "그녀는 개를 품고" 있다. 이때 '품다'라는 동사는 포용, 수용, 화해, 사랑 등의 내포를 지니며, 그녀는 그를, 그는 그녀를 마음으로부터 품게 되는 결말에 이른다.

> 얼마나 지났을까. 소백산은 낭떠러지 앞에 멈춰서 있는 자동차 안의 피로한 그와 그녀를 알처럼 품고서 거친 바람소리를 내고 있다. 골짜기가 자동차를 품었듯 그녀는 개를 품고 있다. 그녀의 저것 좀 보세요, 속삭이는 소리에 그는 지그시 감고 있던 눈을 뜬다. 하늘에 달이 떠오르고 있다. 차고 있는 중인지 이울고 있는 중인지 모르겠는 반달이다. P는 돌아갔을 것이다. 얼마 만에 보는 달인지 모르겠는 반달이다. 구름을 뚫고 자태를 드러내고 있는 달을 보자 자신이 지금 낭떠러지 앞에 서 있다는 걸 잊은 듯 그녀의 목소리가 생기롭다. 반달인데도 그 빛에 의해 칠흑 같던 소백

산 골짜기가 그들의 눈앞에 수려한 자태를 드러낸다. 그녀가 손을 내밀어 헤드라이트를 끈다. 헤드라이트 불빛이 사라지자 교교한 달빛 아래의 먼 산자락이 윤곽을 드러낸다. 야릇한 일이다. 낯선 지방의 낯선 골짜기에 유폐되어 과일을 먹고 있자니 피크닉을 온 기분이 든다. 도시에서의 자신의 모습이 투명하게 보이기까지 한다.[37]

이때 구름을 뚫고 떠오른 반달은 월인천강지곡의 달처럼 진여(眞如)의 광명을 상징한다. 희미하게 들려오는 범종소리도 마찬가지다. 그들을 집착과 미망으로부터 벗어나게 해주고 깨달음을 주는 달이요, 범종소리인 것이다. 어둠을 밝히면서 떠오른 달이 반달인 것도 의미심장하다. 작품 속에서 그 달이 차고 있는 중인지 이울고 있는 중인지 알 수 없다고 했지만 분명 차오르고 있는 반달일 것이다. 그것은 그녀의 마음속 P로 인한 결핍을 채우면서 차오르는 달이며, 그녀와 그의 내면세계를 지배하고 있는 배신의 상처와 자기소외의 어둠을 밝히면서 떠오르는 상처 치유의 달인 것이다. 이제 그들은 날이 밝으면 서울로 되돌아갈 것이다. 그들이 돌아간 서울은 더 이상 배신으로 얼룩진 장소상실의 공간이 아닐 것이다. 바로 그 힘을 국도를 거쳐 도달한 지방도로의 낭떠러지 자동차 안에서 그들은 회복했다.

그리고 닿을 듯 떠 있는 부석은 부석사의 창건신화인 의상대사와 당나라의 여인 선묘의 사랑을 상징한다. 즉 두 사람의 합쳐질 수는 없지만 닿을 듯이 가까이서 함께하는 영원한 사랑에 대한 상징이다. 부석처럼 개체로서의 독립성과 주체성을 유지하는 사랑이 의존적인 융합관계의 사랑보다 훨씬 건강한 자아를 유지하게 만든다. 부석은 독립성과 주체성을 지키면서도 상대를 배려하고 사랑하는 관계에 대한 훌륭한 상징이라

[37] 신경숙 외, 앞의 책, 71면.

고 할 수 있다. 그녀와 그는 그동안 사랑하던 사람들에게 융합이나 지나친 의존을 사랑이라고 착각해왔던 것이다. 작품의 결말에서 "그녀는 문득 잠든 그와 자신이 부석처럼 느껴진다"라고 한 것은 공간적 거리의 가까움이 아니라 개체로서의 독립성을 유지하는 주체적 사랑에 대한 은유라고 할 수 있다.

그녀와 그는 이제 우울증을 극복하고 잃어버렸던 인간에 대한 신뢰를 회복할 수 있을 것이며, 새롭게 주체적인 사랑을 시작할 수도 있을 것이다. 그런 의미에서 그들이 밤을 같이 보낸 자동차 안은 재생의 공간이며, 바슐라르가 말한 안온하고 보호되는 내적(안) 공간인 '집'[38]이라 할 수 있다.

5) 옛집의 은유와 두 사람의 성격

'그'의 성격은 옛집에 대한 애착에서 잘 드러난다. 소년이 옛집에 가자고 울며 보챘던 것은 이사 온 낯선 집이 정이 가지 않았기 때문이다. 그런데 성인이 된 '그'가 그 꿈을 반복적으로 꾼다는 것은 현재 그가 살고 있는 서울에서의 삶이 편안하지 않고 위협적이고 적대적이라는 뜻이다.

그에게 옛집이란 단순한 지형이나 장소가 아니고 개인의 인격 및 삶과 결부된 친밀한 공간, 바슐라르가 말한 안정과 고요와 평화의 내적 공간이다. "바슐라르에 의하면 집이 인간에게 전해주는 삶의 원초적 감정은 안도감 속에서 느끼는 편안함이다. 인간은 보금자리가 주는 따뜻함 속에서 무엇보다도 편안함을 느낀다."[39] 그가 꾸는 반복적인 꿈은 현실에서 예닐곱 살 이래 박탈당한 친밀성의 내적 공간을 회복하고 싶은 무의식적 욕망의 재현이다. 뿐만 아니라 성인이 된 그는 꿈이 아닌 현실에도 옛집

---

38 바슐라르, 곽광수 역, 『공간의 시학』, 민음사, 1990, 15면 : 역자해설 「바슐라르와 상징론사」.

39 볼로, 이기숙 역, 『인간과 공간』, 에코리브르, 2011, 173면.

(집터)에 가보는 애착을 나타낸다. 그는 K를 옛집에 데리고 가보았으며, 박PD의 배신으로 회사에 나가지 않고 칩거하는 동안에도 오로지 옛집을 찾아가 나무뿌리를 쳐내고 돌아오곤 했다. 그리고 작품의 결말에서는 그녀와 함께 옛집에 가볼 수 있을는지를 생각한다. 그는 유년기 이후 애착을 느끼는 장소인 옛집으로부터 격리되어 뿌리 뽑힌 존재가 되었고, 언젠가는 그곳으로 귀환하여 뿌리를 내리고 싶은 내적 욕망을 가지고 있다. 낯설고 적대적인 도시 속에 내던져진 그에게 옛집은 언제든 귀환해야 할 신화적 장소이며, 사랑하는 이와 함께 뿌리를 내려야 할 평화로운 장소이다. 그의 옛집에 대한 심리적 애착은 이-푸 투안이 말한 토포필리아(topophilia)[40]라고 할 만하다.

그의 옛집에 대한 집착은 이기적이고 경쟁적인 인간 소외의 도시적 삶에 대한 혐오감의 반증이다. 그가 옛집(고향)으로의 귀환을 꿈꾼다는 것은 단순한 공간 회복의 욕망만이 아니라 경쟁과 이기심을 벗어난 친밀한 인간관계를 회복하고 싶은 무의식적 욕망의 표현이라고 할 수 있다. '한 장소에 뿌리를 내린다는 것은 세상을 내다보는 안전지대를 가지는 것이며, 특정한 어딘가에 의미 있는 정신적이고 심리적인 애착을 가지는 것이다.'[41] 그야말로 "고향은 동고동락의 장소이다. 그러므로 고향에서는 고독과 소외가 극복되고 공동체가 회복된다. 그리고 고향은 자기발전과 자기 확인을 하는 곳이며, 그로 인해 자기 성취를 이루는 곳이다."[42]

한편, 그녀의 성격은 특히 버려진 개를 데려다 키우는 데서 드러나듯 보살핌과 배려로 특징지어진다. 그 개는 알고 보니 박PD가 안락사시키려던 개를 '그'가 데려다 키우다가 양노원에 갖다 놓은 거였다. 박PD란 인물은 데리고 있던 개가 성가시면 안락사로 처리해버리는 계산적이고

40 이-푸 투안, 이옥진 역, 『토포필리아』, 에코리브로, 2011, 175면.

41 렐프, 앞의 책, 93~93면.

42 전광식, 앞의 책, 204면.

매정한 성격의 인물이다. 그러니 회사가 경영난으로 구조조정을 한다는 말을 듣고서 얼마든지 '그'를 모함하여 내쫓으려 한 이기적이고 비열한 행동을 할 수 있었던 것이다.

반면 그녀는 양로원의 작약 밭에 기진해 있던 개를 쓰다듬어 주었고, 오피스텔까지 그녀를 따라온 개를 내치지 않고 거두어 보살폈다. 다른 애완견처럼 귀염성도 예쁜 데도 없는 병들고 경계심이 많은 개였음에도…. 심지어 부석사에 가기 위해 혼자 나오려고 하자 울고불고하는 통에 같이 부석사 행에 동반할 만큼 그녀는 사랑이 많은 여성이다. 이처럼 사랑이 많기에 사랑의 상처 또한 누구보다도 깊게 받는 인물이라고 할 수 있다.

이 작품에서 두 사람의 내면 상태는 버려진 개에 대한 은유로 훌륭하게 드러나고 있다. 그녀와 그, 그리고 개는 모두 버림받았다는 공통점을 공유하는 존재들이다. 개는 경계심이 지독해 사람을 보면 꼬리를 흔드는 것이 아니라 일단 카르릉 거리는 소리를 내고, 다른 개를 만나면 바짝 겁을 집어먹고 곁에 가려 들지 않을 뿐만 아니라 경련을 일으키며 눈동자를 뒤집고 온몸을 바들바들 떤다. 의사의 말에 의하면 다른 개에 물려본 경험이 있는 듯하다는 것이다. 그녀의 개가 인간과 다른 개에 대해 나타낸 경계심과 정서불안은 그녀와 그의 P와 박PD를 비롯한 계산적이고 적대적인 인간과 세상에 대한 경계심과 불안을 은유하고 있다.

3. 결론

본고는 신경숙의 「부석사」에 나타난 서울, 국도변, 지방도로 낭떠러지의 자동차 안, 옛집과 같은 공간을 해석해봄으로써 작품의 의미를 찾아보았다. 이 작품에는 두 개의 여정, 즉 겉으로 드러나는 지도상의 여정과 겉으로 드러나지 않는 마음의 상처를 치유해나가는 내면의 여정이 있다. 부석사를 목적지로 한 겉으로 드러나는 여정은 지방도로의 낭떠러지에서 길을 잃음으로써 실패로 끝난다. 하지만 낭떠러지에서 길을 잃어버림으로써 두 사람은 마음의 상처를 치유하는 내면의 여정에는 성공한다. 즉 그들은 잃어버렸던 사랑과 신뢰를 되찾을 수 있는 가능성을 낭떠러지의 자동차 안에서 회복한다.

낭떠러지 자동차 안에서의 장소감은 장소와 인간이 완벽하게 일체화된 느낌으로 묘사된다. 서울이 상처로 얼룩지고 생존경쟁과 적자생존의 원리에 지배된 장소상실의 공간이라면 국도를 통과해 도달한 지방도로 낭떠러지의 자동차 안은 진정한 장소감을 회복하는 공간, 바슐라르가 말한 내적(안) 공간이다. 즉 서울과는 대척적인 '집'의 안온하고 보호되는 내밀한 공간이다. 남자의 옛집도 인간관계에 상처를 입었을 때 위로받고 싶어 찾는 공간이며, 사랑하는 사람이 생겼을 때 찾아가고 싶은 근원적 장소로 제시되었다. 한마디로 이-푸 투안의 표현대로 서울은 적대적인 '공간'이며, 국도를 거쳐 도달한 낭떠러지의 자동차 안과 옛집은 친밀한 '장소'이다. 즉 소설 「부석사」는 적대적인 '공간'에서 친밀한 '장소'에 이르는 여정, 즉 장소의 이동을 통해 '상처 치유'의 주제를 드러낸 작품이다.

참고문헌

기초자료

신경숙 외, 『2001년도 이상문학상 수상작품집-신경숙 부석사』, 문학사상사, 2001.

단행본

김정규, 『게슈탈트 심리치료』, 학지사, 2012.

변학수, 『문학치료』, 학지사, 2007.
송명희, 『현대소설의 이론과 분석』, 푸른사상.
양재한 외, 『독서치료와 어린이 글쓰기 지도』, 태일사, 2003.
이부영, 『분석심리학』, 일조각, 1978.
전광식, 『고향』, 문학과지성사, 1999.
최병두, 『근대적 공간의 한계』, 삼인, 2002.

가스통 바슐라르, 곽광수 역, 『공간의 시학』, 민음사, 1990.
에드워드 렐프, 김덕현 외 역, 『장소와 장소상실』, 논형, 2005.
이-푸 투안, 구동회·심승희 역, 『공간과 장소』, 대윤, 1999.
________, 이옥진 역, 『토포필리아』, 에코리브로, 2011.
프로이트, 윤희기 역, 『무의식에 관하여·프로이드 전집 13』, 열린책들, 1997.

논문

곽문숙, 「신경숙 소설에 나타난 관심의 미학 연구」, 한남대학교 석사논문, 2004, 28~39면.
김동식, 「글쓰기·목소리·여백(餘白) : 신경숙의 『바이올렛』」, 『문학과 사회』 56(2001년 겨울호), 문학과지성사, 2001, 178~188면.
김미영, 「신경숙 단편소설에 나타난 생태적 사유와 글쓰기」, 『한국문예비평연구』 36, 한국현대문예비평학회, 2011, 311~344면.
김미현, 「소설 쓰기, 삶이 지고 가는 업」, 『창작과 비평』 94(1996년 겨울호), 창작과비평사. 1996, 356~367면.
김영찬, 「글쓰기와 타자 : 신경숙의 『외딴방』론」, 『한국문학이론과 비평』 15, 한국문학이론과비평학회, 2002, 166~186면.
김정진, 「서정소설의 인식에 관한 서론-신경숙의 「풍금이 있던 자리」를 중심으로」, 『한국문예비평연구』 5, 한국현대문예비평학회, 1999, 257~271면.
김정진, 「페미니즘 소설의 양상」, 『한국어문학연구』 9, 한국외국어대학교 한국어문학연구회, 1998, 71~86면.
김화영, 「태생지에서 빈 집으로 가는 흰 새-신경숙론」, 『문학동네』 14(1988년 봄호), 문학동네, 1998, 354~394면.
류보선, 「모성의 지위와 탈낭만화」, 『종소리』, 문학동네, 2003, 275~291면.

박상영, 「신경숙의 <풍금이 있던 자리>의 정신분석학적 접근 : 반복 구조와 그 원인으로서 주체형성과정을 중심으로」, 『한국언어문학』 62, 한국언어문학회, 2007, 399~425면.
박옥수, 「한국 단편소설의 번역에서 드러난 가독성의 규범-신경숙의 <그 여자의 이미지> 영역에 근거해서」, 『겨레어문학』 48, 겨레어문학회, 2012, 165~190면.
박청호, 「신경숙 소설의 편지 서사 연구」, 『현대문학의 연구』 35, 한국문학연구학회, 2008, 119~170면.
박현이, 「기억과 연대를 생성하는 고백적 글쓰기 : 신경숙의 『외딴방』론」, 『어문연구』 48, 어문연구학회, 2005, 379~401면.
손정수, 「신경숙의 「부석사」와 그 작품 세계」, 신경숙 외, 『2001년도 이상문학상 수상작품집-신경숙 부석사』, 문학사상사, 2001, 343~350면.
송준호, 「서정성, 서사파괴와 작가의식 : 신경숙의 <그는 언제 오는가>의 경우」, 『국어문학』 33, 국어문학회, 1998, 233~249면.
송지현, 「여성소설로서 신경숙 소설 읽기」, 『여성문학연구』 4, 한국여성문학학회, 2000, 267~289면.
신승엽, 「성찰의 깊이와 기억의 섬세함, 민족문학을 넘어서」, 『창작과 비평』 82(1993년 가을호), 창작과비평사, 1993, 92~109면.
오주리, 「신경숙의 『깊은 슬픔』에 나타난 사랑과 슬픔의 의미 연구」, 『한국문예비평연구』 34, 한국현대문예비평학회, 2011, 279~308면.
우찬제, 「작가 신경숙을 말한다」, 신경숙 외, 『2001년도 이상문학상 수상작품집-신경숙 부석사』, 문학사상사, 2001, 351~365면.
음영철, 「한국 소설의 한류 가능성 모색-신경숙의 <엄마를 부탁해>를 중심으로」, 『겨레어문학』 49, 겨레어문학회, 2012, 93~116면.
이상경, 「'말해질 수 있는 것들'을 넘어서-신경숙론」, 『소설과 사상』 6-1(1997년 봄호), 고려원, 1997, 264~285면.
이윤정, 「여성의 언어로 외딴방에서 걸어나오기-신경숙 소설의 문체적 특성」, 『여성학연구』 16 1, 부산대학교 여성연구소, 2006, 133~147면.
이주미, 「신경숙 소설에 나타난 자기파멸의 심리적 메커니즘 : 『바이올렛』을 중심으로」, 『한민족문화연구』 28, 한민족문화학회, 2009, 227~251면.
조동길, 「신경숙의 "부석사" : 접이불저의 인간관계 읽기」, 『한어문교육』 8,

한국언어문학교육학회, 2000, 337~354면.
황도경, 「생존의 말, 교신의 꿈-여성적 글쓰기의 양상」, 『이화여문논집』 14, 이화여자대학교 국어국문학과, 1996, 181~208면.
황도경, 「매장하기와 글쓰기 : 문체로 읽는 신경숙의 <배드민턴 치는 女子>」, 『현대소설연구』 33, 한국현대소설학회, 2007, 60~75면.
루스 바락라프, 「소녀들의 사랑과 자살 : 신경숙의 『외딴방』」, 『비교한국학』 19-3, 국제비교한국학회, 2011, 307~338면.

(『국어국문학』 163, 국어국문학회, 2013)

제4부

안수길의 미완소설 읽기

안수길의 미완의 장편소설 두 편

1. 고려의 여인, 대원제국을 휘두르다-『이화에 월백하고』

안수길(1911~1977)은 자전적 소설 『동맥』을 『현대문학』에, 역사소설 『이화에 월백하고』를 『경향신문』에 연재하던 중에 66세를 일기로 1977년 4월 18일에 타계했다. 그는 세상을 뜨기 직전까지 투병 중이었음에도 불구하고 두 편의 장편소설을 동시에 연재하고 있었던 셈이다. 따라서 두 편의 소설은 안타깝게도 미완성의 상태로 남겨졌다. 미완의 소설임에도 『경향신문』에 연재(1975.4.1~1977.4.20)되었던 『이화에 월백하고』는 작가의 사후인 1978년에 한진출판사에서 전 2권의 책으로 출간되었다.

『이화에 월백하고』는 몽골의 고려 침략으로부터 기인된 공녀(貢女)가 마침내 대원제국의 황후가 되어 대륙을 휘두른 통쾌한 이야기이다. 이 소설은 시간을 고려시대로 거슬러 올라간다. 그리고 고려의 여인으로서 원나라 마지막 황제인 순제(順帝)의 황후가 되어 대원제국을 휘두르던 기황후(奇皇后)에 관한 이야기를 소재로 삼고 있다. 소설의 내용은 허구가 아니라 철저히 사실(史實)을 바탕으로 전개된다.

이 소설은 실재하는 사건과 인물을 핵심적 사건과 주인공 또는 주변인물로 배치시켰다는 점에서 터너(Victor Turner)가 분류한 역사소설의 세 가지 유형, 즉 기록적인 역사소설, 위장된 역사소설, 창작된 역사소설 가운데 기록적인 역사소설(documented historical novel)로 분류할 수 있을 것이다. 기록적인 역사소설에서 소설가와 역사가는 같은 사건을 공유하기 때문에 역사와 픽션 사이의 관습적인 차이는 없어진다. 또한 소설가는 사건을 위장하거나 창작하는 대신 기록된 역사에서 사건을 끌어내어 기록된 소설의 사건에서 역사와의 관련성을 강조하며, 역사가처럼 행동함으로써 텍스트의 리얼리티를 재창조한다.[1]

우리 현대문학사에서 20C 초와 1930년대, 1960년대, 그리고 1970년대는 역사소설의 등장이 현저했던 시기이다. 1970년대 이후의 역사소설의 현저화 현상은 과거 또는 역사에 대한 공적인 관심이 편만되는 시대성 내지 사회성과 맥락을 같이하면서 형성된 것으로 보고 있다. 즉 4·19혁명에 의한 역사의식의 성장, 이른바 국적 있는 교육화의 일환으로서 한국사가 필수 교과과정화됨으로써 민족적 자아 찾기와 과거에 대한 통찰의 증대 및 통치이념을 주형화하기 위한 역사의 정치적 수단화가 그것이다. 그리고 민중사관의 대두, 급격한 산업사회로의 변화 속에서 전통과 현대의 단절에 따른 과거에의 향수, 분단과 한국전쟁 체험을 통해서 개인적 삶의 운명과 분리될 수없는 이념의 역사적 제약과 그 위력, 그리고 그 교착상태 및 그에 대한 자각, 역사적 금기영역에의 관심이 증폭됨으로써 마침내 역사소설은 제4의 황금기를 맞았다.[2]

『이화에 월백하고』는 1970년대 역사소설의 현저화 현상의 흐름 속에서 기획된 역사소설인 셈이다. 그런데 1970년대까지만 해도 우리의 역사에서 기황후는 그 이름이 다소 생소한 인물이었다. 그녀는 과연 어떤 인

---

1 Joseph W. Turner, “The Kind of Historical Fiction : An Essay in Definition in Methodology”, *GENRE VII*(Fall 1979), No.3, p.336.

2 이재선, 『한국현대소설사』, 민음사, 1992, 320~321면.

물이었을까? 『한국민족문화대백과사전』(한국학중앙연구원, 1991)에 따르면 기황후에 대해 다음과 같이 기술하고 있다.

> 본관은 행주(幸州)이며. 아버지는 자오(子敖)이고, 고려 말의 권신 철(轍)의 누이동생이며 북원(北元) 소종(昭宗)의 어머니이다. 생애와 활동 사항은 1333년(충숙왕 복위 2년)에 원나라의 휘정원(徽政院)에 있던 고려 출신 환관 고용보(高龍普)의 추천으로 궁녀가 되어 순제의 총애를 받게 되자 정후인 다나시리(答納失里)로부터 학대를 받았다. 1335년에 다나시리의 일족이 축출되자 황후로 책봉하려는 움직임이 있었으나 바엔(伯顔) 등의 반대로 실현되지 못했다. 1339년 황자 아이유시리다라(愛猶識理達臘)를 낳았으며, 이듬해 2월에 바엔세력이 물러나게 되자 4월에 드디어 제2황후로 책봉되었다. 황후가 된 뒤 곧 반대세력을 몰아내고 휘정원을 자정원(資政院)으로 이름을 바꾸어 이를 배경으로 막대한 권력을 행사하였다. 이와 같이, 원나라에서의 세력이 비대해짐에 따라 고려에서도 일족인 기 씨(奇氏)의 세력이 기반을 다지는 계기가 되었다. 1365년에는 전례를 깨뜨리고 정후가 되었으나, 1368년 원나라가 멸망한 뒤에는 행적을 알 수 없게 되었다.

위의 사실적 역사의 기록은 소설『이화에 월백하고』에 그대로 재현되어 있다. 위의 설명에는 밝혀져 있지 않지만, 기황후가 원의 궁녀로 들어가게 된 배경에는 몽골의 고려 침략과 공녀 차출이라는 비극적 역사가 존재한다.

13C 초반 칭기즈칸은 몽골의 유목 부족을 통일하고, 중국과 중앙아시아, 동유럽 일대를 정복하여 인류 역사에서 가장 넓은 영토를 지닌 몽골제국의 기초를 쌓았다. 이 대제국으로부터 시작된 원(元)나라(1271~1368)는 13C 중후반부터 14C 중반에 이르는 약 1C 동안 중국 본토를 중심으로 거의 동아시아 전역을 지배한 몽골족이 세운 왕국이었다. 바로 이 원나라

의 마지막 황후가 고려 출신의 여인이었다는 것은 역사소설의 소재가 될 만한 흥미로운 모티프이다. 게다가 이 기황후는 황후의 자리에 오르는 데 그치지 않고 황후가 된 이후 원(元)이 멸망할 때까지 정치에 적극적으로 개입하여 원나라와 고려에 많은 영향을 미친 태모적 여성이다.

몽골제국의 7차례나 되는 침입에 고려는 1231년(고종 18)부터 1258년까지 30여 년에 걸쳐 끗끗이 항쟁하였으나 결국 대제국의 침략에 굴복하게 된다. 하지만 고려는 장기간에 걸친 항거 덕분에 몽골제국이 정복한 다른 나라들과는 달리 몽골제국에 완전히 복속되지 않고 자체적인 국호와 정권을 인정받는 독립국가로 남을 수 있었다.

그렇지만 원나라에 예속되었던 100여 년 동안 고려는 원나라로부터 수많은 내정간섭에 시달려야만 했다. 왕은 원에서 마음대로 갈아치워졌고, 왕자들은 인질로 원나라에 끌려가야 했다. 그리고 원은 공주를 고려 왕실에 보내 왕비를 삼도록 하여 내정간섭을 시작했다. 한반도의 북쪽 땅은 원나라의 직접 통치구역이 되었고, 원나라의 정복 전쟁을 돕는다는 명분하에 수많은 물자가 약탈되었고, 군사가 동원되어야만 했다.

뿐만 아니라 원은 고려에 공녀(貢女)라는 매우 야만적인 요구를 해왔다. 공녀란 말 그대로 여자를 공물로 바치는 것이다. 1275년(충렬왕)에 10인을 보낸 것을 시초로, 공민왕 초기까지 80여 년 동안 수많은 여자를 원나라로 보내야만 했다. 원나라로 갔던 처녀진공사(處女進貢使)의 왕래 횟수가 『고려사』에 50회 이상 기록되어 있다.

원의 계속된 공녀 요구로 인해 충렬왕은 공녀 차출을 위해 나라 안의 혼인을 금하는 금혼령을 내리는 한편, 좋은 집안의 처녀들은 먼저 관에 보고한 뒤에야 시집을 보내도록 명령을 내렸다. 공녀는 주로 13세에서 16세까지의 처녀를 대상으로 하였지만 과부까지도 그 대상이 되었다. 이에 금혼령이 내려지기 전에 미리 혼인을 시키는, 즉 열 살이 되면 혼인을 서두르는 조혼의 풍습까지 생기게 되었다. 공녀는 하층계급 여성뿐만 아니라 귀족계급 여성에까지 확대되었는데, 원나라 왕실의 요구에 상응하는 귀족 신분의 여자도 필요했기 때문이다. 고려에서 간 공녀들은 대개 원나라 궁궐의 궁녀나 고관 귀족의 처첩이 되는 경우가 많았지만 거리의 기생으로 팔려가 이국땅에서 슬픈 생애를 마쳤던 경우도 허다했다. 원이 이처럼 고려에 공녀를 요구한 것은 유목민족 출신인 원나라 왕실에 여자가 부족했기 때문이기도 하지만 동시에 지배자로서 그들의 권력을 과시하여 고려에 굴욕감을 주기 위해서였다.

『이화에 월백하고』의 서두는 공녀제도의 폐단을 중점적으로 그리고 있다. 주인공 '사리' 집의 머슴인 최 서방이 딸을 낳았는데 속이고 남자로 키우겠다고 결심하는 것, 12살의 어린 나이에 아무것도 모르고 시집을 가야하는 이웃마을의 신부, 주인공 '사리'가 사랑한 남성인 평범한 집안의 인화가 권세가의 집안에서 사위로 청혼을 받은 일 등 당시 조정의 공녀 공출에 대한 폐해는 이루 말할 수 없었다.

> 원나라에서 여자를 뽑으러 오면 조정에서는 그때그때의 목적을 따라 결혼도감이나 과부처녀추고별감을 임명했다. 결혼도감은 원나라에서 단체 결혼을 목적으로 처녀들을 대량으로 뽑아가는 경우에 임명했고, 과부처녀추고별감은 처녀와 함께 과부도 해당되는 경우에 임명했었다.
>
> 도감이나 별감은 각 도에 흩어져 지방 관아에 도사리고 앉아 해당수를 채우기 위해 관속을 손발로 부리면서 못 견디게 굴었다. 관속들은 백성을 못살게 했고…….

이처럼 조정에서는 결혼도감까지 두고 처녀를 대량으로 징발했고, 과부처녀추고별감은 처녀와 함께 과부까지 뽑아갔던 것이다. 사리가 공녀가 된 것은 공녀 차출의 시대적 배경과 함께 그녀의 둘째오빠 기철이 자신의 여동생을 원의 궁녀로 들여보내 자신과 집안의 영화를 도모하고자 했기 때문이다.

> "예, 아니, 딱히 그렇게 집어서 말한 것은 아니나……. 제 생각으로, 사리면 가문으로 보아도 손색이 없고, 용모와 예의범절이 대원제국의 궁중에 들여놓아 어디 나무랄 데가 있습니까? 원체 총명한 아이라……. 글을 읽었지요, 서예도 익혀, 글씨를 어느 아녀자가 사리를 따르겠습니까? 궁중에 들어가 만약 황제의 총애를 받는 날에는 그 애의 앞은 환히 트이는 것 아닙니까? 그뿐이겠습니까? 우리 기 씨 가문이 만세에 영달할 수 있는 것입니다."

주인공 '사리', 후에 순제의 황후가 된 여인도 고려 공녀 중의 한 명이었던 것이다. 단순한 공녀가 아니라 궁녀가 되어 황제의 총애를 받고 기 씨 집안의 영달을 도모할 목적으로 오빠 기철이 종용하여 공녀가 된 경우이다.

사리는 공녀로 뽑혀 고려 출신 환관이던 고용보(高龍普)의 주선으로 원나라 왕실의 궁녀가 되었다. 고용보는 조국인 고려에서 온 사리를 차를 따르는 궁녀 자리에 앉히고 황제인 순제의 눈에 띄게 했다. 당시 원나라 황제인 순제는 독특한 이력을 가진 인물이다. 명종의 장자로서 황태자였던 타환 티무르(순제)는 1330년 7월 원 황실 내부의 싸움에 패배해 인천 서쪽 대청도에 유배된 적이 있었다. 1년 5개월을 대청도에서 보낸 그는 원나라로 복귀한 후에 황제에 즉위한다. 사리가 공녀로 차출된 데는 바로 그러한 순제의 귀양 사실을 이용하겠다는 의도가 작용한 것이었다.

> "……. 아무리 어린 몸이지마는 그래도 우리나라 섬에 와 지낸 일이 있는 타환 티무르가 아닙니까? 제위에 오르게 되면 궁중에 고려 궁녀가

있어야 되는 것입니다. 그럴 것이 오랜 기간은 아니지마는 그런 대로 고려 습관에 젖어도 있고 음식 같은 것도 입에 맞는 것이 있을 거 아닙니까? 그래서 고려인 궁녀가 필요하다는 것입니다."

한때는 동아시아에서 동유럽에 이르는 제국의 황태자였던 그가 고려의 작은 섬 대청도에 유배되었던 기억은 어려운 시절에 대한 아련한 향수와 어우러져 고려의 여인 사리에 대한 호감을 갖도록 작용한다. 더욱이 사리는 거친 성품의 황후 다나시리와는 달리 총명함과 어진 성품으로 황제를 감싸 안았으므로 순제는 곧 그녀를 총애하게 된다.

순제는 천천히 머리를 끄덕일 뿐 아무 말도 하지 않고 고려 음식만 즐기고 있었다.

그러면서 순제는 이틀 전인가 다과상을 들고 들어왔던 살결이 희고 말쑥이 다듬어진 몸매의 궁녀 인상을 되새기고 있었다.

여느 나인이 아니라고, 그때 사리를 보는 순간 느꼈으나 그 아이가 바로 고려 출신이었다고 생각하니 순제는 감회가 새삼스럽지 않을 수 없었다.

순제가 사리를 보자 강렬한 인상을 받은 것은 물론 사리의 뛰어난 미모와 조심성스럽고 우아한 행동거지 때문이었으나, 그와 동시에 대청도 귀양소의 이웃에 살던 여자아이를 연상한 탓이었다.

하지만 황제의 총애는 황후 다나시리의 질투를 불러일으키고 만다. 황후는 당시의 권력 실세인 대승상 엔티무르의 딸이다. 엔티무르는 타환 티무르를 복위시킨 인물이지만 애초에 아버지 명종을 죽이고, 타환 티무르를 고려에 귀양시킨 장본인이다. 따라서 순제는 그를 두려워했으며, 그의 딸인 황후도 싫어했다. 엔티무르의 사후, 황후 다나시리의 형제들은 순제에 반대하는 모반을 일으키지만 실패한다. 이 사건으로 황후 다나시리는 빠얀의 자객에 의해 제거되었다. 순제는 총애해 마지않는 사리를 황후 자리에 올려놓으려 했지만, 새로 실권자가 된 빠얀은 내심 자신의 딸을 황후로 들어앉힐 계산을 하고 있었다.

안수길의 『이화에 월백하고』는 이 단계에서 중단된다. 따라서 그 후 사리가 제2황후가 되고 마침내 제1황후가 되는 과정과 대원제국의 황후가 된 이후에 쥐락펴락 권력을 휘두르는 거침없는 생애는 이 작품에는 그려지지 않았다. 즉 막강한 권력을 행사했던 황후로서의 삶은 독자들의 상상 속에 남겨지고 말았다. 작가는 대원제국의 황후가 되어 당시 세계를 주무르던 여성을 통해서 민족적 자존감을 크게 선양하고자 했을 것으로 생각된다.

2. 미완의 자전적 소설, 『동맥(冬麥)』

함흥 출생인 안수길은 대표적인 재만작가로서 1924년에 부친이 있는 만주 용정으로 이주하여 중학교를 졸업하고, 함흥, 서울, 일본 등에서 공부를 하며 떠돌다가 1932년에 용정소학교에서 교사생활을 하면서 만주에 정착하게 된다. 그는 『간선일보』의 기자를 거쳐 이것이 『만선일보』로 통합되자 신경(현재 장춘)으로 가서 기자생활을 계속하다가 해방 직전 귀국하였다. 그는 1935년에 『조선문단』에 「적십자병원장」으로 등단한 이후 20여 년의 만주 체험을 바탕으로 만주 이주민의 실상과 삶의 양태를 집중적으로 그려왔으며, 이를 집대성한 것이 장편 『북간도』다.

안수길은 1959년부터 1967년까지 8년에 걸쳐 작가적 원체험 공간인 만주를 토대로 조선인이 이주과정에서 경험하게 되는 디아스포라의 파란만장한 시련과 역경의 과정을 근대사라는 시대적 흐름을 통해 조명한 대하소설 『북간도』를 발표한 바 있다. 안수길의 대표작이 된 『북간도』는 1870년부터 1945년까지 장장 80년에 달하는 기간 동안 이한복 일가의 수난의 가족사를 통해 작게는 간도 주민, 크게는 우리 민족의 수난과 항일 투쟁의 역사를 사실적으로 그려냈다. 5부작인 이 작품은 민족문학의 큰 수확으로 평가되고 있다.

그는 재만시절 『북향』(1936) 동인 참여, 재만조선인 작품집인 『싹트는 대지』(1941)에 작품 발표, 첫 작품집 『북원』(1944) 발간, 그리고 『만선일보』에 장편 『북향보』(1944~1945)를 연재하며 재만문단의 형성에 깊이 관여하였다. 그는 「용정·신경시대」(1969)라는 글에서 "여기다 망명문단을 만들어야 한다. 국내에서 말살되고 있는 우리 어문을 여기서 지켜야 한다. 그리고 문학을 살려야 한다"라는 확고한 의지를 갖고 만주에서 활동했다고 회고한 바 있다.

그는 만주국 건국 이후 작가활동을 시작한 세대로서, 만주국의 한글 기관지인 『만선일보』에 여러 작품들을 발표하였다. 즉 그의 작품은 발표한 매체의 성격상 일본의 괴뢰국가인 만주국의 정책 수용과 민족의 아이덴티티의 유지라는 양립하기 어려운 명제들을 충족시켜야만 했다. 더욱이 그는 『만선일보』의 기자라는 신분을 갖고 있었기 때문에 그의 작품은 신문의 방향으로부터 크게 자유로울 수 없었다.

따라서 채훈은 "안수길은 재만한국문학의 형성과정에서 남다른 기여를 하였을 뿐더러 「새벽」에 이어 「벼」, 「목축기」, 『북향보』 등을 발표하여 크게 주목되었으나 농촌이나 목장에서 활약하는 지식인들을 통해 현실 안주 혹은 순응하는 자세를 보여주었다."[3]라고 그의 문학적 성취와 한계를 평가한 바 있다.

---

3 송명희, 「암흑기 재만문학에 나타난 디아스포라와 아이덴티티」, 『현대소설연구』 43, 한국현대소설학회, 2010, 118~119면.

안수길의 20여 년에 걸친 만주체험은 그의 문학세계를 결정짓는 데 결정적 영향을 미쳤다. 그의 대표작인 『북간도』를 비롯하여 초기의 작품들은 대부분 만주 이주민의 삶을 그리고 있기 때문이다.

해방 후 안수길의 소설은 만주체험을 벗어나서 한국전쟁을 배경으로 지식인의 삶을 조명한 「제삼인간형」(1953)과 같은 작품, 산업사회로의 사회변화에 따른 인간의 소외를 다룬 「서장(序章)」(1961), 「새」(1968) 같은 작품, 분단으로 인한 이데올로기의 갈등과 한국인의 피해망상을 그린 「Iraq에서 온 불온문서(不穩文書)」(1964), 「동태찌개의 맛」(1970) 등을 발표했다.

『동맥(冬麥)』은 『현대문학』에 연재하다가 중단되었다. 254호(76.2)~267호(77.3), 269호(77.5)에 총 14회에 걸쳐 연재된 이 소설의 발표 분량은 200자 원고지 1301장에 달한다. 즉 발표된 것만 하더라도 장편소설 한 권에 달하는 분량을 갖고 있다. 작품의 스토리 전개상 이 소설도 장편을 넘어 대하소설로 기획된 듯하다.

이 작품은 박창순도 지적한 바[4] 있듯이 자전적 소설의 성격을 띠고 있다. 과연 작가는 이 소설을 기획하면서 작가 자신의 생애 가운데 어느 시기까지를 잡고 있었는지 모르지만 추측컨대 함흥, 서울, 일본 등지에서 공부를 하며 떠돌다가 1932년에 용정소학교에서 교사생활을 하면서 만주에 정착하게 된 시기, 또는 그 후 작가로서 등단하게 되는 1935년까지가 아닐까 추측한다. 만약 방황과 편력으로 떠돌던 청소년기를 마감하고 성년기에 접어들어 사회적으로 정착하는 단계까지 형상화하는 것을 목표로 삼았다면 이 소설은 자전적인 성장소설을 의도한 것으로 파악할 수 있다.

---

4 박창순, 「안수길의 미완성소설 『동맥(冬麥) 연구』」, 『한국어와 문화』 2, 숙명여자대학교 한국어문화연구소, 2007, 23~42면.

자전적 소설은 자서전과는 다르다. 작가 자신의 전기적 사실 외에 소설로서의 허구성을 가미하기 때문이다. 당연히 주인공의 이름은 '김경수'라는 허구적 인물로 되어 있다. 이 인물은 H고보에 입학하기 위해 청진과 원산을 오가는 연락선 입신환(立神丸)을 타고 H고보의 시험을 보기 위해 간도를 떠나 함흥의 고모 집으로 간다. 함흥은 실제 안수길의 고향으로서 아버지가 3·1운동에 연루되는 바람에 간도로 떠났던 것이다.

> 1926년 3월 중순, 청진(淸津) 부두를 떠난, 원산행(元山行) 연락선 입신환(立神丸)이 명천(明川), 무쇠끝(舞水串) 근해를 항해할 무렵 풍랑이 심했다.
>
> 오전 중, 출항할 때부터 푸르딩딩, 찌푸린 날씨더니 오후에 접어들면서 마침내 터지고 말았다. 빗발이 휘몰아치고 파도가 갑판 위까지 거센 물보라를 날리면서 소용동이치고 넘나들었다.

작품의 서두는 앞으로 주인공이 겪어야 할 파란만장한 우여곡절을 찌푸린 날씨, 휘몰아치는 빗발, 거센 파도와 물보라를 통하여 암시하고 있다. 주인공은 H고보에 수석 입학하지만 동맹휴학 주동과 일인 영어교사를 곤경에 빠뜨렸다는 혐의로 2학년을 수료하지 못한 채 자퇴하고 만다. 그는 간도로 돌아가 그곳에서 2학년을 마치지만 아버지의 주선으로 서울로 가서 불교포교원에서 기거하면서 기독교 계통의 S고보 3학년에 편입한다. 이러한 외적 플롯은 작가 안수길의 전기적 사실과 상당 부분 일치한다.

안수길은 함경남도 함흥 태생으로서 함흥에서 소학교를 마치고 14세에 만주로 가서 1926년에 만주 중앙학교를 졸업하고 함흥고보에 수석 입학한다. 그리고 함흥고보 2학년 때 동맹휴학사건의 주동자로 지목되어 퇴학한 후 간도에 가서 남은 2학년을 마친다. 1928년에 상경하여 경신학교 3학년에 편입하지만 1929년 광주학생사건이 발생하자 역시 이를 선동하였다는 이유로 일경에 체포되어 구류생활을 하다 퇴학하고 1930년에 일본으로 건너간다. 일본에서 1930년에 경도 양양중학에 입학하여 1931년에 졸업한 후 와세다대학 고등사범부 영어과에 입학하였지만 아버지의 와병으로 학업을 중단하고 귀국하여 간도의 소학교에서 교편생활을 시작한다.

작품 『동맥(冬麥)』이 발단되는 서사적 시간은 1926년 3월 중순으로, 작품의 서두에 밝혀져 있으며, S고보 3학년의 여름방학에 브나로드운동을 성공적으로 마치고 경성으로 돌아온 직후인 1928년까지 서술되고 있다. 시간적으로도 작품과 전기적 사실은 그대로 일치한다.

작품상의 H고보는 안수길이 다니다 자퇴했던 함흥고보이며, S고보 역시 안수길이 다녔던 경신고보이다. 함흥고보에서 자퇴했던 사실, 간도로 가서 남은 2학년을 채우고 서울에 와서 경신고보 3학년에 편입했던 사실들과 그대로 일치할 뿐만 아니라 함흥고보에 수석 입학했던 사실도 소설에서 H고보에 수석 입학했던 것과 그대로 일치한다. 뿐만 아니라 내성적이고 조용한 성격의 주인공이 동맹휴학의 주동자로 간주되어 학교에서 자퇴하게 된 사정과 간도로 가서 2학년을 마친 사실도 전기적 사실과 소설이 그대로 일치하고 있는 것이다. 뿐만 아니라 작품에서 아버지가 3·1운동에 연루되어 고향인 함흥을 떠나 간도에서 교사생활을 하고 있는 것으로 되어 있는데, 이도 전기적 사실과 일치한다.

> 기차가 들어왔다. 경수는 1분간 정거의 급행이 막 떠나려는데 뛰어오르지 않을 수 없었다.
>
> 자리를 잡고 앉았으나, 그래도 마음이 가라앉지 않았다. 희망이라고 할까, 행복감이라고 할까, 용기라고 할까, 다닥칠 앞일에 대한 막연한 불안감이라고 할까, 이런 것이 한데 엉켜 가슴을 들먹거리게 했다. 툭 트인

하늘이라도 쳐다보고 싶었다. 그러나 차창 밖은 지금은 아까보다도 눈이 더 세차게 내리고 있어 시야는 희부옇기만 했다. 금채성산, 잔디에 드러누워 아침의 무한 높고, 무한 넓은 하늘을 쳐다보면서 뱃속 밑바닥에서부터 솟구쳐 올라오는 힘을 느꼈던 일이 되새겨졌다. 그걸 떠올리면서 차창 밖의 희부연 공간을 응시하다가, 경수는 문득 눈을 자극하는 싱싱한 초록색 행렬을 발견했다. 그것은 철로변 가까운 곳에 전개되고 있는 밭, 흰 눈 속에 드러나 있는 보리였었다. 내리면서 녹는 눈이었으나 보리밭 두덩에는 아직 채 녹지 않은 부분이 많았다. 그런 눈 속에서 보리는 거침없이 자랐고, 지금 내려쌓이는 무거운 찬 눈을 비집고 싱싱한 파랑과 꿋꿋한 모습을 그대로 보여주고 있는 것이다.

이거다. 이거다. 나, 한 마리의 등에가 날아갈 곳은 노랑 무장다리꽃 만발한 화원도 아니고, 질펀히 온통 초록색인 초원도 아니다. 흰 눈 속을 헤치고 솟아나온 검푸른 겨울 보리밭, 바로 이것이다. 경수는 입속에서 중얼거리고 마음에 거듭거듭 다짐했다.

이 대목은 주인공 경수가 S고보에 편입하기 위하여 가족과 지학희의 배웅을 받으며 서울로 가는 기차 안에서 차창 밖의 풍경을 바라본 것이다. 경수는 눈 속에서 거침없이 자라는 보리, 눈을 비집고 싱싱한 파랑과 꿋꿋한 모습을 그대로 보여주는 보리밭을 바라보며 한 마리의 등에인 자신이 날아가야 할 곳은 노랑 무장다리 만발한 꽃밭도 아니고, 질펀히 온통 초록색인 초원도 아닌 검푸른 겨울 보리밭이라고 다짐한다. 이 소설의 제목인 '동맥(冬麥)', 즉 겨울의 보리는 바로 주인공이 지향해야 할 삶의 정체성의 상징이었던 것이다. 즉 겨울로 상징된 시련을 극복하고 싱싱하고 꿋꿋하게 살아가야 한다는 자신에 대한 각오인 셈이다.

안수길은 이 소설을 단순히 개인적 기억과 회고에 토대를 둔 자전적 소설로 그리지 않았다고 생각한다. 리얼리즘 작가로서 안수길은 『동맥

(冬麥)』에서 일제하의 동맹휴학 등 학생운동의 실상, 아나와 보루의 사상적 갈등, 브나로드운동 등에 대해 사실적으로 그려냄으로써 당시 민족이 처했던 역사적 조건과 그 조건 속에서 치열하게 살아가는 인간의 삶을 역동적으로 보여주고 있다.

독일의 교양소설이 사회적·정치적 상황으로부터 분리된 개인적 자아의 운명을 주로 그려냈던 것과는 달리 안수길의 『동맥(冬麥)』은 오히려 사회적·정치적 상황 속에서 한 명의 개인이 어떻게 성장하는가의 문제를 다루었다. 이 점에서 이 소설은 형성소설(novel of formation)의 성격을 띠고 있다. 즉 개인의 내면적 성장보다는 개인의 삶을 결정하는 사회적·정치적 맥락을 더 중시하고 있으며, 주인공의 삶을 결정하는 것은 개인적 의지라기보다는 그 당시의 역사적 단계에서 부딪힌 사회적 사건들이었고, 개인의 의지가 아니라 상황적 맥락이었다고 할 수 있다. 이 소설 속에 드러난 사건들은 안수길 개인사의 측면을 강하게 반영하고 있지만 작가는 이를 개인적 회고의 차원에서 기억하기보다는 1920년대 후반기에 고보를 다녔던 학생들을 중심으로 학생운동이 어떻게 전개되었는지의 역사적 사회적 맥락을 사실적으로 재현하는 데 더 충실했다고 생각한다.

뿐만 아니라 이 소설은 지학희라는 소학교 동창을 통해 주인공이 이성에 눈떠가는 과정을 그림으로써 한 인간의 성장과정에서 겪게 되는 사랑이라는 전형적 문제를 그려내는 한편 소설적 흥미도 가미하고 있다.

그러나 『동맥(冬麥)』 역시 유감스럽게도 미완의 상태에서 중단되고 말았다. 때문에 구체적으로 앞으로 어떻게 사건이 전개되어 나갈지, 작품의 성격이 어떻게 변화되어 나갈지는 안타깝게도 작가 안수길의 개인사를 통해서 추측해 볼 수 있을 따름이다.

(『안수길 전집』 15권, 글누림, 2011, 해설문)

참고문헌

기초자료

『안수길 전집』, 글누림, 2011.

단행본

이재선, 『한국현대소설사』, 민음사, 1992.

논문

박창순, 「안수길의 미완성소설 『동맥(冬麥) 연구』」, 『한국어와 문화』 2, 숙명여자대학교 한국어문화연구소, 2007, 23~42면.

송명희, 「암흑기 재만문학에 나타난 디아스포라와 아이덴티티」, 『현대소설연구』 43, 한국현대소설학회, 2010, 113~145면.

Turner, Joseph W. "The Kind of Historical Fiction : An Essay in Definition in Methodology", *GENRE VII*(Fall 1979), No.3, pp. 335~341.

■ 찾아보기

▮ 용어 ▮

ㄱ

ㄴ

ㄷ

ㄹ

ㅁ

ㅂ

ㅅ

ㅇ

ㅈ

ㅊ

ㅋ

ㅌ

ㅍ

ㅎ

기타

인명

ㄱ

ㄴ

ㄷ

ㄹ

ㅁ

ㅇ

저작물

지은이 / **송명희**(宋明姬)

고려대학교 대학원에서 1985년 8월에 문학박사 학위를 취득했으며, 1981년부터 부경대학교 국어국문학과 교수, 문학예술치료학회 회장을 맡고 있으며, 한국문학이론과 비평학회 회장과 한국언어문학교육학회 회장, 부경대학교 인문사회과학연구소 소장을 역임했다. 『현대문학』을 통해 1980년 8월에 문학평론가로 등단했다. 2010년에 마르퀴즈 후즈후 세계인명사전에 등재되었다.

문화체육관광부 우수학술도서에 『타자의 서사학』(푸른사상, 2004), 『젠더와 권력 그리고 몸』(푸른사상, 2007), 『페미니즘 비평』(한국문화사, 2012), 『인문학자 노년을 성찰하다』(푸른사상, 2012), **대한민국학술원 우수학술도서**에 『미주지역한인문학의 어제와 오늘』(한국문화사, 2010) 등이 있다.

그 밖의 **저서**에 『여성해방과 문학』(지평, 1988), 『문학과 성의 이데올로기』(새미, 1994), 『이광수의 민족주의와 페미니즘』(국학자료원, 1997), 『탈중심의 시학』(새미, 1998), 『섹슈얼리티·젠더·페미니즘』(푸른사상, 2000), 『현대소설의 이론과 분석』(푸른사상, 2006), 『디지털시대의 수필 쓰기와 읽기』(푸른사상, 2006), 『시 읽기는 행복하다』(박문사, 2009), 『소설서사와 영상서사』(푸른사상, 2010), 『여성과 남성에 대해 생각한다』(푸른사상, 2010), 『수필학의 이론과 비평』(푸른사상, 2014), 『페미니스트 나혜석을 해부하다』(지식과교양, 2015), 『에세이로 인문학을 읽다』(수필과비평, 2016) 『캐나다한인문학연구』(지식과교양, 2016), 『한국문학의 담론 분석』(한국문화사, 2016), 『트랜스내셔널리즘과 재외한인문학』(지식과교양, 2017), 『배리어프리 화면해설 글쓰기』(지식과교양, 2017)가 있다.

편저에는 『페미니즘 정전읽기1, 2』(푸른사상, 2002), 『이양하수필전집』(현대문학, 2009), 『김명순 작품집』(지만지, 2008), 『김명순 소설집 외로운 사람들』(한국문화사, 2011), 『김명순 단편집』(지만지, 2011)이 있으며,

공저에는 『여성의 눈으로 읽는 문화』(새미, 1997), 『페미니즘과 우리시대의 성담론』(새미, 1998), 『페미니스트, 남성을 말한다』(푸른사상, 2000), 『우리 이혼할까요』(푸른사상, 2003), 『한국현대문학사』(현대문학, 2002),『한국현대문학사』(집문당, 2004), 『부산시민을 위한 근대인물사』(선인, 2004), 『나혜석 한국근대사를 거닐다』(푸른사상, 2011), 『박화성, 한국문학사를 관통하다』(푸른사상, 2013)가 있다.

시집은 『우리는 서로에게 가는 길을 잃어버렸다』(푸른사상, 2002)가 있으며,

에세이집에는 『여자의 가슴에 부는 바람』(일념, 1991), 『나는 이런 남자가 좋다』(푸른사상, 2002), 『인문학의 오솔길을 걷다』(푸른사상, 2014)가 있다.

수상에 한국비평문학상(1994), 봉생문화상(1998), 이주홍문학상(2002), 부경대학교 학술상(2002), 부경대학교 교수우수업적상(2008, 2010), 신곡문학상 대상(2013), 부경대학교 우수연구상(2013)이 있다.

문학을 읽는 몇 가지 코드
- 젠더·폭력·상호텍스트성·치유

1판1쇄 발행 2017년 5월 31일

지 은 이　송 명 희
펴 낸 이　김 진 수
펴 낸 곳　**한국문화사**
등　　록　1991년 11월 9일 제2-1276호
주　　소　서울특별시 성동구 광나루로 130 서울숲 IT캐슬 1310호
전　　화　02-464-7708
팩　　스　02-499-0846
이 메 일　hkm7708@hanmail.net
홈페이지　www.hankookmunhwasa.co.kr

책값은 뒤표지에 있습니다.

ISBN 978-89-6817-495-7 93810

이 도서의 국립중앙도서관 출판예정도서목록(CIP)은 서지정보유통지원시스템 홈페이지(http://seoji.nl.go.kr)와 국가자료공동목록시스템(http://www.nl.go.kr/kolisnet)에서 이용하실 수 있습니다.(CIP제어번호: CIP2017013067)